高等院校汽车类创新型应用人才培养规划教材

汽车 CAD 技术及 Pro/E 应用

主　编　石沛林　李玉善
副主编　孟　健　王文伟　郭荣春
　　　　赵鲁华　高乃修
参　编　韩善灵　徐冠林　唐绍丰

内容简介

本书系统地介绍了 CAD 技术的基础理论知识和 Pro/E 软件的应用两部分内容。全书共分 10 章，第 1 章介绍汽车 CAD 技术、CAD 系统、Pro/E 软件的概述以及 CAD 技术在汽车行业中的应用。第 2 章介绍 CAD 技术的基础。第 3 章介绍二维草绘的概念、创建方法及应用实例。第 4 章介绍基准特征的概念、创建方法、用途及应用实例。第 5 章介绍拉伸、旋转等基本特征的创建方法及应用实例。第 6 章介绍扫描、混合等高级特征的创建方法及应用实例。第 7 章介绍倒圆角、筋、孔等附加特征的创建方法及应用实例。第 8 章介绍特征的复制、镜像、阵列、隐含的创建方法及应用实例。第 9 章介绍零部件的装配方法和装配过程及应用实例。第 10 章介绍创建工程图的方法和步骤。本书在编写过程中，坚持注重基础、强化能力、突出重点、学以致用的原则，既注重阐述必要的基础知识，又力求理论联系实际，紧密结合工程实际，列举了大量应用实例，注意由浅入深，各章节相互独立又前后关联，编者根据自己多年的教学经验和学生的学习心得，及时给出相关提示，有利于学生及时快捷地掌握所学知识。

本书既可以作为高等院校车辆工程、机械工程等相关专业的基础课教材，也可供其他相关专业学生和使用 Pro/E 从事产品开发与设计、三维建模及机械加工的工程技术开发人员的自学教材，或作为参考手册。

图书在版编目(CIP)数据

汽车 CAD 技术及 Pro/E 应用/石沛林，李玉善主编．—北京：北京大学出版社，2011.1
高等院校汽车类创新型应用人才培养规划教材
ISBN 978-7-301-18113-3

Ⅰ.①汽…　Ⅱ.①石…②李…　Ⅲ.①汽车—计算机辅助设计—高等学校—教材　Ⅳ.①U462-39

中国版本图书馆 CIP 数据核字(2010)第 232314 号

书　　　名：	汽车 CAD 技术及 Pro/E 应用
著作责任者：	石沛林　李玉善　主编
策 划 编 辑：	童君鑫
责 任 编 辑：	周　瑞
标 准 书 号：	ISBN 978-7-301-18113-3/TH·0224
出 版 者：	北京大学出版社
地　　　址：	北京市海淀区成府路 205 号　100871
网　　　址：	http://www.pup.cn　http://www.pup6.com
电　　　话：	邮购部 010-62752015　发行部 010-62750672　编辑部 010-62750667
电 子 邮 箱：	pup_6@163.com
印 刷 者：	北京虎彩文化传播有限公司
发 行 者：	北京大学出版社
经 销 者：	新华书店
	787 毫米×1092 毫米　16 开本　17.5 印张　403 千字
	2011 年 1 月第 1 版　2023 年 1 月第 8 次印刷
定　　　价：	44.00 元

未经许可，不得以任何方式复制或抄袭本书之部分或全部内容。
版权所有，侵权必究　　举报电话：010-62752024
电子邮箱：fd@pup.pku.edu.cn

前　言

　　计算机辅助设计(CAD)是一种运用计算机软硬件系统辅助人们对产品或工程进行设计的方法和技术，包括设计、绘图、工程分析与文档制作等设计活动，它是一种新的设计方法，也是一门多学科综合应用的新技术。Pro/ENGINEER(简称 Pro/E)是美国 PTC(Parametric Technology Corporation，参数技术公司)开发的大型 CAD/CAM/CAE 集成软件。该软件广泛应用于工业产品的造型设计、机械设计、模具设计、加工制造、有限元分析、功能仿真以及关系数据库管理等方面，是当今最优秀的三维设计软件之一。

　　本书理论与实践相结合，内容完整，层次清晰，在介绍基本设计方法的同时，安排适当的应用实例引导学生动手练习，能够使学生循序渐进地掌握该软件的基本使用方法。同时，结合书中实例对照操作，可以进一步将所学知识融会贯通。在此基础上加强实践环节，能够使学生迅速熟练掌握软件的使用技巧。全书实例丰富典型，在阐明基本设计原理的同时及时为学生推荐好的设计方法和设计经验，并指出设计中存在的误区，使学生少走弯路。

　　全书按知识结构共分 10 章，内容涉及 CAD 技术的基础理论和 Pro/E 软件的应用两部分内容。第 1 章介绍汽车 CAD 技术、CAD 系统、Pro/E 软件的概述以及 CAD 技术在汽车行业中的应用。第 2 章介绍 CAD 技术的基础。第 3 章介绍二维草绘的概念、创建方法及应用实例。第 4 章介绍基准特征的概念、创建方法、用途及应用实例。第 5 章介绍拉伸、旋转等基本特征的创建方法及应用实例。第 6 章介绍扫描、混合等高级特征的创建方法及应用实例。第 7 章介绍倒圆角、筋、孔等附加特征的创建方法及应用实例。第 8 章介绍特征的复制、镜像、阵列、隐含的创建方法及应用实例。第 9 章介绍零部件的装配方法和装配过程及应用实例。第 10 章介绍创建工程图的方法和步骤。本书在编写过程中，坚持注重基础、强化能力、突出重点、学以致用的原则，既注重阐述必要的基础知识，又力求理论联系实际，紧密结合工程实际，列举了大量应用实例，注意由浅入深，各章节相互独立又前后关联，编者根据自己多年的教学经验和学生的学习心得，及时给出相关提示，有利于学生及时快捷的掌握所学知识。全书解说详实，图文并茂，语言简洁，思路清晰。

　　本书既可以作为高等院校车辆工程、机械工程等相关专业的基础课教材，也可供其他相关专业学生和使用 Pro/E 从事产品开发与设计、三维建模及机械加工的工程技术开发人员的自学教材，或作为参考手册。

　　本书由山东理工大学石沛林、山东科技大学李玉善担任主编，山东理工大学孟健、北京理工大学王文伟、山东交通学院郭荣春、山东科技大学赵鲁华、一汽解放青岛汽车厂高乃修任副主编。编写分工如下：李玉善、韩善灵编写第 1 章，王文伟编写第 2 章，郭荣春编写第 3、4 章，孟健编写第 5 章，石沛林、徐冠林编写第 6、7、8 章，赵鲁华、高乃修编写第 9、10 章。全书由石沛林和李玉善统稿和定稿。

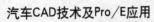

教材编写过程中，山东理工大学唐绍丰参与完成了部分模型的创建，且编者参考了大量国内外有关文献及各相关专业网站，在此表示衷心的感谢。

由于时间仓促，编者水平有限，书中错误和不妥之处在所难免，恳请广大读者批评指正。

编者

2010.11

目 录

第1章 概论 ………………………… 1
- 1.1 汽车CAD技术概述 ………………… 2
  - 1.1.1 汽车设计概述 ………………… 2
  - 1.1.2 CAD技术的内涵 ……………… 3
  - 1.1.3 计算机辅助设计的特点 ……… 6
  - 1.1.4 CAD技术的发展简史 ………… 7
  - 1.1.5 CAD技术的发展趋势 ………… 8
- 1.2 CAD系统概述 …………………… 10
  - 1.2.1 CAD系统的组成 ……………… 10
  - 1.2.2 CAD系统的配置形式与网络结构 …………………… 14
  - 1.2.3 CAD系统的功能模块 ………… 16
  - 1.2.4 图形软件标准 ………………… 17
  - 1.2.5 CAD系统软硬件选用原则 …………………………… 20
  - 1.2.6 现代CAD软件的主要技术特点 ………………………… 21
  - 1.2.7 典型CAD软件简介 …………… 23
- 1.3 CAD技术在汽车行业中的应用 … 25
  - 1.3.1 CAD技术在汽车业中的应用领域 ……………………… 25
  - 1.3.2 国外汽车行业CAD技术应用情况 ……………………… 27
  - 1.3.3 我国制造业和汽车行业CAD技术应用情况 ………… 29
  - 1.3.4 我国制造业和汽车企业应如何应用CAD技术 ……… 30
- 1.4 Pro/E软件概述 …………………… 31
  - 1.4.1 Pro/E的特点 ………………… 31
  - 1.4.2 Pro/E的功能及主要模块 …………………………… 33
  - 1.4.3 Pro/E Wildfire 3.0中文版的界面组成 ………………… 35
  - 1.4.4 Pro/E软件的操作流程和建模过程 …………………… 37
  - 1.4.5 使用Pro/E软件进行产品设计的技巧 ……………… 38
- 小结 ……………………………………… 39
- 习题 ……………………………………… 39

第2章 CAD技术基础 ……………… 41
- 2.1 CAD中常用的数据结构 ………… 42
  - 2.1.1 基本概念 ……………………… 42
  - 2.1.2 线性表 ………………………… 42
  - 2.1.3 栈 ……………………………… 44
  - 2.1.4 树 ……………………………… 45
  - 2.1.5 二叉树 ………………………… 46
- 2.2 图形处理技术基础 ……………… 48
  - 2.2.1 图形变换 ……………………… 48
  - 2.2.2 坐标系与坐标变换 …………… 53
  - 2.2.3 图形裁剪 ……………………… 54
  - 2.2.4 图形消隐 ……………………… 56
- 2.3 曲线和曲面数学模型 …………… 58
  - 2.3.1 贝塞尔曲线和曲面 …………… 59
  - 2.3.2 B样条曲线和曲面 …………… 60
  - 2.3.3 非均匀有理B样条曲线和曲面 …………………… 62
- 2.4 CAD建模技术基础 ……………… 63
  - 2.4.1 几何建模概述 ………………… 63
  - 2.4.2 三维几何建模技术 …………… 65
  - 2.4.3 特征建模技术 ………………… 71
- 小结 ……………………………………… 73
- 习题 ……………………………………… 73

第3章 二维草图绘制基础 ………… 74
- 3.1 草绘工作界面 …………………… 75
  - 3.1.1 草绘术语 ……………………… 75
  - 3.1.2 进入草绘环境 ………………… 75
  - 3.1.3 工具栏图标介绍 ……………… 77
  - 3.1.4 草绘环境的设置 ……………… 78

汽车CAD技术及Pro/E应用

3.1.5 草绘器颜色的设置 ……… 79
3.2 几何线条的绘制方法 ……… 79
　3.2.1 直线 ……… 79
　3.2.2 矩形 ……… 80
　3.2.3 圆 ……… 81
　3.2.4 圆弧 ……… 82
　3.2.5 样条曲线 ……… 83
　3.2.6 圆角 ……… 84
　3.2.7 点和坐标系 ……… 84
3.3 文本的绘制 ……… 84
3.4 草绘器调色板 ……… 85
3.5 标注尺寸 ……… 86
　3.5.1 线性标注 ……… 87
　3.5.2 圆和圆弧尺寸标注 ……… 87
　3.5.3 角度标注 ……… 88
3.6 几何约束 ……… 89
　3.6.1 几何约束的类型 ……… 89
　3.6.2 几何约束的添加 ……… 90
　3.6.3 尺寸和约束冲突时的解决方法 ……… 92
3.7 草图编辑功能 ……… 93
　3.7.1 镜像 ……… 93
　3.7.2 缩放和旋转 ……… 93
　3.7.3 修改 ……… 94
　3.7.4 修剪 ……… 95
3.8 综合实例 ……… 96
小结 ……… 98
习题 ……… 98

第 4 章　基准特征 ……… 100
4.1 基准平面 ……… 101
　4.1.1 基准平面的用途 ……… 101
　4.1.2 基准平面的创建 ……… 101
4.2 基准轴 ……… 105
　4.2.1 基准轴的用途 ……… 106
　4.2.2 基准轴的创建 ……… 106
4.3 基准点 ……… 109
　4.3.1 基准点的用途 ……… 109
　4.3.2 基准点的创建 ……… 110
4.4 基准曲线 ……… 114

　4.4.1 基准曲线的用途 ……… 114
　4.4.2 基准曲线的创建 ……… 114
4.5 基准坐标系 ……… 116
　4.5.1 基准坐标系的用途 ……… 116
　4.5.2 坐标系的种类 ……… 117
　4.5.3 基准坐标系的创建 ……… 117
小结 ……… 118
习题 ……… 118

第 5 章　汽车零部件基本特征的创建 ……… 120
5.1 创建拉伸特征 ……… 121
5.2 创建旋转特征 ……… 123
5.3 综合设计范例 ……… 124
　5.3.1 发动机气门的设计 ……… 124
　5.3.2 活塞的设计 ……… 125
　5.3.3 拨叉设计 ……… 130
小结 ……… 136
习题 ……… 137

第 6 章　汽车零部件高级特征的创建 ……… 138
6.1 创建扫描特征 ……… 139
6.2 扫描特征设计范例 ……… 140
　6.2.1 蜗轮的设计 ……… 140
　6.2.2 蜗杆的设计 ……… 150
6.3 创建混合特征 ……… 159
　6.3.1 混合特征产生方法 ……… 159
　6.3.2 混合特征创建 ……… 160
　6.3.3 建立混合特征的注意事项 ……… 163
6.4 混合特征设计范例 ……… 164
　6.4.1 创建混合实体 ……… 164
　6.4.2 创建混合薄板 ……… 166
　6.4.3 创建混合曲面 ……… 168
小结 ……… 170
习题 ……… 170

第 7 章　附加特征的创建 ……… 171
7.1 圆角的创建 ……… 172
7.2 倒角的创建 ……… 172

7.3 筋的创建 ………………………… 174
7.4 拔模的创建 ……………………… 176
7.5 抽壳 ……………………………… 177
7.6 孔特征创建 ……………………… 178
7.7 附加特征设计范例 ……………… 180
小结 …………………………………… 183
习题 …………………………………… 184

第8章 特征的编辑 …………………… 185

8.1 特征的复制 ……………………… 186
8.2 特征的镜像 ……………………… 188
8.3 特征的移动 ……………………… 188
8.4 特征的阵列 ……………………… 190
8.5 特征的隐含 ……………………… 191
8.6 特征的恢复 ……………………… 192
8.7 特征的删除 ……………………… 193
8.8 特征编辑设计范例 ……………… 195
小结 …………………………………… 197
习题 …………………………………… 197

第9章 零件装配设计 ………………… 198

9.1 装配的概念和基本知识 ………… 199
　9.1.1 组件的概念 …………… 199
　9.1.2 元件的封装 …………… 199
　9.1.3 元件的包括 …………… 200
9.2 装配体基本设计方法 …………… 200
　9.2.1 装配界面 ……………… 200
　9.2.2 元件放置用户界面 …… 202
　9.2.3 放置约束 ……………… 202
　9.2.4 移动装配件 …………… 205
　9.2.5 装配流程 ……………… 206
9.3 装配元件操作方法 ……………… 206
　9.3.1 零件复制 ……………… 206

9.3.2 零件重复放置 ………… 208
9.3.3 零件阵列 ……………… 209
9.3.4 零件镜像 ……………… 215
9.3.5 打开、删除等操作 …… 216
9.3.6 修改尺寸 ……………… 216
9.4 装配体实例 ……………………… 216
小结 …………………………………… 223
习题 …………………………………… 223

第10章 工程图设计 …………………… 225

10.1 Pro/E 工程图概述 …………… 226
　10.1.1 Pro/DETAIL 模块 …… 226
　10.1.2 工程图设置文件 …… 226
10.2 使用模板创建工程图 ………… 230
　10.2.1 缺省模型 …………… 230
　10.2.2 指定模板 …………… 230
10.3 创建视图 ……………………… 231
　10.3.1 一般视图 …………… 231
　10.3.2 投影视图 …………… 235
　10.3.3 辅助视图 …………… 235
　10.3.4 详细视图 …………… 236
　10.3.5 旋转视图 …………… 236
　10.3.6 剖视图 ……………… 237
10.4 工程图汇总 …………………… 239
　10.4.1 尺寸标注 …………… 239
　10.4.2 公差标注 …………… 246
　10.4.3 注释标注 …………… 248
　10.4.4 特殊符号 …………… 250
10.5 工程图实例 …………………… 252
小结 …………………………………… 266
习题 …………………………………… 266

参考文献 …………………………… 268

第 1 章 概 论

教学要点

能力目标	知识要点	权重	自测分数
（1）了解现代汽车设计的内容及特点； （2）掌握 CAD 技术的内涵； （3）掌握 CAD 与 CAE、CAM、CAPP 的关系； （4）掌握产品设计 CAD 的工作过程； （5）了解计算机辅助设计的特点； （6）了解 CAD 技术的发展简史及趋势	现代汽车设计的内容、特点；广义 CAD 和狭义 CAD 的概念；CAE、CAM、CAPP 的概念以及与 CAD 的关系；产品设计 CAD 的工作过程；计算机辅助设计的特点；CAD 技术的发展简史及趋势	30%	
（1）掌握 CAD 系统的组成、主要功能模块； （2）了解 CAD 系统的配置形式和网络结构； （3）掌握图形软件标准； （4）掌握 CAD 系统的软硬件选用原则； （5）了解现代 CAD 软件的技术特点和常用的 CAD 软件	CAD 系统的软硬件组成、主要功能模块；CAD 系统的 3 种配置形式和 3 种网络结构；图形软件的常用标准；CAD 系统的软硬件选用原则；现代 CAD 软件的技术特点和常用 CAD 软件	30%	
了解 CAD 技术在汽车行业中的应用情况	CAD 技术在汽车业中的应用领域；国外汽车行业 CAD 技术应用情况；我国制造业和汽车行业 CAD 技术应用情况；我国制造业和汽车企业应如何应用 CAD 技术	20%	
（1）了解 Pro/E 特点、功能及主要模块； （2）熟悉 Pro/E 软件的界面组成； （3）掌握 Pro/E 软件的操作流程、建模过程及产品设计技巧	Pro/E 特点、功能及主要模块；Pro/E 软件的界面组成；使用 Pro/E 软件的操作流程、建模过程及产品设计技巧	20%	

汽车CAD技术及Pro/E应用

1.1 汽车CAD技术概述

1.1.1 汽车设计概述

设计是人类社会最基本的生产实践活动之一，是一种将预定的需求变成所希望的功能和性能指标，然后应用科学与技术知识、方法或手段转换成有经济性的设计结果的过程。

在产品的整个开发过程中，设计是关键，产品的先天质量决定于设计。统计表明，产品在包括原材料、制造、使用、维修等方面的花费即广义成本的70%是由设计阶段决定的。

汽车是一种包括多种典型机械元件、零部件，多种金属与非金属材料以及多种机械加工工艺的典型机械产品。汽车设计的内容包括整车总体设计、总成设计和零部件设计。整车总体设计的主要任务是整车匹配和总布置设计，即完成整车有关性能之间、相关总成参数之间的理想匹配，使所设计的产品达到设计任务书所规定的整车参数和性能指标的要求，并将这些整车参数和性能指标分解为有关总成的参数和功能。在这项高层次的设计中，既有汽车各总成间的联系问题，又有人与车的联系问题。汽车总成设计主要是满足整车设计对总成功能和布置的要求。汽车零部件设计主要是满足总成的设计要求，并解决强度、寿命和生产技术问题。

汽车设计技术是汽车产品设计的方法和手段，是汽车设计实践的软件与硬件。汽车设计技术在百余年中经历了3个阶段：最早是经验设计阶段；到20世纪50年代逐步发展到以科学试验和技术分析为基础的设计阶段；20世纪60年代中期，在设计中引进电子计算机后，形成了计算机辅助设计等新方法，并使设计逐步实现半自动化和自动化。

经验设计是以已有产品的经验数据为依据，运用一些带有经验常数或安全系数的经验公式进行设计计算的一种传统的设计方法。这种设计由于精确的设计数据和科学的计算方法，因此所设计的产品不是过于笨重就是可靠性差。一种新车型的开发往往要经过设计—试制—试验—改进设计—试制—试验等多次循环、反复修改图纸、完善设计后才能定型。设计周期长，质量差，消耗大。

第二次世界大战以后，随着测试技术的发展与完善，在汽车设计过程中引进了新的测试技术和各种专用的试验设备，进行科学试验，从各方面对产品的结构、性能以及零部件的强度和寿命进行测试，同时广泛采用近代数学物理分析方法，对产品及其总成、零部件进行全面的技术分析和研究，这样就使汽车设计发展到以科学实验和技术分析为基础的阶段。

电子计算机的问世、计算技术的发展、信息通信技术的不断进步，计算机辅助设计(Computer Aided Design, CAD)与计算机辅助制造(Computer Aided Manufacturing, CAM)技术得以发展与应用，使汽车设计技术有了飞跃发展，设计过程也完全改观。现在，汽车结构参数和性能参数等的优化选择与匹配、零部件的强度核算与寿命预测、产品有关方面的模拟计算或仿真分析、车身的美工造型等设计方案的选择以及定型，设计图样的绘制，均可在计算机上进行。CAD/CAM技术在汽车设计中的广泛应用，对缩短汽车的开发时间、提高汽车的品质、提升企业的竞争力等起着极为重要的作用。

以汽车机械总成产品设计为例，汽车机械总成产品设计就是根据使用要求确定产品应该具备的开发目标和功能要求，构想出产品的工作原理、运动方式、力和能量的传递、结构形状以及所用材料等事项，并转化为具体的数字化模型、图纸和设计文件等，为后续制造提供依据。设计的结果就是通过制造转化为汽车整车制造或维修所需要的产品。汽车机械总成产品的设计过程如图1.1所示。一般包括以下几个阶段：

（1）概念设计。通过调查研究、资料收集，仔细分析用户需求；在此基础上明确产品的性能和功能要求，确定开发目标，进而构思原理性方案，对这些方案进行分析与评价，最后获得一种优化方案。

（2）初步设计。根据所确定的方案，绘制总布置图，并进行主要设计参数的分析计算与优化，确定各部件的基本结构和形状，然后进行评价。

（3）详细设计。确定设计对象的详细结构，最终完成总布置图和全部零、部件图，并编写设计技术文档。

完成了详细设计并不意味着一个好的设计最终完成。汽车及其总成部件产品在经历了加工制造、样机测试、批量生产以及销售使用后，将返回大量信息，要依据这些信息再对产品进行不断修改。由此可见，

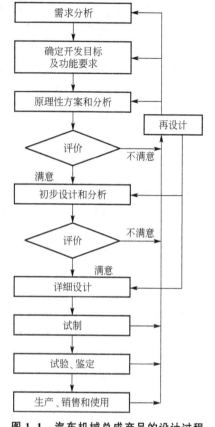

图1.1 汽车机械总成产品的设计过程

汽车及其总成部件产品设计是一个"设计—评价—再设计"的反复迭代、不断优化的过程。传统的汽车及其总成部件产品设计主要是采用经验类比的方法，靠人工完成整个设计过程，设计质量难以提高，而且设计周期长、成本高。因此，实现某种程度的设计自动化，缩短设计周期，降低设计成本，提高设计质量，就成为汽车及其总成部件产品设计发展的迫切要求，正是在这样的背景下，计算机辅助设计技术在汽车及其总成产品设计中才有今天如此广泛的应用。

1.1.2 CAD技术的内涵

计算机辅助设计（Computer Aided Design，CAD）是20世纪60年代发展起来的一门新兴的综合性计算机应用方法和技术。CAD是一种运用计算机硬件和软件系统辅助人们对产品或工程进行设计的方法和技术，包括设计、绘图、工程分析与文档制作等设计活动，它是一种新的设计方法，也是一门多学科综合应用的新技术。

CAD不仅是一种方法或技术原理，而且是一种技术或工程应用。从方法或技术原理角度来讲，CAD是指运用计算机工具完成产品设计的全过程，包括概念设计、初步设计（或称总体设计）和详细设计等。在设计过程中，CAD将计算机的数据存储和处理优势与人的创造性思维和综合分析优势有机地结合起来，做到优势互补，以此提高产品的设计质量，并缩短产品的开发周期。CAD作为一种方法或技术原理，还具备完整的理论体系，它是由计算机图形处理、工程分析、信息管理、信息交换、网络、文档处理、多媒体、人

机交互、虚拟现实、人工智能等跨学科的原理或理论组成的一个高度综合的理论体系。从技术或工程应用的角度来讲,利用 CAD 技术,可以把产品的物理模型转化为存储在计算机中的数字化模型,从而为产品的后续工艺、制造、管理以及产品的改进等环节提供共享的信息来源,从而大大缩短新产品的开发周期和更新换代周期。作为一种技术或工程应用,现在的 CAD 技术已不仅仅局限于计算机绘图或三维建模,而是一种广义的、综合性的产品设计技术,它主要涉及以下基础技术:

（1）图形处理技术。如二维交互图形技术、三维建模技术及其他图形输入/输出技术。

（2）工程分析技术。如有限元分析、优化设计方法、物理特性计算（如面积、体积、惯性矩等计算）、模拟仿真以及各行各业中的工程分析问题等。

（3）数据管理与数据交换技术。如产品数据管理（PDM）、数据库、异构系统间的数据交换和接口等。

（4）文档处理技术。如文档制作、编辑及文字处理等。

（5）界面开发技术。如图形用户界面、网络用户界面、多通道多媒体智能用户界面等。

（6）基于 Web 的网络应用和开发技术。

根据以上叙述,CAD 技术有广义和狭义之分。广义的 CAD 概念,是指利用计算机辅助技术进行产品设计的整个过程以及与之直接或间接相关的活动,包括方案构思、总体设计、工程分析、图形编辑和技术文档整理等设计活动。广义的 CAD 主要包括设计和分析两个方面,设计是指构造零件的几何形状、选择零件的材料,以及为保证整个设计的统一性而对零件提出的功能要求和技术要求等。分析是指运用数学建模技术,如有限元、优化设计技术等,从理论上对产品的性能进行模拟、分析和测试,以保证产品设计的可靠性。综合广义 CAD 的设计过程和活动,主要包括图形表示、工程计算和设计管理三类工作。图形表示描述产品的结构（包括形状和尺寸）,是 CAD 的基础和核心。工程计算是对产品的性能进行分析,以保证产品的质量和性能。设计管理是对设计过程和数据进行管理,以提高设计效率。

随着计算机应用技术的研究不断深入和应用范围的拓宽,人们将工程分析纳入计算机辅助工程分析（CAE）技术,把设计过程和数据的管理纳入产品数据管理技术进行专门研究,所以 CAD 的概念缩小到了产品结构的图形表示方面。因此,狭义的 CAD 概念,主要是指产品的几何建模及其相关技术,即如何在计算机中描述产品的形状和尺寸。现有的集成软件也都是按照这种定义进行划分的,如 I-DEAS、UG、Pro/Engineer（简称 Pro/E）、CATIA、SolidWorks 等。

为突出重点,无特别说明时,本书的主要内容限于狭义 CAD 的相关内容。值得指出的是:不应该将 CAD 与计算机绘图、计算机图形学混淆起来。

计算机绘图是使用图形软件和计算机硬件进行绘图及有关标注的一种技术和方法,它以摆脱繁重的手工绘图为主要目标。

根据 ISO 在数据处理词典中的定义,计算机图形学（CG）是研究通过计算机将数据转换为图形,并进行显示的原理、方法和技术的科学。也就是说,图形是人们通过计算机设计和构造出来的,这种图形可以是现实世界中存在的物体,也可以是虚构的物体,但不包括通过摄像机或扫描仪等设备输入的图像。

计算机图形学的研究内容主要有以下 4 个方面：

(1) 硬件。指图形输入设备、图形处理设备、图形显示设备和图形绘制设备。

(2) 图形软件设计。如二维绘图系统、三维建模系统、动画制作系统、真实感图形生成系统等。

(3) 图形处理的理论与方法。主要集中在三维造型技术、真实感图形生成技术和人机交互技术等方面。近年来，计算机图形学向更深的方向发展，出现了分布式图形处理、声像一体化、分数维几何、虚拟现实、多媒体技术以及科学计算可视化等高新理论与技术。

(4) 实际应用中的图形处理问题。涉及广阔的应用领域，如统计管理、测量、生物、医学、药学、地理、地质、军事指挥与训练、动画和艺术、办公自动化等。

从以上对 CAD、计算机绘图和计算机图形学的叙述，可以看出它们三者之间既有区别，又有联系。

计算机绘图是计算机图形学中涉及工程图形绘制的一个分支，可将它看成一门工程技术，它为人们以软件操作方法绘制图样提供服务；计算机绘图不是 CAD 的全部内涵，但它是 CAD 技术的基础之一；计算机图形学是一门独立的学科，有其丰富的技术内涵，它与 CAD 有明显区别，但它的有关图形处理的理论与方法构成了 CAD 技术的重要基础。

计算机辅助设计是以设计者为主体，由设计者利用计算机辅助设计系统的资源，对产品设计进行规划、分析、综合、模拟、评价、修改、决策并形成工程文档的创造性活动。设计者的创新能力、想象力、经验与直觉和计算机的高速运算能力、图形图像显示处理能力、信息检索处理能力相互结合，综合运用多学科的相关技术完成问题求解、产品的设计及产品的描述，极大地提高了设计工作的效率，为无图纸化生产提供了前提和基础。

计算机辅助设计系统为设计者提供了成功且有效地完成设计工作所需的各种资源，包括建立设计对象模型、实体设计与图形设计及图像显示、工程计算及优化、功能模拟及运动模拟、产品设计所需的标准、规范及原材料的性能、工艺参数等工程数据，数据交换标准、方法及工具，设计者与系统交互的用户接口。

任何设计都表现为一种过程，每个过程都由一系列设计活动组成。活动间既有串行的设计活动，也有并行的设计活动。目前设计中的大多数活动都可以用 CAD 技术来实现，但也有一些活动目前还很难用 CAD 技术来实现，如设计的需求分析、设计的可行性研究等。将设计过程中能用 CAD 技术实现的活动集合在一起就构成了 CAD 过程。计算机辅助设计的工作过程大致是：①进行功能设计，选择合适的科学原理或构造原理；②进行产品结构的初步设计，产品的图形和外观的初步设计；③从总图派生出零件，对零件的造型、尺寸、色彩等进行详细设计，对零件进行有限元分析，使结构及尺寸与应力相适应；④对零件进行加工模拟，如注塑（对塑料制品）、压铸（对金属件）、锻压或机械加工等过程进行模拟，从模拟过程中发现制造中的问题，进而提出对零件设计的修改方案；⑤对产品实施运动模拟或功能模拟，对其性能做出评价、分析和优化，最终完成零件的结构设计。图 1.2 就说明了汽车机械总成、部件设计过程与 CAD 过程的关系。随着 CAD 技术的发展，设计过程中越来越多的活动都能用 CAD 工具加以实现，因此，CAD 技术的覆盖面将越来越宽广，以致整个设计过程就是 CAD 过程。

值得指出的是，现在的 CAD 过程往往与计算机辅助工程分析和计算机辅助制造紧密结合，构成一个以计算机为工具的完整的设计、分析、制造过程或系统。CAD 不但与计

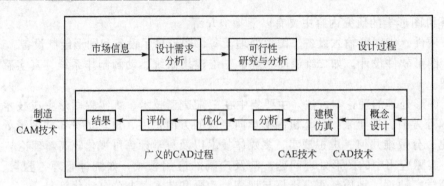

图 1.2 汽车机械总成、部件设计过程与 CAD 过程的关系

算分析联系在一起,在 CAD 过程中完成的模型可以在 CAE 软件中进行分析(如在 ANSYS 软件中进行有限元分析),而且与制造过程中的计算机辅助工艺规划(CAPP)和数控编程 (NCP)联系在一起,形成集成的 CAD/CAE/CAM 系统。

在图 1.2 的基础上,汽车机械零部件产品基本的 CAD/CAE/CAM 过程可描述如下: 先根据市场需求确定产品设计的性能要求,然后用专家系统进行产品方案设计,接着用三维建模软件建立产品模型,并利用 CAE 软件(如有限元分析软件 ANSYS)和优化设计软件进行工程分析以及二、三维 CAD 系统进行详细设计,生成数字化模型或工程图。最后,通过计算机和数控加工设备以及 CAPP 软件、CAM 软件、NC 仿真软件等完成汽车机械零部件产品的加工,计算机辅助工艺规划的功能是进行零件加工工艺路线及工序的编制,其作用除了为制订生产计划提供依据外,也为数控自动编程提供所需的信息。数控自动编程生成刀具加工轨迹并在屏幕上进行加工仿真,检查无误后,经后置处理生成加工代码,在数控机床上进行加工。

1.1.3 计算机辅助设计的特点

(1) 提高设计效率。减小工作人员的工作量和劳动强度,使结构设计和工程制图的速度大大提高。尤其对复杂零件的设计可以无级缩放、分级设计、缩短设计周期、加速产品的更新换代、增强产品的市场竞争力。

(2) 提高设计质量。利用 CAD 软件提供的优化技术和设计计算功能,有限元分析及装配运动仿真技术,可以减少人为的设计误差,提高设计质量和产品的可靠性。

(3) 有利于成组设计。可以广泛采用通用件、标准件及标准设计流程。

(4) 方便修改设计。在二维 CAD 系统中,只需对已存储的图样做局部修改就可成为新图,在某些先进的辅助设计系统中,修改了装配图,则零件图随之自动修改,反之亦然。在三维 CAD 系统中,零件与装配体数据相关,修改了零件实体,零件的工程图以及所在的装配体随之可以更新,反之亦然。

(5) 可实现设计与分析统一。系统有一个描述产品模型的数据库,通过分析,设计者可以预知产品的性能。

(6) 易于实现产品数据的标准化。企业的产品数据包括设计、图文、技术文档等,标准化易于企业积累产品资源,易于继承历史的知识财富,方便产品数据的存储、传递、转换和理解。

(7) 易于实现基于网络的协同设计。设计人员可以借助 Internet,在不同地点、不同部门协同设计同一个产品。

(8) 为无图样化生产提供前提。提供 CAM 或 CIMS 基础数据。

(9) 为实现 PLM 系统提供基础。CAD 技术是产品生命周期管理(Product Life-cycle Management,PLM)的基础,PLM 功能之一即是管理 CAD 的数据。

1.1.4　CAD 技术的发展简史

从 1946 年在美国诞生了第一台计算机以来,CAD 技术经历了 5 个主要发展阶段。

1. 20 世纪 50 年代

美国麻省理工学院(MIT)于 1950 年研制的"旋风"计算机上采用了阴极射线管(CRT)做成的图形终端,并能被动地显示图形。其后出现了光笔,开始了交互式计算机图形学等早期的理论及应用研究。20 世纪 50 年代中期计算机已应用于工程和产品设计的分析计算,促进了计算机辅助工程(CAE)技术的发展。

2. 20 世纪 60 年代

这一阶段是交互式计算机图形学发展的最重要时期。1962 年,麻省理工学院的研究生 I. E. Sutherland 发表了"人机对话图形通信系统"的论文,推出了 Sketchpad 系统,该系统允许设计者在图形显示前操作光笔和键盘进行交互式图形设计与修改。其后,计算机图形学、交互技术、分层存储符号的数据结构等新思想和新方法先后在 CAD 方面得到了应用,从而为 CAD 技术的发展和应用打下了理论基础。1964 年,美国通用汽车公司推出了 DAC-1 系统,1965 年,洛克希德飞机公司推出了 CADAM 系统,标志着专业 CAD 软件开始步入实用阶段。

3. 20 世纪 70 年代

计算机交互图形技术和三维几何造型技术(线框、曲面和实体模型)为 CAD 技术的发展奠定了基础。基于大型机的商用 CAD/CAM 系统开始上市。同时出现了面向中小企业的 CAD/CAM 商品化系统,基于小型机的所谓交钥匙系统(turnkey system)——包括图形输入及输出设备和相应的 CAD/CAM 软件——以其优良的性能价格比,开始向中小型企业扩展。总的来说,20 世纪 70 年代是 CAD 的单元技术发展和应用阶段,各功能模块渐趋完善,但数据结构尚不统一,应用主要集中在计算机绘图和有限元分析方面,集成性差。

4. 20 世纪 80 年代

随着超级微型机和 32 位字长的工程工作站迅速占领市场,各 CAD 厂商纷纷将原来的大型机和小型机上的 CAD/CAM 系统向新的硬件平台移植或重新开发。这一阶段 CAD/CAM 系统的特点是:几何造型技术已经成熟,并成为 CAD 系统的核心;系统具有统一的数据结构和内部的数据库;系统较好集成;特征建模及二、三维参数化设计系统开始出现等。这一阶段的应用特点是:从二维绘图发展为三维实体建模,从三维实体建模发展为三维参数化建模,实现了从 CAD 单元技术到 CAD/CAE/CAM 的集成。

5. 20 世纪 90 年代

这是开放式、标准化、集成化和智能化的发展时期。随着计算机的硬件及软件环境的飞速发展,CAD 系统也在全球范围内得到了普及,出现了很多新的计算机辅助设计理论、方法和技术;大型专业软件各自采用了参数化设计、变量化设计、逆向工程、超变量化设计、并行设计等新的设计方法,软件的功能性、集成性、智能性、网络性有了很大提高。由于微机及 Windows 98/NT/XP 操作系统与工作站及 UNIX 操作系统在以太网的环境下构成了 CAD 系统的主流工作平台,因此,现在的 CAD 技术和系统都具有良好的开放性,图形接口、图形功能日趋标准化。

1.1.5 CAD 技术的发展趋势

从 CAD 软件发展的角度看,CAD 技术有如下发展趋势。

1. 集成化

计算机集成制造系统(Computer Integrated Manufacture System,CIMS)是在新的生产组织原理指导下形成的一种新型生产模式,它将计算机辅助设计(CAD)、计算机辅助制造(CAM)、计算机辅助工程分析(CAE)、计算机辅助工艺规划设计(CAPP)集成起来。CAD/CAM/CAE/CAPP 的集成是从概念设计开始就考虑到集成,是建立一种新的设计、生产、分析以及技术管理的一体化。CIMS 是现代制造企业的一种生产、经营和管理模式,它以计算机网络和数据库为基础,利用信息技术(包括计算机技术、自动化技术、通信技术等)和现代管理技术将制造企业的经营、管理、计划、产品设计、加工制造、销售及服务等全部生产活动集成起来,实现整个企业的信息集成,保证企业内工作流、物质流和信息流的畅通,达到实现企业全局优化、提高企业综合效益和提高市场竞争力的目的。CIMS 集成主要包括人员集成、信息集成、功能集成、技术集成。

CIMS 的目标在于企业效益最大化,这在很大程度上取决于企业内部的协调。一般来说,企业集成的程度越高,协调性就越好。只有通过集成,正确的信息才能在正确的时刻以正确的方式到达正确的地方,因此,集成是企业成功的关键因素。计算机图形处理技术、图形输入和工程图识别技术、产品造型技术和参数化设计方法、CAPP 技术、数据库技术、数据交换技术等关键技术的快速发展推动了 CIMS 的发展。由于设计是产品开发的首要环节,因此,CAD 信息处于产品生命周期中信息链的源头。为了提高系统的集成水平,CAD 技术必须在以下几个方面提高水平。

(1) 数字化产品建模。必须提供针对产品全生命周期的统一的产品模型,该模型应该符合某种标准或者规范,其内容包括产品结构形状、设计过程以及设计所用的知识;在建模技术上,应该能提供性能优良的特征建模、参数化设计、变量化设计、超变量化设计等方法。

(2) 产品数据交换。除了提供按目前已有的交换规范或者标准所开发的中性交换文件及其接口(如 DXF、IGES、STEP、STL、SAT、VDA)外,还应具备各种外部专用接口,以便与其他软硬件系统连接起来,需要发展新的交换思想和规范。

(3) 产品数据管理。CAD 系统必须有自己统一的数据库及其管理系统,该数据库的结构要以产品信息模型为基础,使 CAD/CAE/CAM 系统内的各模块都用这个统一的数据库进行信息存取。应继续改进与提高产品数据管理(Product Data Management,PDM)软件性能,有效管理与产品相关的所有数据以及与产品相关的所有过程。

(4) 系统内部应该包括更多功能更完善的 CAx 及 DFx 应用软件。如:CAM(Computer Aided Manufacturing)、CAE(Computer Aided Engineering)、CAPP(Computer Aided

Production Planning)、DFM(Design For Manufacturing)、DFA(Design For Assembly)、DFR(Design For Reliability)，并使它们有机地集成起来。

2. 网络化

互联网及其 Web 技术的发展，迅速将设计工作推向网络协同的模式，因此，CAD 技术必须在以下几个方面提高水平。

(1) 能够提供基于因特网的完善的协同设计环境。该环境具有电子会议、协同编辑、共享电子白板、图形和文字的浏览与批注、异构 CAD 和 PDM 软件的数据集成等功能，使用户能够进行协同设计。

(2) 提供网上多种 CAD 应用服务。例如，设计任务规划、设计冲突检测与消解、网上虚拟装配等工具。

3. 智能化

现有的 CAD 技术在机械设计中只能处理数值型的工作，包括计算、分析与绘图。然而在设计活动中存在另一类符号推理型工作，包括方案构思与拟定、最佳方案选择、结构设计、评价、决策以及参数选择等。这些工作依赖于一定的知识模型，采用符号推理方法才能获得圆满解决。因此，将人工智能技术、知识工程技术与 CAD 技术结合起来，形成智能化 CAD 系统是机械 CAD 发展的必然趋势。以下几个问题应给予以更多的注意。

(1) 发展新的设计理论与方法。例如：并行设计、大规模定制设计、概念设计、创新设计、标准化设计、模块化设计、协同设计等都是当前研究的热点。只有在新的理论与方法指导下才可能建立新一代的智能 CAD 系统，才能解决目前还不能有效解决的方案设计、创新设计等问题。

(2) 继续深入研究知识工程在机械设计领域中应用的一些基本理论与技术问题。例如，设计知识的表示与建模、知识利用中的各种搜索与推理方法、知识挖掘、知识处理技术等。

4. 标准化

随着 CAD 技术的发展，标准化问题越来越重要。迄今已制定的标准有许多，例如，面向图形设备的标准 CGI，面向用户的图形标准 GKS 和 PHIGS，面向不同 CAD 系统的数据交换标准 IGES、STEP 和窗口标准等。此外还有《CAD 文件管理》、《CAD 电子文件应用光盘存储归档与档案管理要求》等标准。

此外，在航空、航天、汽车等一些大的行业中，针对某种 CAD 软件的应用也已经制定了行业的 CAD 应用规范。随着技术进步，新标准还会出现。这些标准对 CAD 系统的开发和 CAD 技术的应用具有指导性作用，是必须遵守的法则。基于这些标准推出的有关软件是一批宝贵的应用资源。更为重要的是有些标准还指明了 CAD 技术进一步发展的方向，例如，STEP 既是标准，又是方法学，由此构成了 STEP 技术，该技术深刻地影响着产品建模、数据管理及接口技术等。

5. 并行工程

并行工程(Concurrent Engineering)是随着 CAD、CIMS 技术的发展提出的一种新的系统工程方法。这种方法的思路，就是并行地、集成地设计产品及其开发的过程。它要求产品开发人员在设计的阶段就考虑产品整个生命周期的所有要求，包括质量、成本、进度、用户要求等，以便更大限度地提高产品开发效率及一次成功率。并行工程的关键是用并行设计方法代替串行设计方法。在串行设计方法中，信息流向是单向的，而在并行设计方法中，信息流向是双向的。

在并行工程运行模式下，每个设计者可以像在传统的CAD工作站上一样进行自己的设计工作。借助于适当的通信工具，在公共数据库、知识库的支持下，设计者之间可以相互进行通信，根据目标要求，既可随时根据其他设计人员的要求修改自己的设计，也可要求其他设计人员响应自己的要求。通过协调机制，群体设计小组的多种设计工作可以并行协调地进行。

6. 虚拟设计技术

虚拟设计是一种新兴的多学科交叉技术，以虚拟现实技术为基础，以机械产品为对象，设计人员可以与多维的信息环境进行交互。利用虚拟设计技术进行产品开发，可以减少实物模型和样机的制作。虚拟现实(VR)是20世纪末发展起来的一种高新技术，它是一种由计算机生成的看似真实的模拟环境，通过多种传感设备，用户可以用自然技能与之直接交互，同时提供直观而又自然的实时感知，并使参与者"沉浸"于模拟环境中。虚拟设计是以CAD为基础，利用虚拟现实技术发展而来的一种新的设计系统，可分为增强的可视化CAD系统和基于虚拟现实的CAD系统。

增强的可视化CAD系统利用现行的CAD系统进行建模，输出到虚拟环境系统中。设计人员可以在利用三维交互设备(如头盔式显示器、数据手套等)实现的"虚拟"真实的环境中对虚拟模型进行各个角度的观察。目前投入使用的虚拟设计多采用增强的可视化CAD系统，这主要因为基于虚拟的建模系统还不完善，相比较而言，CAD建模技术已比较成熟，可以利用。

基于虚拟现实的CAD系统，用户可以在虚拟环境中进行设计活动，包括三维设计。这种系统易于学习掌握，用户很快就可以熟悉并利用这样的系统进行产品设计，其设计效率比现行的CAD系统可提高5～10倍。

虚拟现实技术对缩短产品开发周期、节省制造成本具有重要意义，很多大公司在产品设计中已采用这项技术，例如，通用汽车公司、波音公司、奔驰公司、福特汽车公司等。随着科技的发展，虚拟设计在产品的概念设计、装配设计、人机工程学等方面必将发挥更大的作用。

1.2　CAD系统概述

1.2.1　CAD系统的组成

CAD系统的特点表现在它具有很强的图形交互设计与显示输出能力。人们常常要问，CAD系统与一般计算机系统有何区别，区别表现在硬件与软件两个方面。硬件方面的区别是CAD系统有专门的输入及输出设备来处理图形的交互输入与输出问题，例如，采用高性能的图形显示终端、图形扫描仪以及绘图机等。软件方面的区别表现在集成与界面上：CAD 系统提供给用户所需的全部功能模块，并通过一个中央数据库集成起来；在界面方式上也往往不同于一般软件常用的数据文件或会话方式，而是采用了一套完善的交互操作方式。完整的 CAD 系统由硬件系统和软件系统组成，如图 1.3 所示。

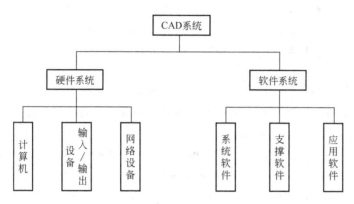

图 1.3　完整的 CAD 系统组成

硬件系统是 CAD 技术实施的物理基础，是软件运行的支撑平台，主要由 5 部分组成：计算机主机、外存储器、图形输入设备、图形输出设备和网络设备。计算机主机包括中央处理器（CPU）和内存储器；外存储器可分为硬盘类、软盘类、光盘类和磁带类存储器；图形输入设备有键盘、鼠标、数字化仪、图形输入板、图形扫描仪等；图形输出设备有图形显示器、绘图机和打印机等；网络设备包括网卡、传输介质、调制解调器等。

软件系统是 CAD 功能的体现，CAD 技术的所有功能均需要通过软件来实现。除专用的绘图设备外，由于 CAD 硬件都是通用的计算机设备，因此通常所说的 CAD 系统一般是指 CAD 软件。CAD 系统应具备两类软件：系统软件与应用软件。应用软件的范围很广，为清楚起见，可分为 CAD 支撑软件及用户开发的应用软件两种。支撑软件是实现 CAD 功能的一些标准软件，如 ACIS、Parasolid 等，它为应用软件提供标准的、通用的功能支撑，是 CAD 软件开发的基础。应用软件则是面向用户或应用来提供具体功能的软件，它反映 CAD 系统的功能和性能，体现 CAD 软件和其他应用软件的区别。因此，CAD 软件通常是指支撑软件以及在它的基础上开发的应用软件。

1. 系统软件

在 CAD 软件系统中，系统软件主要包括操作系统软件、编程语言系统软件、网络通信及管理软件三大部分。系统软件主要用于计算机的管理、维护、控制、运行以及对计算机程序的翻译和执行。它不是用户的应用程序，而是着眼于计算机资源的有效管理、用户任务的有效完成以及操作的方便，目的是要构成一个良好的软件工作环境，供应用程序的开发使用。系统软件具有两个特点：即通用性和基础性。

（1）操作系统。操作系统（OS）是系统软件的核心。具有 5 个方面的管理功能，即内存分配管理、文件管理、外围设备管理、作业管理及中断管理。操作系统控制和指挥计算机的软件和硬件资源，其具体功能有硬件资源管理、任务队列管理、硬件驱动程序、定时分时系统、基本数学计算、错误诊断与纠正、日常事务管理等。操作系统依赖于计算机系统的硬件，用户通过操作系统使用计算机，任何程序需经过操作系统分配必要的资源后才能执行。

操作系统按其提供的功能及工作方式的不同可分为单用户、分时、实时、批处理、网络和分布式操作系统6类。目前最常用的操作系统是UNIX、Windows系列,从工作站到微机均有使用。

(2)编程语言系统。编程语言系统主要完成源程序编辑、库函数及管理、语法检查、代码编辑、程序连接与执行等工作。根据程序设计方法的不同,可分为结构化编程语言和面向对象的编程语言;根据编程时对计算机硬件依赖程度的不同,可分为低级语言和高级语言。

汇编语言就属低级语言,它是一种与计算机硬件相关的符号指令,执行速度快,能充分发挥硬件功能,常用来编制最底层的绘图功能,如画点、画线等。此外,涉及硬件设备时也往往用汇编语言,如编制驱动程序。

高级语言与自然语言比较接近,所编程序与具体计算机无关,经编译及与有关库连接后即可执行。目前有许多语言,而且还在发展,用得较广的有 BASIC、FORTRAN、PASCAL、C 等。此外,VB 提供大量的界面构件库,具有易学易用的特点;Java 是设计浏览器软件的好工具,可在不同的系统平台上提供统一接口;C++或 VC 是开发高质量软件的最佳语言。

(3)网络通信及管理软件。现在 CAD 系统大多是联网系统,用户能共享网内全部软硬件资源,可以使工作小组共同进行某个产品的辅助设计或开发同一软件系统。网络通信及其管理软件主要包括网络协议、网络资源管理、网络任务管理、网络安全管理、通信浏览工具等内容。为了使网络中的信息交换能正常有效地进行,一般都分层次规定了双方通信的约定,称为协议。目前这种层次型网络协议已经标准化,被称为"开放系统网络标准模式(OSI)",它分为7层,即应用层、表达层、会话层、传输层、网络层、链路层和物理层。以太网(Ethernet)是国际著名的局域网之一,它的结构功能分层完全和 OSI 模式相对应,工作可靠,易于扩充,所以被广泛采用。以太网属总线型,3^+ 网络是目前流行于微机系统的局域网,是 COM 公司在以太网基础上改进得来的,使 3^+ 网的高层协议和 DOS 操作系统的文件系统相匹配,提供并发的高性能的文件共享系统。目前 CAD 系统中流行的主要网络协议包括 TCP/IP、MAP、TOP 等。

(4)图形用户接口与标准。图形用户接口(Graphical User Interface,GUI)是 CAD 系统中重要的开发工具,一般作为系统软件。初始的图形用户接口依赖于所用的编译系统。目前 GUI 尚未有统一的国际标准,但为了满足不同 CAD 系统对工程数据模型的交换和共享需要,一些公司和组织制定了 IGES(Initial Graphics Exchange Specification)、DXF(Drawing Exchange File)、STEP(Standard for The Exchange of Product Data)等图形(产品)信息交换标准。

2. 支撑软件

支撑软件是 CAD 系统的通用软件,是各类应用软件的基础,由专门的软件公司开发,为用户提供工具或二次开发环境。CAD 支撑软件主要有以下3类功能:①解决图形设计问题;②解决工程分析与计算问题;③解决文档写作与生成问题。

1)基本图形资源软件

这是一些根据各种图形标准或规范实现的软件包,大多是供应程序调用的图形子程序包或函数库。由于是根据标准研制而成的，因此与计算机硬件无关，利用它们所编写的应用程序原则上可以在具有这些图形资源的任何计算机上运行，因此具有优良的可移植性。许多商品化的二、三维交互图形系统，其底层图形功能就依靠它们。用户在应用开发时应重视这部分图形资源的利用。这些图形资源中比较流行的有面向设备驱动的 CGI，面向应用的图形程序包 GKS 及 PHIGS，还有某些特有图形程序包，如 OpenGL 等。

2）二、三维绘图软件

这类软件主要解决零部件图的详细设计问题，输出符合工程要求的零件图或装配图。这类软件分交互式绘图与程序调用两种方式，目前主要采用交互式绘图系统，但在这些系统中也常常提供程序调用的接口。商品化的交互式绘图系统种类很多，在微机上有 AutoCAD、CADkey 及众多的国产软件，在工作站上大多属于 CAD/CAM 系统中的一个模块，如美国 PTC 公司的 Pro/E 系统中的 Pro/Detail 绘图模块等。

3）几何造型软件

这类软件主要解决零部件的结构设计问题，存储它们的三维几何数据及相关信息。目前大多采用实体造型系统(Solid Modeling System)解决一般零部件的造型；采用曲面造型系统解决复杂曲面的造型；采用参数化特征造型系统满足变形产品设计及 CAD/CAPP/CAM 集成的要求。目前常用的几何造型商品化软件有：Autodesk 公司的 Inventor 软件，PTC 公司的 Pro/E 中的三维模块，UGS PLM 公司的 I-DEAS NX Series 软件中的 Master Modeler 等。

4）工程分析及计算软件

用于机械领域的工程分析及计算的商品化软件主要有以下类型：①计算方法库。解决各种数学计算问题。②优化方法库及常用零部件优化模型库。③通用或专用的有限元分析及其前后置处理程序，如 ALGOR，ADINA，ANSYS，NASTRAN 等。④机构分析及机构综合软件。机构分析是要确定机构的位置、轨迹、速度、加速度，计算结点力及弹簧力，校验干涉，显示机构静态、动态图及各种分析结果的曲线等；机构综合是根据产品要求自动设计出一种机构。⑤机械系统动态分析软件。广泛采用模态分析法，分析系统的噪声、振动等问题。⑥注塑模分析软件。可以进行注塑模具的流动分析、冷却分析、翘曲分析、收缩分析及结构应力分析等。

5）文档制作软件

此类软件可以快速生成设计结果的各种表格、文件、报告、说明书等，可以方便地对文本及插图进行各种编辑，并支持汉字处理。

3. CAD 图形支撑软件的发展

CAD 图形支撑软件的发展大致可分为以下 4 个阶段。

（1）二维交互式绘图系统。技术已经成熟，已被广泛使用。

（2）以实体模型为基础的 CAD/CAM 集成系统。在这种系统中，一般将三维线框造型、曲面造型、实体造型、三维装配、二维绘图、工程分析、机构分析、数控编程等模块集成在一起，提供功能强大的设计、分析能力。

（3）以特征建模、参数化、变量化设计为特点，能支持自顶向下设计，具有内部统一数据模型 CAD/CAM 集成系统。这种系统也已经成熟，像特征建模、参数化、变量化设计等技术已能实现,但功能还需进一步完善。

(4) 遵照 STEP 标准,以统一产品数据模型为核心,以产品数据管理为平台,以因特网和 Web 技术为集成环境的高级 CAD/CAM 集成系统。此类系统尚不成熟,许多技术尚待解决,已成为当前的研究热点和未来追求的目标。

4. 应用软件

应用软件是在系统软件和支撑软件的基础上,针对某一专门应用领域的需要而研制的软件,一般提供二次开发所需要的接口、语言和工具等技术,使二次开发的软件能与应用软件本身紧密结合,构成用户实际需要的 CAD 系统。目前在机械零件设计软件、模具设计软件、汽车车身设计软件、组合机床设计软件、电器设计软件等领域都有相应商品化的应用软件。应用软件和支撑软件之间并没有本质的区别,某一行业的应用软件逐步商业化形成的通用软件产品,也可以称为一种支撑软件。

1.2.2 CAD 系统的配置形式与网络结构

1. CAD 系统的配置形式

根据硬件配置形式,CAD 系统可分成主机—终端 CAD 系统、工作站 CAD 系统和个人计算机 CAD 系统三大类,对其分别介绍如下:

1) 主机—终端 CAD 系统

主机—终端 CAD 系统又称集中式 CAD 系统。它是由一台大型计算机或小型计算机作为主机与图形设备相连接组成,如图 1.4 所示。在这种系统中,图形设备并不具有中央处理器,所有的处理和运算均需依靠主机进行,因此,系统按分时分批处理方式进行,效率较低,响应速度慢。

特点:价格比较昂贵,初期投资大;维护费用高;系统比较封闭,开放性较差,更新操作系统较困难,因为初始的软件选择不一定适合于后期的产品开发,软件需要不断更新,对于所有的图形设备都需要更新,工作量很大。过去这种系统常常被已有主机的大公司所接受,属于大规模 CAD 系统,目前已不再采用这种系统,大多为过去遗留下来的尚能工作的老系统。

2) 工作站 CAD 系统

工作站 CAD 系统是由服务器及与之联网的工程工作站组成,如图 1.5 所示。由于工作站和分布式计算机管理技术的发展,使这类系统得到广泛应用。工作站 CAD 系统属于大规模及超大规模 CAD 系统。

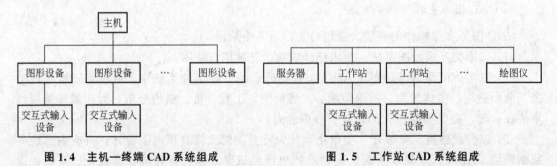

图 1.4 主机—终端 CAD 系统组成　　　　图 1.5 工作站 CAD 系统组成

特点：①任意工作站的工作状况不影响其他工作站。②网络能力强。③初期投资小。

3) 个人计算机 CAD 系统

基于 PC 配置的个人计算机 CAD 系统，操作系统常采用 Windows NT、Windows XP 等，该系统已被中小公司广泛采用。软件配置可根据个人情况来定，软件升级、更新方便，主要用于图形处理，能适用于二维、三维图形处理和简单的有限元分析处理，该系统属于小规模 CAD 系统。

2. CAD 系统的网络结构

单机 CAD 系统由于存在资源不能共享、存储资源浪费、设备利用率低、不便集中管理所有设计文档等缺点。因此可以通过网络使小型计算机系统、工作站及个人计算机系统连接成一个整体，通过通信系统实现资源共享、设计同步等。常见的 CAD 系统网络结构有个人计算机及局域网、客户机/服务器、Internet/Intranet 3 种形式。

1) 个人计算机及局域网形式

目前常用的局域网操作系统主要有 Novel NetWare 及实现与异种机通信的 TCP/IP 协议的网络。

个人计算机中由于受内存容量小、主机速度低、显示分辨率低等条件的限制，功能有限。局域网能以较高的效率、较低的成本在本地区范围内将计算机、终端及常用的外围设备连接成为一个网络系统，使个人计算机可以与其他设备共享资源，更好地适应 CAD 系统的应用和一些设计要求。

2) 客户机/服务器形式

客户机/服务器(Client/Server，C/S)是企业中常用的一种模式，如图 1.6 所示。这种模式由客户机和服务器组成。服务器的主要作用是承担数据库系统的数据共享、通信管理、文档管理以及向客户机提供服务。客户机的主要作用是管理用户执行客户应用程序、采集数据，以及向服务器提出请求。客户机/服务器网络结构一般采用总线型、星型或环型方式的拓扑结构。

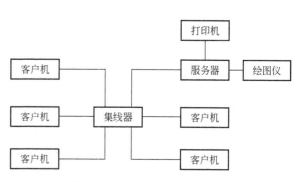

图 1.6　客户机/服务器系统框架

这种结构的优点是：微机网络 CAD 系统投资少、便于管理；可应用企业原有的计算机资源；系统具有可扩充性。

3) Internet/Intranet 形式

由于市场的国际化和竞争，要求缩短产品的开发及制造周期和降低成本。因此，产品更新换代速度越来越快，市场向小批量、个性化的方向发展。用户可通过 Internet 构建企业的内联网 Intranet。基于网络的设计与制造技术可以显示整个生产过程，用户可以在不同城市、不同国家通过 Internet/Intranet 共享同一产品模型进行设计与制造，实现共享信息和人力资源，实现协同工作、并行工程、异地设计和异地制造，从而大大缩短产品设计周期，提高生产效率，达到降低成本、快速适应市场的目的。基于 Internet 的 CAD/CAM 系统框架如图 1.7 所示。

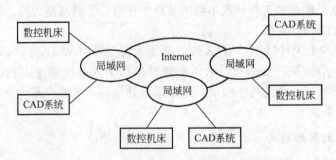

图 1.7 基于 Internet 的 CAD/CAM 系统框架

1.2.3 CAD 系统的功能模块

现代 CAD 系统由若干完成特定功能的子系统组成,该子系统又称功能模块。图 1.8 为现代 CAD 系统典型的功能模块组成。CAD 系统的功能模块分为通用模块和专用模块。通用模块包括二维草图、三维建模、曲面建模、装配建模和工程制图模块,是三维 CAD 系统的必备功能。专用模块是为特定行业或需求设计的,包括钣金设计、模具设计等典型模块。

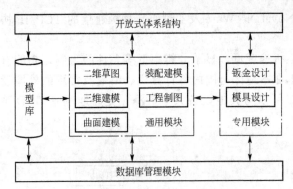

图 1.8 现代 CAD 系统的功能模块组成

下面分别对通用模块的各个功能作简要的介绍。

1. 二维草图绘制

在参数化、变量化设计中,二维草图绘制是十分重要和基础的功能。在基于特征的三维建模过程中,草图用于拉伸、旋转等三维特征的建立。草图绘制充分体现了变量化设计思想,设计者可以快速创建所需要的二维图形,并通过增加或修改尺寸和几何约束,使草图逐步满足设计者意图。

2. 三维建模

三维建模是 CAD 系统的核心模块,是 CAD 系统必不可少的功能,用于产品三维模型的建立、显示和编辑。在 CAD 系统的发展过程中,其很多功能的扩展和性能的提高都围绕着如何高效地建立、表示和管理三维模型而开展,如特征建模技术、参数化建模技术、数据相关性等。

3. 曲面建模

曲面建模是实体建模的补充,通常用于复杂产品如汽车、飞机、家电等的外形设计。Coons 方法、Bezier 方法、B-样条和 NURBS 方法是 CAD 系统构造曲线、曲面普遍采用的方法。现代 CAD 系统能提供丰富和方便的曲面建模工具支持各类复杂曲面的建模,为更精确美观的产品造型设计提供更广泛的支持。

4. 装配建模

装配建模是 CAD 系统的必要模块，它能实现三维产品模型的虚拟装配，直观、形象地表达产品各零件的组成、装配关系和产品的最终成形效果。现代 CAD 系统能够支持自底向上和自顶向下两种方法的虚拟装配，采用基于约束的方法，使实际环境中零件之间的装配设计关系在虚拟设计环境中得到真实映射。

5. 工程制图

工程制图模块用于绘制和编辑能指导产品加工、制造的工程图。通过 CAD 系统能够将所建的三维模型直接生成二维平面视图，并使三维模型的特征尺寸在二维工程图上自动生成和标注。CAD 系统的其他建模模块与工程制图模块具有全相关性，能够保持工程图的各视图之间、三维模型与二维视图之间的全相关。三维模型的修改能直接反映到二维视图上，二维图形的变更也能使三维模型自动更新，保证了设计的一致性。

1.2.4 图形软件标准

随着 CAD 技术的不断发展，图形应用软件的开发复杂性和难度增大、成本提高，软件专业人员应遵循统一的图形软件标准，使图形应用软件的开发直接面向应用，减少在基本图形技术和接口上花费精力。图形软件标准是一组由标准化组织发布实施的、通用的、独立于设备的图形系统软件包，它提供图形描述、图形输入/输出接口和应用程序等功能，使应用软件更易于在各系统间实现资源共享，使 CAD 系统的集成更易于实现。按图形软件标准的功能及在系统中的地位来分，目前常用的图形软件标准可分为以下三个层次。

1. 图形系统标准

图形系统的标准化可实现图形应用程序在源程序级的可移植性。常用的图形系统标准有 GKS 和 PHIGS。

(1) GKS。GKS 是"图形核心系统"(Graphic Kernel System)的简称。它是 1979 年由德国标准化组织(DIN)提出的草案，ISO 于 1985 年采用，并以此作为国际标准。GKS 是最早颁布的国际图形标准，也是一个为应用程序服务的基本图形系统。它是图形功能接口的标准，它提供了应用程序和一组图形输入/输出设备之间的功能性接口。该功能性接口包括在各式各样的图形设备上为交互的或非交互的二维作图所需的全部基本功能，即输出功能、输入功能、控制功能、变换功能、图段功能、元文件功能、询问功能和出错处理功能。GKS 采用逻辑工作站概念处理图形设备和图形数据存储设备。GKS 只定义了一个独立的图形系统核心，在具体应用时，必须以所用语言规定的形式，把符合 GKS 定义的图形软件包嵌入到主语言中使用。GKS 作为一个功能描述，它独立于设备和编程语言。用户可根据需要，在应用程序中调用各种 GKS 功能，这样的应用程序可方便地在具有 GKS 功能的不同系统之间移植。

GKS 是二维图形标准，GKS-3D 是在 GKS 基础上扩充而成的三维图形标准。GKS-3D 提供三维空间下的图形功能，它包含 GKS 的重要概念和特点，在三维空间里对原 GKS 的功能进行精确的定义。这样，两者在实现时并不相互依赖，而设计原则和基本结构上又尽量保持一致。GKS-3D 与 GKS 标准兼容，使用 GKS 开发的软件可直接在 GKS-3D 环境下运行。为了得到三维对象的二维图形数据，GKS-3D 引入了观察变换，提供从三维

汽车CAD技术及Pro/E应用

对象的几何参数提取在指定观察条件下的二维投影数据的功能,实现了三维对象的图形显示。

(2) PHIGS。PHIGS 是"程序员层次交互式图形系统"(Programmer's Hierarchical Interactive Graphics System)的简称。PHIGS 是美国计算机图形技术委员会于 1986 年推出的,后被接受为国际标准,它也是图形功能接口标准,它是为应用程序员提供的控制图形设备的图形软件系统接口及动态修改和绘制显示图形数据的手段。GKS 标准侧重于和图形生成有关的内容,对应用对象几何模型的构造能力有限。PHIGS 不仅包含图形生成功能,还提供构造对象几何模型的功能,即建模功能。PHIGS 把与对象有关的应用数据和图形数据按层次结构组织和管理,一个结构可以引用另一个结构,通过这种引用建立起层次式的结构网络,使复杂的多层次应用对象的几何模型能方便地利用它进行描述。

PHIGS-PLUS 是在 PHIGS 基础上的扩充,主要是增加了对真实感图形的处理能力。PHIGS-PLUS 提供了功能较强的图形输出原语,比如多边形、多面体和曲面等,用于描述复杂的三维对象。PHIGS-PLUS 还增加了对形体表面属性、光源以及明暗处理方法的选择,由用户控制产生其需要的真实感图形。

2. CAD 系统间的产品数据交换标准

为满足数据信息在不同 CAD/CAM 系统与企业之间交换和共享,实现多种异构系统的集成,充分发挥用户应用软件的效益,必须以可靠的数据交换技术为基础,建立各系统软件都应遵守的数据交换规范,要求有统一的产品数据交换模型,需制定统一的产品数据交换规范或标准。常用的产品数据交换规范或标准有:DXF 文件格式、IGES 文件格式和 STEP 标准等。另外,还有基于 XML 建立的产品数据交换标准,下面对其分别介绍。

(1) DXF 文件格式。DXF 文件的图形数据交换格式是一种中性的图形数据交换文件格式,是美国 Autodesk 公司制定并首先用于 AutoCAD 的图形数据交换文件格式,用于外部程序与图形系统或不同图形系统之间的数据交换。它虽然不是标准化机构制定的标准,但由于其结构简单、可读性好、易于被其他应用程序处理,现在大多数 CAD 系统都能读入或输出 DXF 文件,目前被广泛应用。但当系统数增加时,接口数不能增加过多,每次均需通过前后处理器接口进行数据交换,运行效率较低。

(2) IGES 文件格式。IGES 是"初始图形交换规范"(Initial Graphics Exchange Specification)的简称。IGES 文件的图形数据交换格式也是一种中性的图形数据交换文件格式,是 1980 年由美国国家标准协会(ANSI)批准公布的美国国家标准,是图形数据交换的一种规范,它建立了用于产品定义的数据表示方法与通信信息结构,由产品的几何、绘图、结构和其他数据信息组成,目的是定义不同 CAD 系统间几何设计数据的交换格式,在不同的 CAD/CAM 系统之间交换产品数据。其原理是:通过前处理器把发送系统的内部产品定义文件翻译成符合 IGES 规范的"中性格式"文件,再通过后处理器将中性格式文件翻译成接受系统的内部文件。IGES 文件格式可进行几何图形信息的描述,其基本单元是实体,它们分为 3 类:几何实体、描述实体和结构实体,可支持二维线框、三维线框、三维表面、三维实体、技术图样、有限元、印刷线路板等模型的数据交换,并具有实体造型的 CSG 和 B-rep 表示法,可处理 CAD/CAM 系统中的大部分信息。IGES 定义了文件结构格式,格式语言以及几何、拓扑及非几何产品定义数据在这些格式中的表示方法,其表示方法是可扩展的,并且独立于几何造型方法。利用 IGES 文件,用户可以从中提取所需数据进行应用程序的开发，现在大多数 CAD 商用支撑软件都提供读、写 IGES 文件的接口，使不同软件系统之间交换图形成为现实。

应用 IGES 文件进行数据转换时需前后处理程序，且定义的实体主要是几何图形方面的信息，不能构成完整的产品信息模型。另外，不同 CAD 系统间采用 IGES 文件进行产品数据交换时，会有部分数据丢失，使图形发生失真现象。

(3) STEP 标准。STEP 是"产品模型数据交换标准"（Standard for the Exchange of Product Data）的简称。STEP 标准是由 ISO 工业自动化系统技术委员会制定的关于产品数据表示和交换的国际标准。该标准可建立包括产品整个生命周期的、完整的、语意一致的产品数据模型，支持零件及装配件。STEP 中的产品数据含义很广，包括为进行设计、制造、检验和产品支持等活动而全面定义的产品零部件或构成所需要的与几何尺寸、性能参数及处理要求等有关的各种属性数据，这些数据能够实现对产品在整个生命周期内的完整一致的描述。以 EXPRESS 语言作为 STEP 中数据模型的形式化描述工具，可满足产品生命周期内各阶段对产品信息的不同需求。

STEP 标准能提供数据共享的机制，即建立统一的产品数据模型并进行数据交换，还能支持接口标准化和概念模型标准化，为与产品制造活动有关的各类计算机辅助应用技术提供产品数据共享的基础，为产品开发部门进行并行设计、协同设计、虚拟产品开发等提供集成环境，同时便于数据库和其他各种计算机辅助应用软件的集成。

(4) 应用 XML 建立产品数据交换标准。平台的差异制约了信息共享和数据交换，是造成传统软件移植性差、集成性差的关键原因之一。Java 为程序设计提供了一种与平台无关的语言 XML（Extensible Markup Language，即可扩展标记语言），它是在通用的字符集合中可使数据结构形式自由表现的语言，是万维网联盟建立的规范，为数据表达提供了一种与平台无关的格式，采用信息建模语言 EXPRESS 建立产品数据主模型，对产品数据主要模型进行裁剪生成产品全生命周期各阶段的不同功能视图，基于 XML 实现产品数据的定义，消除特定数据格式造成的系统集成与信息共享屏障，为产品信息模型的规范化和产品数据交换的一致性提供了保证。

基于 XML 建立数据总线，并建立企业数据交换标准，应用 J2EE 中间件技术封装企业旧系统，进行企业应用集成，打破传统系统集成方法造成的紧密耦合局面。采用 XML 为数据交换标准的集成体系结构，系统间的耦合是通过 XML 技术实现的，XML 具有与平台、语言和协议无关的特性，系统间为松耦合。松耦合可以使接口定义和业务流程相分离，使接口的定义标准化，使业务流程、数据格式、集成技术的互相依赖最小化；企业的业务流程可重新定义和快速配置，令企业系统容易适应外部变化。

因此，建立以 XML 为标准的数据总线的系统集成框架和实施策略，进行数据整合；制定应用系统的 XML 数据接口标准，集成应用接口；使企业应用系统之间、企业之间能够互相交流数据信息，是企业首选的集成策略。

3. 图形子功能程序和图形输入输出设备之间的接口标准

(1) CGM。CGM 是"计算机图形元文件"（Computer Graphics Metafile）的简称，是 ISO 的国际标准。CGM 采用高效率的图形编码方法，规定了存储图形数据的格式，由一套与设备无关的用于定义图形的语法和词法元素组成，作为图形数据的中性格式，能适用于不同的图形系统和图形设备。

(2) CGI。CGI 是 "计算机图形接口"（Computer Graphics Interface）的简称，是设备驱动程序接口标准，1984 年由美国标准化协会（ANSI）起草，后被 ISO 确定为国际标准。CGI 标准描述了通用的抽象图形设备的软件接口，定义了一个虚拟的设备坐标空间、一组图形命令及其参数格式。采用 CGI 标准，无论是应用程序还是图形支撑软件均可实现在不同设备配置之间的可移植性。对于具体的图形设备，可配备各自的 CGI 驱动程序来实现操作。

1.2.5 CAD 系统软硬件选用原则

1. CAD 系统的硬件选用原则

CAD 系统硬件的选择不仅要适应 CAD 技术发展水平，而且要满足它服务的对象，应以用户的使用目的和具备条件（包括经费、人员技术水平等）为前提，以制造商提供的性能指标为依据，以性能价格比及其适用程度为基本出发点，综合考虑各方面因素加以决策。具体应从以下几个方面考虑：

(1) 系统功能。主机系统的性能，如 CPU 的规格、数据处理能力和运算速度，内、外存容量，输入/输出设备的性能、图形显示和处理能力、与多种外围设备的接口以及通信联网能力等。

(2) 系统升级扩展能力。因 CAD 系统硬件技术的发展非常迅速，为保护用户的投资不受或少受损失，应注意欲购产品的内在结构是否具有随着应用规模的扩大而升级扩展的能力，能否向下兼容以便在扩展系统中继续使用。

(3) 系统的开放性和可移植性。如果需要应用程序能够移植到另一个硬件平台，要求系统能独立于制造厂商并遵循有关国际标准，能为各种应用软件提供交互操作性和可移植性平台。

(4) 良好的性能价格比。

(5) 系统的可靠性、可维护性与服务质量。

2. CAD 系统的软件选用原则

选择理想的 CAD 软件应主要考虑以下因素：

(1) 系统功能与能力配置。现在，支持 CAD 系统商品化的系统软件和支撑软件有很多，且大多采用了模块化结构和即插即用的连接与安装方式。不同的功能通过不同的软件模块实现，通过组装不同模块的软件构成不同规模和功能的系统。因此，要根据系统的功能要求确定系统所需要的软件模块和规模。

(2) 与硬件的匹配性。不同的软件往往需要不同的硬件环境支持。如软硬件都需配置，则要先选软件，再选硬件，软件决定着 CAD 系统的功能；如已有硬件，只配软件，则需要考虑硬件能力，配备相应类型的软件。

(3) 软件的性能价格比。

(4) 开放性。所选软件应与 CAD 系统中的设备、其他软件和通用数据库具有良好的接口、数据格式转换和集成能力，具备驱动绘图机及打印机等设备的接口，具备升级能力，便于系统的应用和扩展。

(5) 二次开发能力和环境。二次开发能够充分发挥 CAD 软件的作用和使用效率，因此了解所选软件的二次开发能力很有必要，例如，所提供的二次开发工具、所需要的环境和编程语言。专用的二次开发语言学习和培训量大，但使用效率较高，通用编程语言则相反。

(6) 可靠性。所选 CAD 软件应在遇到一些极限处理情况和某些误操作时，能进行相应处理而不会使系统崩溃。

1.2.6　现代 CAD 软件的主要技术特点

1. 参数化建模技术

参数化建模(Parametric Modeling)是指在保持原有模型约束条件不变的基础上，通过改变模型尺寸、驱动模型变化，以获得新的模型。因此，"约束(Constraint)"和"尺寸驱动(Dimension Driving)"是参数化建模的两个核心技术。"约束"是对模型几何元素位置和相对位置关系的限制，这些限制能够保证新的模型能按人的设计意图变化，而不致生成不需要的模型；"尺寸驱动"是指当尺寸值变化时，模型随之变化以达到新的尺寸值，从而获得新的模型。可见，约束是参数化建模的基础和保证，尺寸驱动是参数化建模的动力，因此，参数化建模是一种基于约束的，并能用尺寸驱动模型变化的建模技术，用参数化技术生成的模型称为参数化模型。只要通过修改模型上的尺寸值，参数化模型就会变成一种新的模型。如图 1.9 所示是一个燕尾槽的参数化模型，模型约束列在燕尾槽截面草图上。如果改变模型上的各种尺寸值，就可以生成不同的燕尾槽模型。

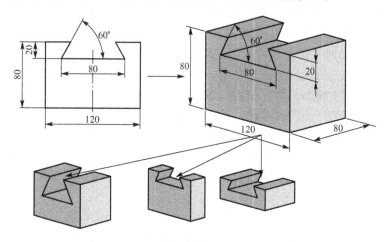

图 1.9　燕尾槽参数化模型

2. 基于特征的建模技术

基于特征的建模(Feature - Based Modeling)是 20 世纪 90 年代出现并被广泛应用的技术，它大大提高了三维建模的效率和模型编辑的灵活性，同时为后续 CAPP、CAM 技术的应用提供了极大方便。现有 CAD 系统大都采用这种建模技术。一种几何结构相对简单的基本几何体称为特征，基于特征的建模将任何三维模型视为一系列特征的组合。这样，无论模型如何复杂，都可以通过一定数量的特征按照一定方式组合而成。这种建模技术具有以下优点：

(1) 建模过程类似产品的实际加工过程，步骤清晰，每步操作明确。因此，建模十分方便，效率很高。

(2) 三维模型建立后，系统将详细记录模型的生成过程以及每步操作中的特征类型和参数，即每个模型都有一个完整的特征历程树。基于该特征历程树，用户可以选择其中任

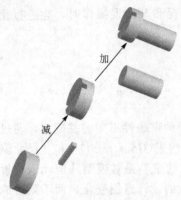

图 1.10 螺钉基于特征的建模过程

意特征,并对选中特征的定义、几何参数、位置参数以及各种特性进行修改,之后更新特征历程树,便可以得到新的三维模型。图 1.10 给出了一个螺钉基于特征的建模过程。

通过建模过程可以看出,基于特征的建模技术涉及两个重要概念。

(1) 特征:具有一定形状的几何体,是构成复杂模型的基本几何模型。CAD 系统会提供一定类型的特征供用户直接调用,用户也可根据需要自定义特征。二维草图是一种应用最广的基础特征。

(2) 组合:特征的累积方式。常见组合方式有并、差、交集布尔运算,其中并、差组合应用最多。由于草图是一种特征,因此,由二维图形形成三维模型的扫描(如旋转、拉伸)也可视为一种组合方式。

3. 全数据相关技术

一个 CAD 系统具有不同的功能模块,在产品设计过程中,设计人员可能利用不同的模块,在不同的地点并行地进行产品设计。由于是对同一产品进行设计,自然希望各个模块使用统一的数据模型,以使设计人员能够共享、交换数据,保证设计过程的协同和并行。为此,产品的几何模型应保持完整性和一致性。20 世纪 90 年代初,SDRC 公司提供了"主模型(Master Model)"概念,并在 I-DEAS 中较好地解决了数据的完整性和一致性问题。所谓主模型是指 CAD 系统中的各个功能模块均采用一个统一或单一的数据模型,用于集中存储产品设计数据,所有模块需要和产生的数据都来自或存放在该模型中。各个功能模块通过链接方式(不是复制)从主模型中引用数据,这就保证了每个功能模块与主模型数据的一致性。当主模型发生变化时,模块数据会随之变化;相反,当某个模块的数据修改后,主模型数据也随之修改。这种数据相关称为双向相关。图 1.11 所示为主模型和各个功能模块的关系。

由于每个模块的数据均与主模型双向相关,因此,当任一个模块的数据发生变化时,都会通过主模型传递到其他模块。即一个模块的数据变化会通过主模型自动反映到其他模块,这就实现了各个模块数据的相关,这种所有模块数据均具有的相关性称为全数据相关。

全数据相关是现代 CAD 技术的一个显著特征,它为实施并行设计和协同设计提供了技术保证。全数据相关不仅限于 CAD 系统的内部功能模块,还包括 CAE、CAPP、CAM 等其他应用模块。完整的全数据相关是以几何模型为中心,其他应用引用几何模型数据,并保持与几何模型的相关性。图 1.12 所示为全数据相关结构示意图。

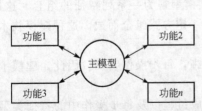

图 1.11 主模型和各个功能模块的关系

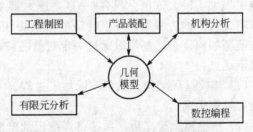

图 1.12 全数据相关结构示意图

4. 智能导航技术

设计效率的提高是 CAD 技术始终追求的一个重要目标，CAD 技术的发展，很多内容都是围绕如何提高设计效率展开的，智能导航技术便是其中之一。

计算机绘图中涉及大量点的定位操作，如画直线时需要确定两个端点、画圆时需要确定圆心位置等，因此点的定位快慢直接影响绘图速度。1992 年初，SDRC 公司在 I-DEAS 中率先推出了动态引导器(Dynamics Navigator)，这是一种智能导航技术，它对提高点的定位速度做出了变革性的贡献。在 CAD 建模或编辑过程中，也涉及大量的定位和选择操作。例如，绘制一条与已有直线连接的直线，需要将直线起点准确定位到现有直线的端点，否则草图不封闭，不能变换成实体；若要求在三维模型上绘制草图，则需要在三维模型上选择平面。所谓"智能"，是指 CAD 系统能够自动理解和判断人的设计意图，从而引导和帮助设计人员快速、准确定位到需要的点或选择到需要的对象。智能导航技术通常具有以下功能。

(1) 自动捕捉现有几何元素的特征点。该功能用于草图的绘制，当启动绘图命令并要求输入点时，移动鼠标，当光标接近已有几何元素的特征点时，屏幕上将出现特征点符号，这时单击，系统会自动地定位到显示的特征点上。几何元素的特征点包括端点、切点、中点、圆心、圆的象限点等。图 1.13 为绘制草图时自动捕捉现有几何元素特征点的例子。

(2) 自动生成约束。在绘制草图时，系统会自动捕捉人的意图生成约束。例如，绘制直线时，在直线起点确定后，当直线接近水平或竖直时，系统会自动给出水平或竖直约束。如图 1.14(a)所示。当绘制两平行相等的线段时，当所画第二条线段处于近似平行和相等的时候，系统会自动给出平行和相等的约束，如图 1.14(b)所示。

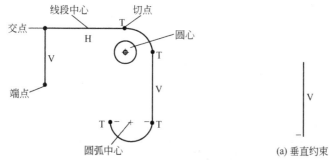

图 1.13 自动捕捉现有几何元素特征点

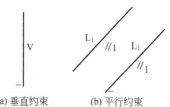

图 1.14 自动约束生成

(3) 自动显示可供选择的对象。当需要选择模型几何元素时，在模型上移动光标，系统会高亮显示(Highlight)可供选择的对象。当高亮显示的对象是用户需要的对象时，单击就会准确选中显示的对象。选择导航可帮助用户预测什么对象将被选取中，提高选择的准确性。例如，在三维模型的表面上绘制草图，光标在模型上移动时，系统会依次高亮显示将被选中的表面，如图 1.15 所示。

1.2.7 典型 CAD 软件简介

表 1-1 是国内外部分典型 CAD 软件及功能简介。表中列出了产品名称、产品所属公

司、主要模块及功能、软件与硬件环境等信息。通过表中的一些基本信息，使我们在具体选型时可以先从总体上了解常用类型的 CAD 软件及基本情况，必要时再对某个软件做详细的考察和了解。

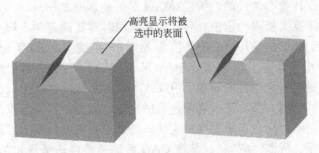

图 1.15 对象选择导航技术

表 1-1 典型 CAD 软件及功能简介

公司名称	CAD 产品名称	主要模块及功能	硬件平台	软件平台
Autodesk（美国）	AutoCAD Inventor	主要用于二维图形设计与绘图 这是一个以装配为中心的三维设计与基于特征的实体建模系统。其特点是采用了自适应造型技术，能实现通过 Web 合作的大型装配	个人计算机 工作站	Windows Windows NT
PTC（美国）	Pro/E	Pro/E 特征参数化建模，大型部件装配，基于 Web 零件库 Pro/Mechanica 结构、热、运动、疲劳、溯流等分析，动画仿真 Pro/Desktop 概念设计 Pro/Moldesign 模具设计	个人计算机 工作站	Windows Windows NT UNIX
UGS PLM 软件公司（原 UGS）（属西门子公司）	UG NX（Unigraphics）	三维建模（特征、自由曲面） 装配设计 工程绘图 线路设计 钣金设计	个人计算机 工作站	Windows Windows NT UNIX
	I-DEAS NX Series	三维建模、曲面造型 装配设计 工程绘图 机构设计	个人计算机 工作站	Windows Windows NT UNIX
	Solid Edge	三维造图 二维绘图 装配设计	个人计算机	Windows
Dassault（法国）	CAITA	机械设计（特征建模、变量设计、工程绘图、装配设计） 曲面设计 有限元分析	个人计算机 工作站	Windows Windows NT UNIX

(续表)

公司名称	CAD 产品名称	主要模块及功能	硬件平台	软件平台
Theorem (美国)	SolidWorks	参数化实体建模 工程制图 装配设计 集成有限元软件 cosmos	个人计算机	Windows
北京清华英泰信息技术中心 (中国北京)	TiGEMS TiOpeCAD TiMDS	三维产品造型系统 二维绘图支撑软件系统 计算机辅助机械设计绘图系统	个人计算机	Windows Windows NT
北京北航海尔软件有限公司 (中国北京)	CAXA 电子图版 CAXA 三维实体设计	二维设计与绘图，局部参数化设计，参数化国际图库 参数化三维特征造型	个人计算机	Windows Windows NT
武汉开目信息技术有限责任公司(中国武汉)	开目 CAD	二维设计与绘图 多视图参数化设计	个人计算机	Windows Windows NT

1.3 CAD 技术在汽车行业中的应用

1.3.1 CAD 技术在汽车业中的应用领域

CAD 技术广泛用于汽车领域，带来了汽车设计、生产方式的新变革。CAD 技术在汽车业的应用主要体现在汽车整车及零部件行业，主要有汽车底盘设计、车身设计、零部件设计、模具设计、轻量化设计等应用领域。CAD 技术在汽车领域中的应用不仅涉及机械系统设计，而且涉及电气与电子系统的设计，机械设计 CAD 系统与电气设计 CAD 系统之间相互联系。随着科技的发展，汽车 CAD 技术正向数字化、集成化、网络化、智能化、标准化、可视化、专业化、多领域、多学科等方向发展。

1. 汽车底盘设计 CAD 技术

汽车底盘的设计涉及动力及传动系、行驶系、转向系、制动系等的布置设计与匹配，汽车动力性、燃油经济性、操纵稳定性、制动性、平顺性、通过性等汽车基本性能的分析。在底盘设计时充分运用 CAD/CAE 技术，能大大提高产品的设计效率和产品质量，同时减少开发成本。例如，作为汽车整车设计重要环节之一的总布置设计对汽车产品的设计质量具有决定性的作用。现在，汽车的总体布置设计都采用模块化设计，各模块之间互相关联，彼此之间可交换数据。在进行汽车的总体布置设计时，首要工作是确定整车的基本参数和总成及零部件位置，建立整车坐标系及总成的坐标系，然后在已建立的坐标系中建立数学模型，用坐标点的方法完成总成装配，初步总体布置设计完成后，不仅要计算质量参数和质心的位置，还要进行位置干涉检查和运动干涉校核，并对汽车的基本性能进行详细的分析。

汽车底盘总布置设计采用以数据库、图形库为基础的汽车总布置 CAD 系统(如基于 UG、CATIA 等软件的二次开发 CAD 系统)后,由总布置数据库包含设计中一些动态性的中间参数和数学模型运行结果,总成图形库存储着与整车总布置密切相关的零部件及其包含总成特征结构和尺寸描述的数据,因此,设计过程中产生的一系列数据可作为后期设计工作和改进设计的参考依据,从而可节省大量的设计工作量。

2. 汽车车身设计 CAD 技术

车身是汽车的重要的总成之一,其设计水平和质量直接影响着汽车的使用性能。车身不仅要求造型美观、重量轻、有良好的空气动力学性能,还要有足够的强度、刚度以及减振降噪等性能以实现汽车的安全、节能、环保、高可靠性、高使用寿命等目标。汽车车身设计通常分为概念设计和工程设计两个阶段。概念设计的主要内容有:产品开发目的、必要性和可行性分析、产品的性能目标和先进性分析、产品的造型设计、布置和尺寸要求、产品的使用调查、产品的目标成本分析、产品设计任务书的确定、产品开发的组织管理等。工程设计的主要内容是:在车身(总)布置的配合下,进行 1∶1 内部模型和外部模型的设计,以及样车试制与试验等,包括结构设计、工程分析、试验和试制等。

传统的汽车车身设计是由手工设计完成的,随着计算机技术和 CAD 技术的发展,现在车身设计普遍采用以三维造型为基础的 CAD 技术,这不仅提高了车身设计的质量和精度,而且缩短了车身开发的周期,同时降低了车身开发的成本,更是满足了用户对产品的多样化和个性化需求,从而提高汽车制造企业汽车产品的市场竞争力。CAD 技术在车身设计中的应用有很多,其主要应用有:造型设计、总布置设计、结构设计与分析、模态分析、NVH(Noise、Vibration、Harshness)分析、碰撞安全性分析、优化设计、计算机绘图等。同时,车身 CAD 技术面向制造和装配,CAD 系统提供的数据应保证其完整性和一致性,直接作为数控机床或数控加工中心的输入数据。车身 CAD 技术基于产品数据管理技术,在车身部件的开发中,可能会遇到多个车型设计交替进行的情况,会产生多种数据,因此,基于产品数据管理技术建立统一的 CAD 工程数据库,消除车身开发过程中各部分内部信息和数据间的矛盾和数据冗余,从而保证车身开发过程顺利进行。车身 CAD 技术的广泛应用使车身设计的平台化战略和汽车系列化变得易于实现。目前,车身 CAD 技术已经是车身开发过程中的基础性应用技术。在车身造型设计中广泛应用计算机辅助造型(Computer Aided Styling,CAS)技术,常用的计算机辅助造型软件有:Photoshop、Rhino、Alias 等;车身布置和结构设计等都是应用大型三维 CAD/CAE/CAM 一体化的软件完成,如 UG NX、CATIA、I-DEAS NX 等商业化软件。

3. 汽车零部件设计 CAD 技术

汽车零部件设计包括机械零部件和电气与电子零部件的设计,Pro/E、UG、CAXA 三维实体设计、AutoCAD、SolidWorks 等软件在汽车机械零部件设计中应用较广,如汽车上的发动机、变速器、悬架等总成及零部件 CAD 设计。很多软件同时具有机械零部件和电气电子元器件设计功能,如 Pro/E、电气 AutoCAD、CAXA 电子图版等软件就可以进行电气电子系统的 CAD 设计。就目前来讲,平均每辆汽车上的电子设备的成本已经占到了整车成本的 20%~30%,一些高档轿车上电子设备的成本已占到了整车成本的 50% 以上,特别是随着电动汽车的发展,电力电子等新技术在汽车上的应用将更加广泛。与汽车机械零部件的开发比较,国内在汽车电子方面的开发水平与国外差距更大,汽车电子技术的应用研究大多也是基于CAD平台来实现，如CAD布线技术、电控系统CAD设计等。因此国内应重视利用计算机辅助设计技术提高汽车电子产品的开发水平。MATLAB、MATLAB/Simulink等可进行汽车电子控制系统软件的计算机辅助设计与分析，德国dSPACE公司开发的dSPACE实时仿真系统则是一套基于MATLAB/Simulink的控制系统开发及半实物仿真的软硬件工作平台，实现了和MATLAB/Simulink/RTW的完全无缝连接。由于dSPACE实时系统拥有实时性强，可靠性高，扩充性好等优点，在汽车电子控制系统的计算机辅助设计中有广泛的应用。

汽车电子电路的CAD包括电路原理图的编辑、电路功能仿真、工作环境模拟、印制电路板(Printed Circuit Board，PCB)设计(自动布局、自动布线)与检测等计算机辅助设计内容。而且电子电路CAD软件还能迅速形成各种各样的报表文件(如元件清单报表)，为元器件的采购及工程预算等提供了方便。Protel系列软件就是目前电子电路设计中应用最广泛的软件之一，它能方便地完成电子电路原理图的设计和印制电路板的设计。另外，法国IGE+XAO集团的"电气CAD"系列软件在汽车电气系统的设计中有广泛的应用，上海利驰软件有限公司开发的电气设计CAD软件SuperWORKS IEC版在汽车行业也有应用。

4. 汽车轻量化设计CAD技术

汽车自重的减小，可节省原材料，提高汽车的燃油经济性和运输生产率。因此，汽车的轻量化设计具有重要意义。汽车的轻量化设计不外乎材料和结构方面，主要是采用复合材料、减小或优化汽车结构尺寸，但考虑到汽车要求具有较高的安全性，缩减尺寸要有一个限度。目前，复合材料在汽车上已有较为广泛的应用，但还没有真正达到节省资源的目的。因此，一方面必须进一步研究性能更为优越的轻量化复合材料；另一方面应加强汽车结构优化设计CAD技术的应用。一个现代化的CAD系统应能同时建立实体内部的几何和拓扑信息及材料信息，即在一个实体内可以有不同的材料结构。在国内，能同时进行几何结构和材料设计的CAD技术还没有从理论走向实际应用，但这将成为今后汽车轻量化设计CAD技术研究的热点。

5. 汽车模具CAD技术

汽车上有很多覆盖件(如车身)、锻造件、铸造件和注塑件等，这些都需要用模具制造，模具的设计周期、精度、质量直接影响汽车的生产准备周期、零部件的精度、质量、安全可靠性和寿命等。国外一些大型跨国汽车制造企业早在20世纪60年代就开始了汽车模具CAD的研究与应用，大大缩短了整个生产准备周期，并提高了汽车零部件的制造质量。目前，我国多数模具制造企业都采用模具CAD技术，模具精度和生产率大幅提高，但由于多方面的原因，很多企业的模具CAD工作局限于计算机绘图和二维设计，只有少数企业汽车模具的设计和制造水平接近国际先进水平。过去我国汽车新车型的开发周期远远落后于发达国家，其中一个重要原因就是汽车覆盖件模具的设计效率低。国外汽车覆盖件模具CAD技术已达到实质性的应用。近年来，我国在汽车覆盖件模具CAD技术的应用方面已取得了长足的进步，但目前还存在设计效率低、标准化程度低、专用性差、开发手段落后、用户界面不能满足要求等问题。对于以上问题，应引起国内汽车制造企业的足够重视。

1.3.2 国外汽车行业CAD技术应用情况

汽车行业是最早应用CAD技术的领域之一。汽车工业有技术密集度高、设计要求高等特点,尤其适合 CAD 系统优势的发挥,所以,CAD 一开始就在汽车工业中得到了应用。目前,国外的汽车大约每 4 年进行一次换代,而新的乘用车产品的开发周期已缩短至 2~3 年,汽车的每次换代都力求提高汽车的各项性能指标,使外形美观,增加新功能,适应有关排气、噪声、安全、燃料消耗等各种规定指标,应用 CAD 技术可以有效地解决这类问题。现在,几乎所有汽车公司都采用 CAD 技术。CAD/CAE/CAM 技术的应用水平,已成为评价各国汽车工业发展水平的重要标志之一。

1964 年,美国通用汽车公司宣布了 DAC-1 系统的诞生,这是最早的 CAD 系统软件之一,是 CAD 技术步入实用性的重要标志。20 世纪 60 年代出现的三维 CAD 系统只是极为简单的线框式系统。这种初期的线框造型系统只能表达基本的几何信息,不能有效表达几何数据间的拓扑关系。CAD 系统的功能主要集中在辅助绘图和有限元分析等计算方面。20 世纪 80 年代初,美国福特汽车公司就开始了 CAD 系统的规划与实施;1985 年,有一半以上的产品设计工作是在图形终端上实现的;90 年代初,其产品开发已达到全面采用 CAD 技术的水平。

20 世纪 70 年代,正值飞机和汽车工业的蓬勃发展时期,此间汽车及飞机制造中遇到了大量的自由曲面问题,要求更新设计手段的呼声越来越高。法国的达索飞机制造公司率先推出了三维曲面造型系统 CATIA。它的出现,标志着计算机辅助设计技术从单纯模仿工程图纸的三视图模式中解放出来,首次实现以计算机完整描述产品零件的主要信息,同时也使得 CAM 技术的开发有了现实的基础。曲面造型系统 CATIA 为人类带来了第一次 CAD 技术革命,改变了以往只能借助油泥模型来近似准确表达曲面的落后工作方式。曲面造型系统的技术革新,使汽车开发手段比旧的模式有了质的飞跃,新车型开发速度也大幅度提高,许多车型的开发周期由原来的 6 年缩短到只需约 3 年。CAD 技术给使用者带来了巨大的好处及颇丰的收益,汽车工业开始大量采用 CAD 技术。

20 世纪 70 年代时,软件商品化程度低,开发者本身就是 CAD 大用户,彼此之间技术保密。只有少数几家受到国家财政支持的军火商,在 70 年代冷战时期才有条件独立开发或依托某个厂商发展 CAD 技术。例如,CADAM 由美国洛克希德(Lochheed)公司支持;CALMA 由美国通用电气(GE)公司开发;CV 由美国波音(Boeing)公司支持;I-DEAS 由美国国家航空及宇航局(NASA)支持;UG 由美国麦道(MD)公司开发;CATIA 由法国达索(Dassault)公司开发。与此同时,汽车业的巨人也开始开发自己的 CAD 系统,如大众汽车公司的 SURF、福特汽车公司的 PDGS、雷诺汽车公司的 EUCLID;另外,丰田、通用汽车公司等也都开发了自己的 CAD 系统。

20 世纪 80 年代初,CAE、CAM 技术开始有了较大发展。但由于 CAD 系统价格太高,限制了 CAD 技术的市场应用。20 世纪 70 年代末到 80 年代初,SDRC 公司在当时星球大战计划的背景下,由美国宇航局支持及合作,开发出了许多专用分析模块,用以降低巨大的太空实验费用,同时在 CAD 技术领域也进行了许多开拓;UG 则着重在曲面技术的基础上发展 CAM 技术,用以满足零部件的加工需求。CAD 技术在汽车中得到了广泛的应用。

有了表面模型,CAM 的问题可以基本解决。但由于表面模型技术只能表达形体的表面信息,难以准确表达零件的其他特性,如质量、重心、惯性矩等,对 CAE 的应用十分不利,最大的问题在于分析的前处理特别困难。基于对 CAD/CAE 一体化技术发展的探索,SDRC 公司于 1979 年发布了世界上第一个完全基于实体造型技术的大型 CAD/CAE 软件——I-DEAS。可以说,实体造型技术的普及应用标志着 CAD 发展史上的第二次技术革命，因此，它迅速在汽车工业中得到应用。

实体造型技术带来了算法的改进和未来发展的希望，但数据计算量庞大，因此以 CV 公司为代表的软件厂商转去攻克相对容易实现的表面模型技术。CV 公司最先在曲面算法上取得突破，计算速度提高较大。

20 世纪 80 年代中期，出现了以 Pro/E 为代表的参数化实体造型软件。进入 90 年代，参数化技术变得比较成熟起来，充分体现出其在许多通用件、零部件设计上存在的简便易行的优势。PTC 与 CATIA、I-DEAS、CV、UG 等大型 CAD 软件在汽车制造业都有了更广泛的应用。

SDRC 于 1993 年推出全新体系结构的 I-DEAS Master Series 软件，并就此形成了一整套独特的变量化造型理论及软件开发方法。变量化技术既保持了参数化技术的原有优点，同时又克服了它的许多不利之处。它的成功应用，为 CAD 技术的发展提供了更大的空间和机遇。

1.3.3 我国制造业和汽车行业 CAD 技术应用情况

我国从 20 世纪 70 年代开始研究和推广 CAD，许多科研单位、高校和企业做了大量的工作，并且取得了一些成绩，使得 CAD 技术在国内得到了广泛的应用。从 20 世纪 80 年代中期开始，国内主要的汽车制造企业如一汽、东风汽车公司等都引进了国外的 CAD 系统，并用于产品设计和改进，一些中小型汽车企业也相继逐步开始开展 CAD 工作。CAD 技术在我国汽车工业中的应用已基本普及，但由于我国 CAD 软件自主研发水平与发达国家之间存在较大差距，国内一些研究机构和公司推出的 CAD 系列软件得不到更广泛的应用，市场占有率低，尤其在 CAD 系统集成方面还是刚刚起步，汽车设计的 CAD 应用水平还很不平衡。随着我国市场化程度的加深和市场竞争的加剧，汽车企业必须改变传统的设计、制造、管理、销售模式，来提升企业竞争力和市场应变能力。可以说，实施 CAD 系统是最有效的方式之一。

分析我国制造业和汽车行业 CAD 技术的应用情况，大致可分为以下 4 种不同的应用层次：

(1) 计算机绘图应用层次。这个层次基本上属于"画图板"层次，其特点是：提高了绘图效率，从一定程度上加快了产品的设计过程。

(2) 三维设计应用层次。从三维着手进行产品设计，采用特征参数化 CAD 系统建立零部件的三维几何模型，实现装配仿真和装配干涉检查，由三维模型生成零件二维工程图。由此可实现无纸设计和有纸制造，即由三维模型→二维零件工程图→加工制造，或者实现无纸设计和无纸制造，即由三维模型→数控加工。

(3) 数字化设计应用层次。数字化设计是指用计算机进行产品的设计、工程分析、模拟装配和制造等过程。工程分析是指在设计中利用有限元分析、优化设计及其他分析软件对产品的性能和结构进行分析，以保证产品性能优良，结构合理。数字化设计的目标是建立产品的数字化样机，即产品外形的数字化定义，产品零部件 100% 的数字化定义，产品中机、电、液等主要系统 100% 的数字化定义，产品 100% 的数字化预装配。目前在我国的汽车产品设计中能够做到这种水平的还比较少。

(4) 企业信息化应用层次。这个层次的应用体现在 CAD/CAE/CAPP 等的集成；应用 PLM 软件实现企业内部的文档管理、产品结构管理、配置管理以及工作流程管理；实现

CAX/PDM/ERP 的集成等。这一层次是 CAD 技术的深化应用,是现阶段开展制造业信息化工程的主要内容,其目的是达到企业内部,乃至企业间的信息交换和共享。目前在实施制造业信息化的汽车整车和零部件生产企业中,根据各自的具体情况,已经在不同程度上实现了这一应用层次。

进入 21 世纪,CAD 技术已成为汽车设计的主要方法和手段。在我国,汽车产业已初步发展成为我国国民经济的支柱产业,汽车工业也是 CAD 技术应用的先锋。CAD 技术在企业中的成功应用,不仅带来了企业技术上的创新,同时带动了企业落后的经营、管理模式的变革。因此,它对我国传统产业的改造、新技术的兴起,以及汽车工业提高国际竞争力等方面,起到了巨大的推动作用。已步入 21 世纪的中国汽车工业将受到来自跨国汽车公司的巨大生存压力,以及数字化和产品、技术不断创新的严峻挑战。因此,CAD 技术的全面应用是中国汽车工业发展的必由之路,应纳入到汽车企业的发展战略中去。

1.3.4 我国制造业和汽车企业应如何应用 CAD 技术

尽管我国在 CAD 技术的应用方面已取得了巨大成就,但与发达国家相比仍有较大差距。据资料介绍,1990 年美国制造业做到了"三个三",即产品生命周期 3 年,产品制造周期 3 个月,产品设计周期 3 周。相比之下,2000 年我国主导产品的生命周期约为 10.5 年,开发周期为 18 个月。在德国,提出了"合理化工程",其口号是:企业在接到订单的当天就开始生产。造成这种差距,不仅仅有技术上的原因,还有思想观念、管理等方面的原因。但仅从技术上说,怎样使我国的制造业和汽车企业用好 CAD 技术,充分发挥 CAD 技术的优势,让 CAD 技术为实现企业的战略目标服务是一个需要研究和重视的问题。

面对 21 世纪全球快速多变的市场的激烈竞争,需要用很短的开发周期,开发出具有个性化、多品种、高质量、低成本、绿色环保、具有良好服务的新产品。这就是制造业和汽车企业的战略目标,也是制造业和汽车企业应用 CAD 技术的目标。

为实现企业战略目标,下面通过对机械和汽车产品开发的分析,讨论 CAD 技术的应用必须做好的工作。机械和汽车产品设计本身的最大特点是存在着相似性,通过成组技术、标准化技术和模块化技术,可以把 90% 的结构要素标准化,把部分部件模块化。这部分标准化、规范化和模块化的零部件是产品设计的基础,可供设计者选用。这些零部件一旦选中,其数字化模型、图纸、工艺规程、制造代码、工装、量具等都是现成的,无须重新设计或制造,可以直接开始生产。因此,只要按相似性原理做好产品的成组、标准化和模块化设计,就可以将新设计的零部件数量控制在 10%~15% 的范围内,其余零部件的结构设计、工艺设计、工装设计和数控代码设计等都可以省略,这就能够大大缩短产品的设计周期和开发周期,实现收到订单的当天就开始生产的目标。无疑上述目标的实现必须依靠 CAD 技术。因此,实现企业战略目标从技术层面上说,就是应用 CAD 技术来实施成组技术、标准化技术、模块化技术,以及其他先进的设计和制造技术。为此,制造业和汽车企业的 CAD 应用必须做好以下工作:①CAD 技术的应用必须与先进的设计、制造理论和方法相结合;②必须进行企业 CAD 应用的二次开发;③在汽车整车和机械零部件的产品开发中推广运用同步工程方法和平台化战略。

二次开发的目标是把一个买来的商用支撑性 CAD 系统,通过系统分析和系统设计,变成一个能够实现企业需求的 CAD 应用系统,或者把一个已经初具规模的 CAD 应用系统进一步充实和完善。二次开发一般有以下几方面的内容。

(1) 建立产品开发数据库。包括基础通用数据、常用材料数据、产品标准和技术规范、专业设计数据、制造工艺数据、工装数据等。

(2) 建立产品图形库。包括结构要素、通用零件、标准件、机电配套件、通用部件、模块件、基础构件等。

(3) 建立方法库。包括优化方法、相似性分析、模块设计分析、可靠性分析、成本分析、决策方法等。

(4) 商用 PDM 系统的二次开发。

(5) 与其他系统的接口与集成。包括与 CAPP、CAM、PDM、ERP 等。

(6) 提高汽车整车数字化开发水平,加强汽车产品开发的平台化战略。

(7) 加强 STEP 标准在汽车 CAD 技术中的应用。

1.4 Pro/E 软件概述

1.4.1 Pro/E 的特点

Pro/E 是美国参数技术公司(PTC)的一款非常优秀的工业设计软件,于 1988 年问世,20 多年来,经历 20 余次的改版,已成为全世界最普及的 3D CAD/CAM/CAE 系统的标准软件之一。作为 PTC 公司的旗舰产品,从其诞生之日即引起业界的极大震动,其参数化、全相关、基于特征的设计思想改变了工业三维设计的传统观念,带动了整个行业的发展。参数化的设计模式,不仅能够清楚地表达设计对象的几何尺寸,而且具有实际的物理意义。Pro/E 机械设计软件的应用领域包括:零件设计、工程图制作、钣金设计、模具设计和工业设计等,在家电生产企业,玩具生产企业,汽车零部件生产企业,汽车发动机生产企业,航空、航天所需部件的生产制造企业,医疗器械生产企业,模具生产企业,重型机械生产企业,军工生产企业等都有广泛应用。Pro/E 设计软件实用性强就在于 Pro/E 使企业在产品设计中更加直观,更容易检查设计中的错误以及不足之处。Pro/E 软件有以下主要特点。

1. 数据管理

产品设计过程中会产生大量的数据,要缩短产品的开发周期,需要将此类数据进行共享,以便多个设计者可协作处理一种产品。在此情况下,不但要将数据分发给需要的用户,而且要加强对数据的控制能力。否则,每个设计者都可能使用同一数据的不同版本,导致重复设计或者设计不一致。

Pro/E 可对 PDM 产品数据管理软件进行访问,这样用户可控制数据并能够充分利用并行工程环境。为实现这一点,PDM 系统将用户的所有数据都保存在中央服务器中。在此服务器中,系统将监控 Pro/E,将 PDM 操作与所有 Windchill 应用程序和 Pro/INTRALINK 无缝集成在一起。利用集成的 PDM 功能,用户可在 Pro/E 内管理和控制产品数据、控制和记录对数据的所有更改。

2. 三维实体造型

三维实体造型可以将使用者的设计概念以最真实的模型在计算机上呈现出来,随时计算出产品的体积、面积、质心、重量、惯性矩等属性,解决复杂产品之间的干涉,提高效率,降低成本,便于设计人员与管理人员之间的交流。它避免了传统二维模式点、线、面设计的不足。三维实体设计形象、逼真、直观,而二维设计需要用户进行空间想象。两者的区别如图 1.16 所示。

3. 基于特征的建模

Pro/E 是一个基于特征的实体建模工具,以特征作为组成模型的基本单元,实体模型是通过特征完成设计的,即实体模型是特征的叠加。即利用每次个别建构区块的方式构建模型。设计者根据每个加工过程,在模型上构建一个单独特征。特征是最小的建构区块,若以简单的特征建构模型,在修改模型时,更有弹性。例如,可以通过使用拉伸特征生成零件主体,使用切除材料等特征形成最终的零件,如图 1.17 所示。

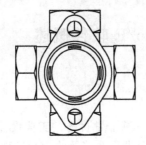

图 1.16　三维实体造型与二维设计　　　　　图 1.17　使用特征创建的模型

4. 参数化设计

参数化设计(又称尺寸驱动)是 CAD 技术在实际应用中提出的课题,它可以使 CAD 系统具有交互式与自动绘图功能。利用参数化设计方法开发的专用产品设计系统,可以使设计人员从大量繁重而琐碎的绘图工作中解脱出来,大大提高设计速度,并减少信息的存储量。Pro/E 是一个全参数化的设计软件,其几何形状和大小都由尺寸参数控制,用户在产品设计过程中使用的所有尺寸都存放于一个单一的数据库中,当需要时可以随时修改这些尺寸参数,产品的各个特征就会随着几何形状或尺寸的大小而改变,从而始终保持最新的设计特征。特征之间存在着相互依赖的关系,使得某一单独特征的修改,会牵动其他特征的变更。用户还可以使用数学运算方式建立各特征的数学关系,使得计算机能自动计算出模型应有的形状和固定位置。通过设置特征参数关系式来保持特征的位置,体现其参数化的特点。如图 1.18 所示,在没有使用关系式改变阵列数量时方块特征位置保持不变[见图 1.18(b)],使用关系式改变方块特征的数量后特征始终保持均匀分布[见图 1.18(c)]。

(a) 特征的阵列　(b) 未施加约束改变阵列数量　(c) 施加特征均布的关系式

图 1.18　参数化特点的体现

5. 全相关性

Pro/E中所有模块都是完全关联的，而且采用单一的数据管理。用户在二维工程图、三维建模、装配部件、模具、仿真、加工等模块中的任何一个环节进行修改，都将被传送到整个设计中，同时自动将数据更新到整个设计中。如创建的三维模型可随时产生二维工程图，并自动标注尺寸，而且它们之间具有双向关联的特征，即不论在三维或二维图形上修改尺寸时，其相关的二维图形或三维模型均自动修改，同时装配、制造等相关设计也会自动修改，确保工程数据的完整与设计修改的高效。图1.19中通过修改零件的阀杆尺寸，装配零件自动更新。

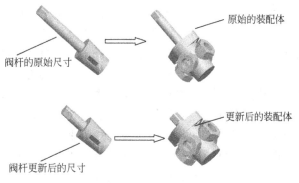

图 1.19 相关性特点

6. 系列化设计

族表功能是 Pro/E 里面非常重要和有用的功能，在产品系列化设计中具有重要作用。族表本质上是电子数据表，由行和列组成，包括3个组成部分：基对象，族的所有成员都建立在其基础上；尺寸、参数、特征数、自定义特征名和组件成员名都被选作是表驱动的（下面称之为项目）；由表产生的所有族成员名（实例）和每一个表驱动项目的相应值。行包含零件的实例及其相应的值；列用于项目。列标题包括实例名和表所选择的所有尺寸、参数、特征名、成员和组的名称。其中，尺寸按名称列出，相关的符号名称（如果有的话）列在下一行；参数也用其名称列出（灰暗符号）；特征按特征编号列出，相关的特征类型或特征名称列在下一行。普通模型位于表的第一行，属于普通模型的表入口，不能通过编辑其在族表中的入口来改变普通模型，只能通过修改真实零件、隐含或恢复特征来改变。

图 1.20 系列化特点

Pro/E 能够依据创建的原始模型，通过族表改变模型组成对象的数量或尺寸参数，建立系列化的模型，能够有效地提高工作效率，达到事半功倍的作用。另外，应用此系列化特点可以建立国家标准零件，如图1.20所示。

7. 在装配图中构建实体模型

在 Pro/E 软件里面可根据已建好的实体模型，在装配图中利用其特征（平面、曲面或轴线）作为基准，直接构建新的实体模型。通过这种方法建立的实体模型便于装配，可在系统默认状态下完成装配。

1.4.2 Pro/E 的功能及主要模块

Pro/E 采用模块化方式，用户可以根据自身的需要分别进行草图绘制、零件制作、装配设计、钣金设计、加工处理等，而不必安装或使用所有模块。其中，基本部分包括Pro/

E 软件包和 Pro/Assembly 模块，选用部分包括 Pro/Cabling、Pro/Develop、Pro/Interface 等。

1. Pro/E

Pro/Engineer（简称 Pro/E）是软件包，并非模块，它是该系统的基本部分，其功能包括参数化功能定义、实体零件、工程图产生及不同视图管理。

Pro/E 是一个功能定义系统，即造型是通过各种不同的设计专用功能来实现的，其中包括筋（ribs）、槽（slots）、倒角（chamfers）和抽壳（shells）等。采用这种手段来建立形体而无须复杂的几何设计方式，对于工程师来说会更自然、更直观。

系统的参数比功能是采用符号式来赋予形体尺寸，而不是直接指定一些固定数值于形体。工程师可任意建立形体上的尺寸和功能之间的关系，任何一个参数改变，其他相关的特征也会自动修正。这种功能使得修改更为方便和令设计优化更趋完美。

Pro/E 还可输出三维和二维图形给予其他应用软件，诸如有限元分析及后置处理等，这都是通过标准数据交换格式来实现，用户可配上 Pro/E 软件的其他模块或自行利用 C 语言编程，以增强软件的功能。它在单用户环境下（没有任何附加模块）具有大部分的设计能力、组装能力和工程制图能力，并且支持符合工业标准的绘图仪、黑白及彩色打印机的二维和三维图形输出。Pro/E 的主要功能如下：

(1) 特征驱动，如凸台、槽、倒角、腔、壳等特征；

(2) 参数化，参数可以为尺寸、图样中的特征、载荷、边界条件等；

(3) 通过零件的特征值之间、载荷/边界条件与特征参数之间（如表面积等）的关系来进行设计；

(4) 支持大型、复杂组合件的设计。

2. Pro/Assembly

Pro/Assembly 是一个参数化装配管理系统，能提供用户自定义手段去生成一组组装系列及可自动地更换零件。Pro/Assembly 是一个扩展选项模块，只能在 Pro/E 环境下运行，其主要功能如下：

(1) 在组合件内自动替换零件；

(2) 规则排列的组合；

(3) 组装模式下的零件生成；

(4) Pro/Assembly 包含 Pro/Program 开发工具模块，用户能自行编写参数化零件及装配的自动化程序。这种程序可使不是技术性用户也可自定义设计，只需要输入简单的参数即可；

(5) 组件特征。

3. Pro/Interface

Pro/Interface 是一个完整的工业标准数据传输系统，提供 Pro/E 与其他设计自动化系统之间的各种标准数据交换格式。它可用于 Pro/E 几何的输入和输出。输入和输出包括二维和三维图形、三维线框图形、任意形状曲面、三维表面模型。

其数据交据功能包括：

(1) SLA：用于将三维模型信息输出到生产工作台；

（2）RENDER：用于将三维模型信息输出到着色程序；

（3）DXF：用于输入和输出那些支持 DXF 格式文件系统的二维信息；

（4）NEUTRAL：用于输出符合 Pro/E 中间文件格式的特征、零件、部件以及公差信息；

（5）IGES：用于输出符合 IGES 标准的二维图形和三维模型（包括零件和部件）；

（6）PATRAN Geom：用于输出符合 PATRAN 中间文件格式的零件几何体数据；

（7）SUPERTAB Geom：用于输出符合列 SUPERTAB 的 UNIVERSAL 文件格式的几何体数据；

（8）SET：用于输入符合 VDA 标准的 Pro/E 模型。

1.4.3　Pro/E Wildfire 3.0 中文版的界面组成

单击桌面上的快捷图标启动 Pro/E Wildfire 3.0 中文版，打开图 1.21 所示的工作界面。

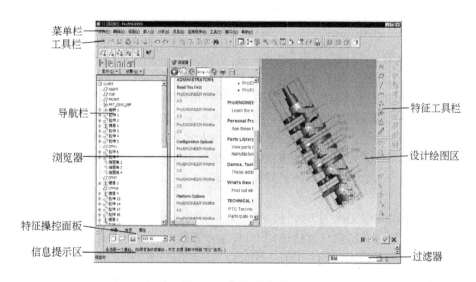

图 1.21　工作界面窗口

Pro/E Wildfire 3.0 中文版的操作界面可分为菜单栏、工具栏、浏览器等常规的界面元素，以及特征工具栏、特征操控面板和导航栏等与实体建模过程紧密相关的界面元素。下面对特有的界面元素作详细介绍，对于常规界面元素只作简单介绍。在不同的模组或状态下，屏幕的右侧会出现菜单管理器、模型结构图、模型特征信息框和确认信息框等不同内容。

1. 常规界面元素

常规界面元素主要包括菜单栏、工具栏、绘图区等，下面对其作简单介绍。

1）菜单栏

Pro/E 将大部分的系统命令集成到菜单栏中，为用户提供基本的窗口操作命令与建模处理功能。表 1-2 为菜单栏各命令选项说明。

表1-2 菜单栏各命令选项说明

名称	说 明
文件	对文件进行操作,如建立新文件、保存、重命名、打印、不同文件格式的导入等
编辑	镜像、复制、投影、阵列表、修剪、设计变更、删除、动态修改等
视图	模型显示设置与视角控制
插入	用户常用其插入特征
分析	几何性质(如距离、面积、体积)的测量,质量等物理性质的分析,曲线和曲面的属性分析
信息	实体模型的各种相关信息
应用程序	包含钣金、逆向工程、有限元分析、加工后处理、会议等不同模块
工具	包括关系、参数、程序、族表及工作环境与其他功能
窗口	对模型窗口进行管理
帮助	提供在线帮助功能

2) 工具栏

Pro/E 有两种工具栏,即标准工具栏和特征工具栏。标准工具栏包括:用于文件新建、打开、保存、打印等操作的文件管理工具栏;用于对模型视图进行放大、缩小、定位、刷新等操作的视图管理工具栏;用于控制基准平面、基准轴、基准点、基准坐标的显示与否的基准显示工具栏;以及用于控制模型显示方式的模型显示工具栏。特征工具栏又称快捷菜单栏,它集成了大部分特征建立命令,这样不但方便用户的使用,同时减少了用户移动鼠标的频率和次数,大大提高了建模的效率。

3) 浏览器

Pro/E 的内嵌浏览器支持 HTTP 和 FTP 文件访问,可为用户访问及共享网络资源提供方便。用户还可通过浏览窗口直接访问 PTC 主页提供的一些帮助信息和范例。

4) 信息提示区

在操作过程中,相关的信息会显示在该区域中,如特征常见步骤提示、警告信息、出错信息、结果和数值输入等。信息提示区默认显示最后几次信息,可用右侧滚动条查看以前的提示信息,也可直接拖放来调整显示的行列数。系统根据不同的情况以特定的图标显示不同的信息。

5) 过滤器

当面对众多特征的复杂设计模型时,常常发生无法顺利选取目标对象的情况,这时可以通过设置过滤器来选择需要的对象类型(如特征、几何、曲线等),选中以后就可以在鼠标点选时过滤掉不是此类型的特征对象。

6) 绘图区

窗口的中间区域是最重要的绘图区,是模型显示的主视图区,在此区域用户可以通过视图操作进行模型的旋转、平移、缩放和选取,执行编辑和变更操作。

2. 特征操控面板

特征操控面板主要用于特征创建和变更操作,与特征工具栏配合使用,可以轻松地控制特征的生成,动态地展示特征的生成过程。特征操控面板是 Pro/E 中命令执行的载体,许多复杂的命令,如操作对象的选取、多个参数以及多种控制选项的设定都可以在特征操控面板内进行。

下面以旋转特征的特征操控面板为例作详细介绍。旋转特征的特征操控面板如图1.22 所示。

图 1.22 旋转特征的特征操控面板

特征操控面板一般由主设定区、扩展选项区和确认区 3 部分组成。主设定区中列出命令操作过程中的主要步骤;扩展选项区包括其他辅助性的选项设置;确认区中可以预览操作结果的状况,确认和取消当前的操作等。

扩展选项区中的选项因使用的特征不同而不同,一般都包含【选项】和【属性】这两个选项。单击【选项】按钮,弹出特征编辑窗口,如图 1.23(a)所示,在此窗口中可以设置旋转角度;单击【属性】按钮,可以设定特征的名称,如图 1.23(b)所示;单击按钮会出现特征的相关说明。

图 1.23 选项编辑和属性

1.4.4 Pro/E 软件的操作流程和建模过程

在使用 Pro/E 软件进行相关设计(如:三维实体建模)之前,首先要熟悉 Pro/E 软件的基本操作流程,其基本操作流程如下:

(1) 启动 Pro/E 软件。
(2) 新建一个文件或打开已有的文件。
(3) 根据设计需要,选择要进入的相关模块,如三维实体建模、工程图制图、组件设计或结构分析等模块。
(4) 进行相关设计前的准备工作,如坐标系、层树、配置文件或系统环境等的设置,为具体的设计指定相应的参数。
(5) 根据设计要求进行具体的设计操作。
(6) 随时注意零部件参数的正确性,如有必要,对相应的参数进行修改。
(7) 保存相应的文件,并退出系统。

下面以图1.24所示的轴类零件为例就实体零件的建模步骤作简要说明。该轴类零件的建模用到了二维草图绘制、旋转主体特征、拉伸特征、孔特征和倒角特征等的创建。该轴类零件具体的建模流程如图1.25所示。

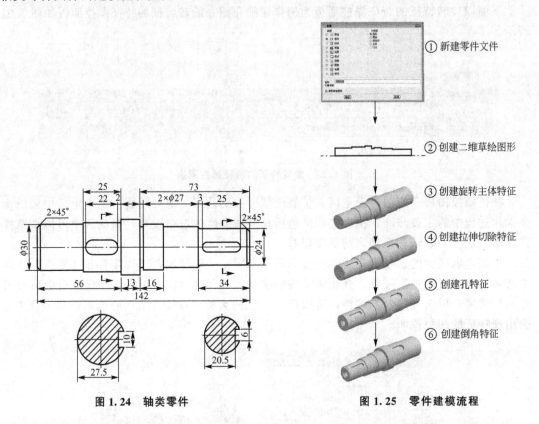

图1.24 轴类零件　　　　　　　　　　图1.25 零件建模流程

关于使用Pro/E软件进行建模的过程及方法，将其分为二维草图绘制、基准特征、基本特征的创建、高级特征的创建、附加特征的创建、特征的编辑、零件装配设计、工程图设计等部分内容，这些将分别在第3～10章作详细介绍。

1.4.5 使用Pro/E软件进行产品设计的技巧

为提高产品设计的效率和质量，在使用Pro/E软件进行产品设计时应注意掌握以下技巧：

(1) 熟练掌握和正确使用族表。族表在本质上是相似零件(或组件、特征)的集合，但在某些方面稍有不同，如大小或详细特征。例如，螺母有各种尺寸规格，但它们具有相同的形状特征，而且具有相同的功能。因此，把它们看成是一个零件族是很有用的。族表中的零件又称表驱动零件。族表提高了标准化元件的用途，它们允许在Pro/E中表示实际的零件清单。此外，族表使得组件中的零件和子组件容易互换，因为来自同一族的实例互相之间可以自动互换。

(2) 熟练掌握和正确使用模型树。模型树是零件文件中所有特征的列表，其中包括基准和坐标系。在零件文件中，模型树显示零件文件名称并在名称下显示零件中的每个特征。在组件文件中，模型树显示组件文件名称并在名称下显示所包括的零件。模型结构以分层(树)形式显示,根对象(当前零件或组件)位于树的顶部,附属对象(零件或特征)位于下部。

当打开多个 Pro/E 窗口时,模型树内容反映当前窗口中的文件。每个模型树项目包含一个反映其对象类型的图标,如隐藏、组件、零件、特征或基准平面(也是一种特征)。该图标可显示特征、零件或组件的显示或再生状态(如隐含或未再生),还可将所有信息保存在模型树中作为文本(.txt)文件。用户可以打印文件,将其输入到文本编辑器中并进行格式化以便于查看,或将其输入到 Excel,对其应用脚本,也可将列添加到显示有关此模型选定信息的模型树中。

(3)熟练掌握和正确使用层树。使用 Pro/E 软件进行产品设计时,应充分利用层树的功能来组织所需要的设计数据。数据不仅可以按类型来进行组织,还可以按造型或设计的顺序来组织。

小　　结

本章第 1 节着重介绍了现代汽车设计的内容、特点,CAD、CAE、CAM、CAPP 的概念以及 CAD 与 CAE、CAM、CAPP 的关系,计算机辅助设计的特点,CAD 技术的发展简史及发展趋势,汽车产品设计 CAD 的工作过程等内容。第 2 节着重介绍了 CAD 系统的软、硬件组成,CAD 软件系统主要功能模块,CAD 系统的 3 种配置形式和 3 种网络结构,图形软件的常用标准,CAD 系统的软、硬件选用原则,现代 CAD 软件的技术特点和常用的 CAD 软件等内容。第 3 节简要介绍了 CAD 技术在汽车行业中的主要应用领域,国外汽车行业 CAD 技术应用情况,我国制造业和汽车行业 CAD 技术应用情况以及我国制造业和汽车企业应如何应用 CAD 技术等内容。第 4 节主要以 Pro/E Wildfire 3.0 中文版为例简要介绍了 Pro/E 软件的特点、功能及主要模块,Pro/E 软件的界面组成,使用 Pro/E 软件的操作流程、建模过程及产品设计技巧等内容。通过本章的学习,可以掌握 CAD 的一些基本概念、CAD 系统的基本组成、汽车 CAD 技术必要的理论知识以及 Pro/E 软件的基础知识,为后续章节的学习打下坚实的基础。

1. 简述现代汽车设计的内容和特点。
2. 简述 CAD、CAE、CAM、CAPP 的基本含义,并说明 CAD 与 CAE、CAM、CAPP 的关系。
3. 简述 CAD 技术的特点及发展趋势。
4. 简述汽车产品设计 CAD 的基本工作过程。
5. CAD 系统的硬件有哪些?如何选用?
6. 你见过哪些 CAD 商品软件,它们有哪些模块,功能如何?如何选用?

7. CAD 系统的基本配置形式和网络结构有哪些？
8. 简述常用的图形软件标准及应用情况。
9. 现代 CAD 软件的技术特点如何？常用的 CAD 软件有哪些？
10. 简述 CAD 技术在汽车行业中的主要应用领域及应用情况。
11. 我国制造业和汽车企业应如何应用 CAD 技术？
12. 简述 Pro/E 软件的特点、功能及主要模块。
13. 简述 Pro/E 软件的操作流程和建模过程。
14. 简述使用 Pro/E 软件进行产品设计的技巧。

第 2 章 CAD 技术基础

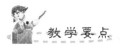
教学要点

能力目标	知识要点	权重	自测分数
了解 CAD 中常用的数据结构	线性表、数组、栈与队列、树与二叉树	10%	
掌握二维和三维图形的处理技术	图形变换、坐标变换、图形裁剪、图形消隐	30%	
了解常用的曲线和曲面数学模型	贝塞尔曲线和曲面、B 样条曲线和曲面、非均匀有理 B 样条曲线和曲面	30%	
掌握 CAD 建模技术	几何建模、参数化建模、变量化建模、特征建模	30%	

2.1 CAD中常用的数据结构

2.1.1 基本概念

数据:是对客观事物的符号表示,是指所有能输入到计算机中并能被计算机处理的符号的总称。

数据元素:是数据的基本单位,是数据这个集合中相对独立的个体。例如,零件可以作为产品或部件的数据元素,圆柱体、长方体可以作为零件物体的数据元素,直线、圆弧可以作为图形的数据元素。

数据对象:是具有相同性质的数据元素的集合,是数据的一个子集。因为计算机不可能同时处理一切类型的数据,总是对特定的问题处理一种或几种对象。

数据结构:数据结构用来反映一个数据的内部构成,即一个数据由哪些成分数据构成,以什么方式构成,呈什么样的结构。数据结构是数据存在的形式。

数据结构有逻辑上的数据结构和物理上的数据结构之分。

数据的逻辑结构:只考虑数据之间的逻辑关系,它独立于数据的存储介质,通常所说的数据结构是指逻辑结构。常见的数据逻辑结构有线性表、数组、栈与队列、树与二叉树。

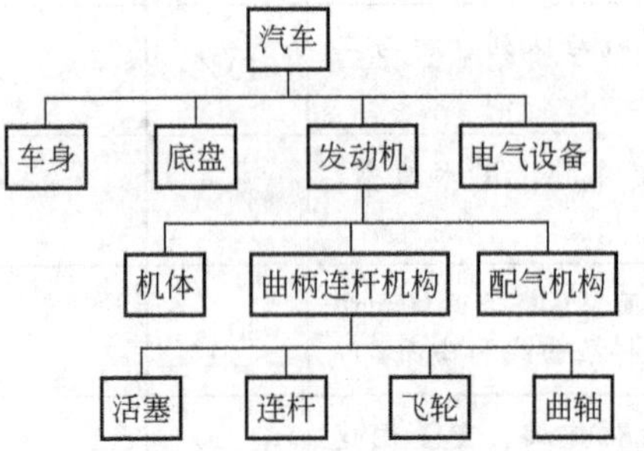

图 2.1 是汽车及其零部件所属关系的数据结构。

数据的物理结构:又称数据的存储结构,是反映数据元素和它们之间的关系在计算机内部的存储安排。常见的物理结构有顺序结构和链表结构。

数据结构研究数据的逻辑结构和物理结构,并在这种结构上定义相关的运算,设计并实现相应的算法,分析算法的效率。常见的数据结构见表 2-1。

图 2.1 汽车的数据结构

表 2-1 常见的数据结构

线性结构	非线性结构	线性结构	非线性结构
线性表	树与二叉树	数组	—
栈	图与网	串	—
队列	—		

2.1.2 线性表

线性表是一种最常用且最简单的数据结构,是由 n 个具有相同特性的数据元素组成的有限序列,记作$(a_1, a_2, \cdots, a_i, a_{i+1}, \cdots, a_n)$,当 $n=0$ 时,称为空表,即表中不包含任何元素。

1. 线性表的顺序存储结构——顺序表

把线性表所有元素按照其逻辑顺序依次存储到指定存储位置开始的一块连续存储空间

(连续地址)中。即在顺序表中逻辑结构上相邻的数据元素,其物理位置也是相邻的。第 i ($2 \leqslant i \leqslant n$)个元素的存储位置紧接在第 $i-1$ 个元素的存储位置后面。假定每个数据元素占用 m 个存储单元,每个数据元素第一个单元的存储位置为该数据元素的存储位置,第一个数据元素的存储位置为 b,则第 i 个数据元素的存储位置为

$$L_{\alpha}(a_i) = b + (i-1) \times m \tag{2-1}$$

线性表的顺序存储结构见表 2-2。

表 2-2 线性表的顺序存储结构

元素序号	1	2	…	i	…	n	
内存内容	…	a_1	a_2	…	a_i	…	a_n	…
内存地址		b	$b+m$	…	$b+(i-1) \times m$	…	$b+(n-1) \times m$	

线性表的顺序存储结构特点是:
(1) 有序性:各数据元素之间的存储顺序与逻辑顺序一致。
(2) 均匀性:每个数据元素所占存储空间的长度相等。

根据以上特点不难看出,程序设计语言中的数组是典型的顺序存储线性表。数组名是线性表的地址,也是线性表的第一个元素的地址。因此,通过对数组的说明和运算可以实现线性表的顺序存储和运算。

由于线性表在顺序存储结构中是均匀有序的,所以只要知道线性表的地址和数据元素的长度和序号,就知道每个数据元素的实际地址。因此,对表内数据元素进行访问、修改运算的速度快。在删除和插入运算时,由于产生了大量数据移动,增加了运算的时间。所以,这种存储结构多用于查找频繁、很少增删的场合,例如工程手册中的数据表。

2. 线性表的链式存储——链表

用一组任意的存储单元存放表中的数据元素,由于存储单元可以是不连续的,因此还要存储这个元素直接前趋或直接后继的位置。这两种信息组成数据元素的映像称为结点。结点有两种域:存放数据元素本身的域称为数据域;存放其直接前趋或直接后继的域称为指针域。指针域中存储的信息称为指针。链表中结点的逻辑次序和物理次序不一定相同,即逻辑上相邻未必在物理上相邻。结点之间的相对位置由链表中的指针域指示,而结点在存储器中的存储位置是随意的。

1) 单向链表

单向链表结点的指针域只有一个,通常存放直接后继的地址。第一个元素的地址需要专门存放在指定的指针型变量中,或者设置一个与链表结点相同的结点,它的数据域可以是空的,也可以存放表长等附加信息,指针域存放第一个元素的地址,如图 2.2 所示。

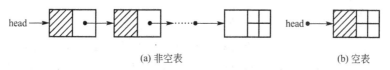

(a) 非空表　　　　　　　　(b) 空表

图 2.2 单向链表的构造

对单向链表可以进行访问、修改、删除或插入运算。

2) 双向链表

双向链表比单向链表的每个结点多一个指针域,存放结点的直接前趋的地址。即第 i 个结点的指针域存放第 $i-1$ 个结点的地址。由于第 1 个结点没有直接前趋,所以它的这个指针域是空的。最后一个结点没有直接后继,所以它的地址需要另外设置一个变量保存它,或再设置一个链尾结点,在它的指针域存放最后一个结点的地址。

对双向链表可以进行访问、修改、删除或插入运算。

3)循环链表

单向链表最后一个结点的指针域是空的,如果将其存放第一个结点的地址就形成了单向循环链表,如图 2.3 所示。如果将双向链表的最后一个结点的 next 指针域存放第一个结点的地址,同时将第一个结点 last 指针域存放最后一个结点的地址就形成了双向循环链表,如图 2.4 所示。循环链表构成一个环,因此从表中任一结点出发均可找到其他结点。

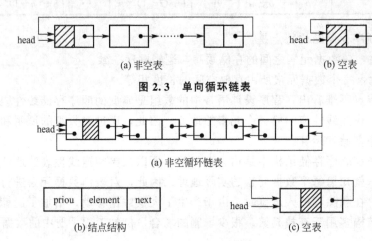

图 2.3 单向循环链表

图 2.4 双向循环链表

线性表的链式存储与顺序存储比较,有以下几个特点:

(1)删除或插入运算速度快,因为删除或插入运算过程中数据并不移动。

(2)不需事先分配存储空间,以免有些空间不能充分利用。

(3)表的容量易于扩充。

(4)按逻辑顺序进行查找的速度慢。

(5)比相等长度的顺序存储多占用作为指针域的存储空间。

链式存储刚好弥补了顺序存储的不足,它多用于事先难以确定容量或增删运算频繁的线性表的存储结构。

2.1.3 栈

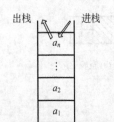

图 2.5 栈的逻辑结构

1. 栈的定义

从逻辑结构看,栈也是线性表,区别在于它的运算仅限定在线性表尾一端进行。假定栈 $s=(a_1, a_2, \cdots, a_n)$,则称 a_1 为栈底元素,a_n 为栈顶元素。进栈的顺序是 $a_1, a_2, \cdots, a_n$,出栈的顺序是 $a_n, a_{n-1}, \cdots, a_1$。它的显著特点是后进先出,如图 2.5 所示。

2. 栈的特性

栈又称后进先出的线性表。进栈：最先插入的元素放在栈的底部。出栈：最后插入的元素最先出栈。

3. 栈的存储结构

和线性表一样，顺序存储或链式存储都可以作为栈的存储结构。但由于栈的容量一般是可以预见的，而且运算仅限于栈顶，所以通常采用顺序存储作为栈的存储结构。

4. 栈的运算

栈的运算主要包括建立一个栈、进栈和出栈。

2.1.4 树

1. 树的逻辑结构

图 2.6 为一棵树的结构。A，B，…，M 为这棵树的 12 个结点。其中，结点 A 是树根，称为根结点；结点 F、K、G、M、J、I、L 是树叶，称为终端结点；结点间的连线称为边。从图中明显地看出，除根结点外，每个结点有且只有一个直接前趋；除终端结点外，每个结点可以有不只一个直接后继；终端结点没有直接后继。结点的直接前趋称为该结点的双亲，结点的直接后继称为该结点的孩子，同一双亲的孩子间称为兄弟。树是具有层次关系的数据结构，树的层次数量称为树的深度或高度。结点的孩子数量称为度。树中所有结点中最大的度数称为这个树的度数。图 2.6 所示的树，其深度为 3，度数也为 3。

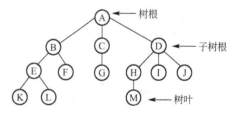

图 2.6 树的逻辑结构

2. 树的存储结构

由于树的逻辑结构为非线性的，所以只能采用链式存储结构。可采用定长和不定长两种方式确定树的结点。

1）定长方式

以具有最大度数的结点的结构作为该树所有结点的结构，如图 2.7 所示，每个结点都具有相同数量的子树域。

| 数据域 | 子树1地址 | 子树2地址 | … | 子树n地址 |

图 2.7 定长方式的结点

如图 2.8 所示的树用定长结点作为它的存储结构。

2）不定长方式

每个结点增加一个存放度数的域，结点的长度随着度数的增加而增加，如图 2.9 所示。

如图 2.10 所示的树用不定长结点作为它的存储结构。

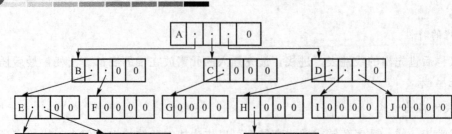

图 2.8 定长结点表示的树

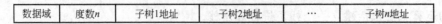

图 2.9 不定长方式的结点

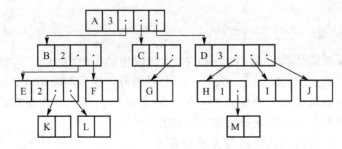

图 2.10 不定长结点表示的树

采用定长方式存储结构,所有的结点是同构的,运算方便,但浪费一定存储空间。采用不定长方式存储结构,可节省一些存储空间,但运算不方便。

2.1.5 二叉树

1. 二叉树的定义

二叉树是有 $n(n \geqslant 0)$ 个结点的有限集合,是一种不同于树的数据结构,它的每个结点至多有两个子树,子树有左右之分,不能颠倒。二叉树的深度和度的定义与树相同。

2. 二叉树的 5 种形态

二叉树的 5 种形态如图 2.11 所示。

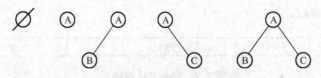

图 2.11 二叉树的 5 种形态

由图可知,二叉树的 5 种形态分别为:
(1) 空树;
(2) 只有一个根结点的二叉树;
(3) 只有左子树的二叉树;
(4) 只有右子树的二叉树;

(5)左右子树非空的二叉树。

3．二叉树和树的比较

(1)二叉树可以为空,但树不可以(至少有根结点)。
(2)二叉树的子树有顺序关系,必须明确左、右子树,而树没有。
(3)二叉树的度必为0、1或2,而树的度可大于2。

4．几种特殊的二叉树

1)满二叉树

高度为h,有2^h-1个结点的二叉树称为满二叉树。图2.12(a)为满二叉树,其高度为3,结点数为7。

2)完全二叉树

结点的度数为0或2的二叉树称为完全二叉树,如图2.12(a)、(b)所示。

3)顺序二叉树

深度为h,结点为n的二叉树,它从$1\sim n$的序号如果与深度为h的满二叉树的结点序号一致,就称为顺序二叉树,如图2.12(c)所示。

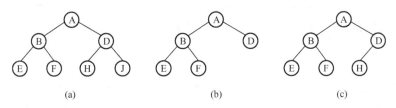

图2.12 几种特殊的二叉树

5．二叉树的存储结构

满二叉树或顺序二叉树的数组存储:可对各阶层的结点由低阶层到高阶层,由左到右,从1开始依序编号,再根据编号存入相应的索引编号的数组中。这种存储结构的特点是节省存储空间,可利用公式随机地访问结点的值,但不便于删除或插入运算。

一般二叉树的数组存储:可对各结点在满二叉树中相同位置的结点编号,再以相同的方式存入数组中,若某一编号没有结点存在,则不存值于数组中。

6．二叉树的遍历

"二叉树的遍历"就是按某种次序访问树中的每个结点,要求每个结点被访问一次且只访问一次。每个结点均有左右两个分支,在遍历的过程中可以选择往左或往右走,遍历结束,每个结点恰被访问一次。事实上,二叉树的遍历是以递归的方式进行,依递归的调用顺序的不同,可分为前序遍历方式、中序遍历方式和后序遍历方式3种不同的遍历方式。

1)前序遍历

若二叉树为空,则空操作;否则,访问目前结点→前序遍历左子树→前序遍历右子树。图2.13中所示二叉树的前序遍历的结果为:A、B、C、D、E、F、G、H、I、J。

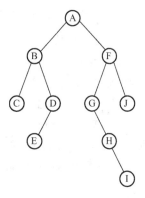

图2.13 遍历二叉树

2）中序遍历

中序遍历二叉树算法的框架是：若二叉树为空，则空操作；否则，中序遍历左子树→访问根结点→中序遍历右子树。图2.13中所示二叉树的中序遍历的结果为：C、B、E、D、A、G、H、I、F、J。

3）后序遍历

后序遍历二叉树算法的框架是：若二叉树为空，则空操作；否则，后序遍历左子树→后序遍历右子树→访问根结点。图2.13中所示二叉树的后序遍历的结果为：C、E、D、B、I、H、G、J、F、A。

2.2 图形处理技术基础

计算机图形处理技术是利用计算机的高速运算能力和实时显示功能来处理各类图形信息，包括图形的存储、生成、处理、显示、输出，以及图形的变换、组合、分解、运算等，并在计算机控制下，将过去由人工完成的绘图工作由绘图仪等图形输出设备来完成。计算机图形处理技术包含多种几何信息处理方法，如几何元素和图形的生成方法、图形变换、图形的消隐与裁剪、实体表示理论及拼合算法、真实感图形的生成等。

2.2.1 图形变换

图形变换一般是指将图形的几何信息经过几何变换后产生新的图形。图形变换既可以看做是图形不动而坐标系变动，变换后该图形在新的坐标系下具有新的坐标值；也可以看做是坐标系不动而图形变动，变换后的图形在坐标系中的坐标值发生变化。对于线框图形的变换，通常是以点变换为基础，把图形的一系列顶点做几何变换后，连接新的顶点序列，即可产生新的变换后的图形。对于用参数方程描述的图形，可以通过参数方程几何变换，实现对图形的变换。

基本的几何变换研究物体坐标在直角坐标系内的平移、旋转和放大（缩小）的规律。按照坐标的维数不同，几何变换可分为二维几何变换和三维几何变换两大类。对于可用参数表示的曲线、曲面等图形的变换，基于效率的考虑，一般通过对其参数方程做变换来实现对整个图形的变换，而不是逐点进行变换。

1. 二维图形的几何变换

1）基本变换

(1) 平移(Translation)：平移是将对象从一个位置(x, y)移到另一个位置(x', y')的变换（见图2.14）。$T_x = x' - x$，$T_y = y' - y$称为平移距离。

平移变换的公式为：
$$x' = x + T_x, \quad y' = y + T_y \tag{2-2}$$

(2) 旋转(Rotation)：旋转是以某个参考点为圆心，将对象上的各点(x, y)绕圆心转动一个逆时针角度θ，变为新的坐标(x', y')的变换（见图2.15）。

当参考点为$(0, 0)$时，旋转变换的公式为
$$\begin{cases} x' = r\cos(\alpha + \theta) = r\cos\alpha\cos\theta - r\sin\alpha\sin\theta \\ y' = r\sin(\alpha + \theta) = r\sin\alpha\cos\theta + r\cos\alpha\sin\theta \end{cases} \tag{2-3}$$

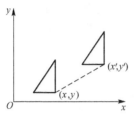
图 2.14 平移

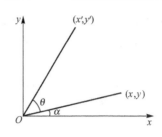
图 2.15 旋转

因为 $x=r\cos\alpha$,$y=r\sin\alpha$,所以上式可化为

$$\begin{cases} x'=x\cos\theta-y\sin\theta \\ y'=y\cos\theta+x\sin\theta \end{cases} \quad (2-4)$$

如果参考点不是(0,0),而是任意一点(x_r,y_r),那么,绕(x_r,y_r)点的旋转分3步完成:

① 将对象平移 $T_x=-x_r$,$T_y=-y_r$;
② 按式(2-3)做旋转变换;
③ 平移 $T_x=x_r$,$T_y=y_r$。组合这3个步骤的计算公式为

$$\begin{cases} x'=x_r+(x-x_r)\cos\theta-(y-y_r)\sin\theta \\ y'=y_r+(y-y_r)\cos\theta+(x-x_r)\sin\theta \end{cases} \quad (2-5)$$

(3) 变比(Scaling):变比是使对象按比例因子(S_x,S_y)放大或缩小的变换,如图2.16所示。

变比计算公式为

$$x'=x \cdot S_x, \quad y'=y \cdot S_y \quad (2-6)$$

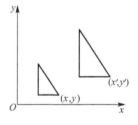
图 2.16 变比

由图2.16可见,按式(2-6)做变比变换时,不仅对象的大小变化,而且对象离原点的距离也发生了变化。如果只希望变换对象的大小,而不希望改变对象与原点的距离,则可采用固定点变比(Scaling Relative to a Fixed Point)。以$a(x_a,y_a)$为固定点进行变比的方法是:

① 做平移 $T_x=-x_a$,$T_y=-y_a$;
② 按式(2-6)做变比;
③ 做①的逆变换,即做平移 $T_x=x_a$,$T_y=y_a$。

当比例因子S_x或S_y小于0时,对象不仅变化大小,而且分别按x轴或y轴被反射。图2.17(a)表示当$S_y=-1$,$S_x=1$时的变换,此时按x轴反射;

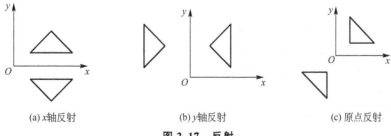

(a) x轴反射　　　　　　(b) y轴反射　　　　　　(c) 原点反射

图 2.17 反射

图 2.17(b)表示当 $S_y=1$，$S_x=-1$ 时的变换，此时按 y 轴反射；

图 2.17(c)示出当 $S_y=-1$，$S_x=-1$ 时按原点(0,0)反射的情况。

2) 变换矩阵

上述 3 种基本变换公式都可以表示为 3×3 的变换矩阵和齐次坐标相乘的形式。

(1) 平移的矩阵运算表示为

$$[x'\ y'\ 1]=[x\ y\ 1]\begin{bmatrix}1 & 0 & 0\\ 0 & 1 & 0\\ T_x & T_y & 1\end{bmatrix} \quad (2-7)$$

简记为 $p'=p\cdot T(T_x,T_y)$。其中，$p'=[x'\ y'\ 1]$，$p=[x\ y\ 1]$，$T(T_x,T_y)=\begin{bmatrix}1 & 0 & 0\\ 0 & 1 & 0\\ T_x & T_y & 1\end{bmatrix}$ 表示平移矩阵。

(2) 旋转的矩阵运算表示为

$$[x'\ y'\ 1]=[x\ y\ 1]\begin{bmatrix}\cos\theta & \sin\theta & 0\\ -\sin\theta & \cos\theta & 0\\ 0 & 0 & 1\end{bmatrix} \quad (2-8)$$

简记为 $p'=p\cdot R(\theta)$，其中 $R(\theta)$ 表示旋转矩阵。

(3) 变比的矩阵运算表示为

$$[x'\ y'\ 1]=[x\ y\ 1]\begin{bmatrix}S_x & 0 & 0\\ 0 & S_y & 0\\ 0 & 0 & 1\end{bmatrix} \quad (2-9)$$

简记为 $p'=p\cdot S(S_x,S_y)$，其中 $S(S_x,S_y)$ 表示变比矩阵。

3) 组合变换

一个比较复杂的变换需要连续进行若干个基本变换才能完成。例如，围绕任意点 (x_r,y_r) 的旋转，就要通过 3 个基本变换 $T(-x_r,-y_r)$、$R(\theta)$、$T(x_r,y_r)$ 才能完成。这种由多种基本变换组合而成的变换称为组合变换，相应的变换矩阵称为组合变换矩阵。

以平面图形绕任意点 (x_r,y_r) 旋转 θ 角变换为例，应进行如下 3 次变换：

$$p'=p\cdot T(-x_r,-y_r) \quad (2-10)$$

$$p''=p'\cdot R(\theta) \quad (2-11)$$

$$p'''=p''\cdot T(x_r,y_r) \quad (2-12)$$

将式(2-10)、式(2-11)代入式(2-12)，得

$$p'''=p\cdot T(-x_r,-y_r)\cdot R(\theta)\cdot T(x_r,y_r) \quad (2-13)$$

令 $T_c=T(-x_r,-y_r)\cdot R(\theta)\cdot T(x_r,y_r)$，则有

$$p'''=p\cdot T_c \quad (2-14)$$

式中，T_c 称为组合变换矩阵。由上面推导可知，在计算组合变换时，首先可将各基本变换矩阵按顺序相乘，形成总的组合变换矩阵 T_c；然后，坐标只需与 T_c 相乘一次，便可同时完成一连串的基本变换。所以，采用组合变换矩阵，大大节省了坐标乘法所耗费的运算时间。

2. 三维图形的几何变换

三维图形的平移变换可参照二维图形的类似变换完成，在此主要介绍三维图形的旋转

和变比。

1) 旋转

旋转分为 3 种，即绕 z 轴旋转、绕 x 轴旋转、绕 y 轴旋转。在下述旋转变换公式中，设旋转的参考点在所绕的轴上，绕旋转轴旋转 θ 角，方向是从轴所指处向原点看的逆时针方向，如图 2.18(a)、(b) 所示。

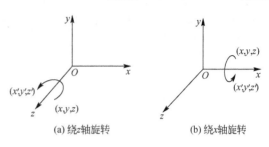

图 2.18 三维空间内旋转变换

(1) 绕 z 轴旋转的公式为

$$\begin{cases} x' = x\cos\theta - y\sin\theta \\ y' = x\sin\theta + y\cos\theta \\ z' = z \end{cases} \quad (2-15)$$

矩阵运算的表达式为

$$[x' \ y' \ z' \ 1] = [x \ y \ z \ 1] \begin{bmatrix} \cos\theta & \sin\theta & 0 & 0 \\ -\sin\theta & \cos\theta & 0 & 0 \\ 0 & 0 & 1 & 0 \\ 0 & 0 & 0 & 1 \end{bmatrix} \quad (2-16)$$

简记为 $R_z(\theta)$。

(2) 绕 x 轴旋转的公式为

$$\begin{cases} x' = x \\ y' = y\cos\theta - z\sin\theta \\ z' = y\sin\theta + z\cos\theta \end{cases} \quad (2-17)$$

矩阵运算的表达式为

$$[x' \ y' \ z' \ 1] = [x \ y \ z \ 1] \begin{bmatrix} 1 & 0 & 0 & 0 \\ 0 & \cos\theta & \sin\theta & 0 \\ 0 & -\sin\theta & \cos\theta & 0 \\ 0 & 0 & 0 & 1 \end{bmatrix} \quad (2-18)$$

简记为 $R_x(\theta)$。

(3) 绕 y 轴旋转的公式为

$$\begin{cases} x' = z\sin\theta + x\cos\theta \\ y' = y \\ z' = z\cos\theta - x\sin\theta \end{cases} \quad (2-19)$$

矩阵运算的表达式为

$$[x' \ y' \ z' \ 1] = [x \ y \ z \ 1] \begin{bmatrix} \cos\theta & 0 & -\sin\theta & 0 \\ 0 & 1 & 0 & 0 \\ \sin\theta & 0 & \cos\theta & 0 \\ 0 & 0 & 0 & 1 \end{bmatrix} \quad (2-20)$$

简记为 $R_y(\theta)$。

2) 变比

设 S_x、S_y、S_z 是物体在 3 个坐标轴方向的比例变化量，则有公式

$$x' = x \cdot S_x, \quad y' = y \cdot S_y, \quad z' = z \cdot S_z \qquad (2-21)$$

矩阵运算的表达式为

$$[x' \ y' \ z' \ 1] = [x \ y \ z \ 1] \begin{bmatrix} S_x & 0 & 0 & 0 \\ 0 & S_y & 0 & 0 \\ 0 & 0 & S_z & 0 \\ 0 & 0 & 0 & 1 \end{bmatrix} \qquad (2-22)$$

简记为 $S(S_x, S_y, S_z)$。

相对于某个非原点参数点 (x_f, y_f, z_f) 进行固定点变比变换,是通过如下组合变换实现的:

$$T_c = T(-x_f, -y_f, -z_f) \cdot S(S_x, S_y, S_z) \cdot T(x_f, y_f, z_f) \qquad (2-23)$$

3. 投影变换

若将三维物体描绘在二维平面(如直面、显示器等)上,必须对三维物体进行投影。把三维物体变换为二维图形表示的过程称为投影变换。投影在观察坐标系内进行,投影的要素除投影对象、投影面外,还有投影线。按照投影线角度的不同,有两种基本的投影方法(图 2.19),具体分类如下:

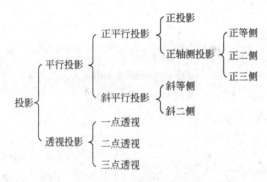

图 2.19 投影的分类

1) 平行投影变换

平行投影是指使用一组平行投影线将三维对象投影到投影平面上去,如图 2.20(a)所示。图中,F 为投影平面,P_1P_2 为三维直线,$P_1'P_2'$ 是 P_1P_2 在 F 上的投影,虚线表示投影线,O 是投影中心。由平行投影方法表现三维对象的图,称为正视图和轴测图。下面的讨论中,假设投影面与 xOy 重合,即在投影面上 $z = 0$。

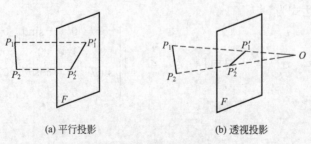

(a) 平行投影   (b) 透视投影

图 2.20 基本投影方法

按照标准线与投影面的夹角不同，平行投影分为正交平行投影和斜交平行投影两类。

(1) 正交平行投影的投影线与投影平面成 90°角。将一个三维点 (x, y, z) 用正交平行投影法投影到平面 xOy 上，得到一个二维点 (x_P, y_P)。这种变换，可以由正交平行交换公式计算得到：

$$x_p = x, \quad y_p = y, \quad z_p = 0 \tag{2-24}$$

同样，也可以将三维物体正交平行投影于 xOz 和 yOz 平面上，分别获得平视图和侧视图。设计中常用正交平行投影来产生三视图，称为正视图。

(2) 斜交平行投影的投影线与投影平面成 α 夹角。一个三维点 (x, y, z) 以斜交平行投影法投影到投影面上，形成投影坐标 (x_P, y_P, z_P)。

斜交平行投影又称轴测投影，所得到的图称轴测图。

2) 透视投影变换

透视投影是指使用一组由投影中心产生的放射投影线，将三维对象投影到投影平面上去，如图 2.20(b)所示。由透视投影方法表现三维对象的图，称为透视图。

在讨论透视投影变换时，投影中心设在 z 轴的负轴上。投影中心 C 到位于投影平面上的坐标原点 O 的距离为 d。图 2.21 中的设定是为了简化透视投影变换的计算。

为得到透视投影变换公式，先列出直线 PC 的参数化方程：

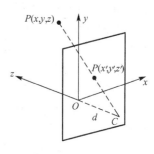

图 2.21 透视投影

$$x' = x - x_u, \quad y' = y - y_u, \quad z' = z - (z+d)u \tag{2-25}$$

其中，参数 u 的变化范围在 $[0, 1]$ 之间。当 $u=0$ 时，(x', y', z') 等于 (x, y, z)，即 P 点；当 $u=1$ 时，(x', y', z') 等于 $(0, 0, -d)$，即 C 点。因此，u 值表示 (x', y', z') 在直线 PC 上的位置。

2.2.2 坐标系与坐标变换

几何物体具有很多重要的性质，如大小、形状、位置、方向以及相互之间的空间关系等。为了描述、分析、度量这些特性，就需要一个坐标系统的参考框架。从本质上来说，坐标系统自身也是一个几何物体。

在图形学中，采用了很多各具特色的坐标系。从其维度方面，可以分为一维坐标系统、二维坐标系统、三维坐标系统；从其坐标轴之间的空间关系来看，可分为直角坐标系统、圆柱坐标系统、球坐标系统等，其中，直角坐标系统最为常用。圆柱坐标系统与直角坐标系统的关系为

$$x = r\cos\theta, \quad y = r\sin\theta, \quad z = z \tag{2-26}$$

球坐标系统与直角坐标系统的关系为

$$x = r\sin\varphi\cos\theta, \quad y = r\sin\varphi\sin\theta, \quad z = r\cos\varphi \tag{2-27}$$

这些坐标系统的定义与空间解析几何中的定义是一致的。

另外，在计算机图形学中，为了通过显示设备来反映几何物体的特性，引入了一系列显示、输出的坐标系。

(1) 世界坐标系(World Coordinate System，WCS)。一般与用户定义物体和图素的坐标系一致，用于定义用户整个图形的范围，各种图元、图组、图素经调用后都放在用户坐标系中的适当位置。

(2) 局部坐标系(Local Coordinate System，LCS)。主要为考察物体方便，独立于世界坐标系来定义物体几何特性。通常是在不需要指定物体在世界坐标系中的方位的情况下，使用局部坐标系。一旦定义了"局部"物体，通过指定局部坐标系的原点在世界坐标系中的方法，经过几何变换，就可以容易地将"局部"物体放入世界坐标系内，使它的参照系统由局部上升为全局。

(3) 观察坐标系(Viewing Coordinate System，VCS)。观察坐标系通常以视点的位置为原点，通过用户指定的一个方向上的观察矢量来定义整个坐标系统，默认状态为左手坐标系。观察坐标系主要用于从观察者的角度对整个坐标系内的对象进行重新定位和描述，从而简化几何物体在投影面成像的数学推导和计算。

(4) 设备坐标系(Device Coordinate System，DCS)。与一个图形设备相关的坐标系称为设备坐标系。如显示屏就是以分辨率为坐标单位，坐标原点常定义在左上角。绘图仪也有它的坐标系，即以某一角点为坐标原点，以精度为单位。

(5) 规格化的设备坐标系(Normalized Device Coordinate System，NDCS)。由于用户的图形定义在用户坐标系内，而图形的输出则定义在设备坐标系内，因此它依赖于具体的图形设备。由于不同的图形设备具有不同的设备坐标系，且不同设备之间坐标范围也不尽相同。因此，为便于图形处理，引入与设备无关的规格化的设备坐标系。NDCS采用一种无量纲的单位代替设备坐标，当输出图形时，再转换为具体的设备坐标。

2.2.3 图形裁剪

一般来说，图形就是要影像现实或想象中的物体的外表形状。在现实或想象的空间中，图形可以有任意的，甚至无限大的尺寸。当借助计算机处理图形时，总是处理有一定大小限制的图形，最简单的也是最经常要处理的问题是要在显示器上显示图形，而显示器是有限的。甚至现在计算机中经常采用的窗口技术使人们只能在比满屏更小的显示器的部分区域内显示图形。因此被显示的图形有落入所指定的窗口之内的部分，同样也会有落在窗口之外的部分。由于这部分窗口之外的图形是不应被显示的，因此有必要对这些不能显示的部分图形进行舍弃。决定图形的哪部分在窗口内，哪部分在窗口外，这样的一个过程就称为对图形的裁剪，它是在窗口内确定可见图形部分的一种处理过程。

对一个图形的裁剪过程实际上就是逐个判定构成图形的基本图形元素，如点、线段、文字等是否包含在指定的窗口区域内的过程，对线段和文字还要判定是否仅其部分在指定窗口区域内。裁剪问题是计算机图形学的基本问题之一，裁剪的边界可以是任意多边形，但常用的是矩形。由于直线段的裁剪是图形裁剪的基础，因此，本节重点讨论直线段的裁剪。

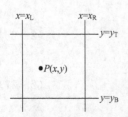

图 2.22 矩形裁剪窗口及点的可见性

平面上的图形受该平面上的矩形窗口的裁剪称为二维裁剪，通常窗口是由图 2.22 中参数 x_L，x_R，y_B 和 y_T 所决定的。因此，在窗口的左下角和右上角坐标为 (x_L, y_B) 和 (x_R, y_T)。

1. 点的裁剪

点的裁剪是最简单的一种，它是裁剪其他元素的基础。点 $P(x,y)$ 为可见的充分必要条件是其坐标满足以下不等式：

$$\begin{cases} x_L \leqslant x \leqslant x_R \\ y_B \leqslant y \leqslant y_T \end{cases} \quad (2-28)$$

其中，等号成立时表明点 $P(x,y)$ 在窗口边界上，也认为是可见的。

2. 直线段的裁剪

直线段的裁剪比点的裁剪复杂。图 2.23 表示直线段与窗口的 3 种位置关系：完全可见、部分可见和完全不可见。如果是完全可见的，则输出其已知的两个端点坐标并显示这条直线段；如果是部分可见的，则输出可见部分线段的两个端点，并显示这部分线段。要判别一条直线段的可见性，就要根据直线的两个端点与窗口的相对位置关系分别判定。

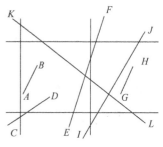

图 2.23 线段的可见性

(1) 如果直线的两个端点都在窗口内(如直线段 AB)，则这样的直线段是完全可见的；

(2) 如果直线的一个端点在窗口内，另一个端点在窗口外(如直线段 CD)，则这样的直线段是部分可见的，需要对它进行裁剪，即求出它与窗口边框的交点，该交点和窗口内的那个线段端点是可见线段的两个端点；

(3) 如果直线的两个端点都在窗口外，并且是在窗口某边框所在直线的同一侧(如直线段 GH)，则这样的直线完全不可见，可简单地剔除。同一侧是指线段的两个端点同时位于以窗口边框线为界的窗口的左面、右面(如 GH)、上面或下面；

(4) 如果直线的两个端点都在窗口外，并且不在窗口某一边框所在直线的同一侧(如直线段 EF、IJ 和 KL)，此时需要求出直线段与窗口边框的交点，并对交点性质进行分析，然后才能确定是否需要裁剪。这时，直线段有可能部分可见(如 EF、KL)，也有可能完全不可见(如 IJ)。

根据以上分析可知，为了判别直线的可见性，需要先求出直线与窗口边框的交点，然后对交点性质做分析。对直线与窗口的交点，可以用直线参数的表示形式或非参数表示形式进行求解。

首先求出直线与窗口边框的交点。设直线的两个端点的坐标分别为 $P_0(x_0,y_0)$ 和 $P_1(x_1,y_1)$，则直线的点斜式方程为

$$y = m(x - x_0) + y_0 \quad (2-29)$$

式中，m 为斜率，其值为

$$m = \frac{\Delta y}{\Delta x} \quad (2-30)$$

而

$$\begin{cases} \Delta x = x_1 - x_0 \\ \Delta y = y_1 - y_0 \end{cases} \quad (2-31)$$

它与窗口左、右、上、下各边框所在直线的交点 P_L、P_R、P_T、P_B 的坐标分别为

$$\begin{cases} x=x_L, & y=m(x_L-x_0)+y_0 \\ x=x_R, & y=m(x_R-x_0)+y_0 \\ y=y_T, & x=x_0+\dfrac{1}{m}(y_T-y_0) \\ y=y_B, & x=x_0+\dfrac{1}{m}(y_B-y_0) \end{cases} \tag{2-32}$$

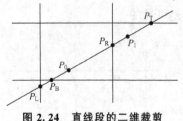

图 2.24 直线段的二维裁剪

然后，判别这些交点是在窗口边框上还是在边框的延长线上。如果在延长线上，则剔除该交点（如图 2.24 中的 P_L 和 P_T），最后剩下两个交点（如图 2.24 中所示的 P_R 和 P_B），给出直线在窗口内部的直线段。这一直线段与 P_0P_1 的公共部分（如图 2.24 中所示的 P_0P_R）就是 P_0P_1 的可见部分。

2.2.4 图形消隐

1. 图形消隐问题

在现实世界中，当某一方向观察一个不透明的三维物体时，它的一些面、边是看不到的，如果观察的是若干个三维物体，则物体间还可能彼此遮挡而部分不可见。由于计算机不会自动区分物体的可见与不可见部分，因此计算机上最初绘制的图形所有的面、边都被绘出，这样的图形表示的物体形状是不清楚的，甚至是不确定的，即可能具有多义性，如图 2.25 所示。因此，如果想要计算机显示的三维物体充满真实感，必须在视点确定后，将对象表面上不可见的点、线、面消去。这些看不见的线和面称为隐藏线和隐藏面，运用某种算法消去隐藏线和隐藏面的过程称为消隐，如图 2.26 所示。

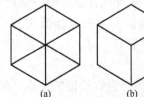

图 2.25 未消隐图形的二义性

 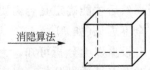

图 2.26 消隐算法的功能

消隐问题被认为是计算机图形学中最具挑战性的问题之一。这个问题的解决主要是围绕算法正确、运算速度快、占内存空间少等目标来进行的。目前已经出现了很多有效的消隐算法，但由于物体的结构千变万化，模型设计方法也多种多样，因此研究高效的消隐算法仍然是人们感兴趣的课题。

隐藏线和隐藏面算法的发展受它们所支持的图形设备类型和算法所用的数据结构或几何模型的影响。在光栅扫描显示器出现之前，图形输出采用的是随机扫描显示器或存储管式显示器，而与之对应的几何模型采用的是线框模型。针对这种画线式的图形显示器和线框模型，研究出许多消隐算法。随着光栅扫描显示器的出现和普遍应用，几何模型也由原来的线框模型发展到具有明暗效应的面模型和实体模型。这时，人们便把注意力转移到消除隐藏面的算法上，以产生具有真实色彩的立体图形。当然，消除隐藏线的算法也适用于光栅扫描显示器。

应该指出，消除隐藏线算法并不意味着它只适用于线框模型，同样，消除隐藏面算法也不只适用于面模型。从几何造型的观点看，把消隐算法分为线消隐和面消隐是不科学的，之所以要这样划分只是为了反映相关算法的历史次序。

众多的消隐算法可以分成两大类：物体空间算法和图像空间算法。

(1) 物体空间算法。物体空间算法是利用物体间的几何关系来判断这些物体的隐藏和可见部分，这种算法利用计算机硬件的浮点精度来完成几何计算（如相交），因此，这种方法精度高，不受显示器分辨率的影响。

(2) 图像空间算法。随着物体复杂程度的增加，物体空间算法的计算时间比图像空间算法时间增加的多。图像空间消隐算法则把注意力集中在最终的图像上，对光栅扫描显示器而言，即对每一像素进行判断，确定哪些是可见部分。这种算法只能以与显示器分辨率相适应的精度来完成，使得这种方法不够精确。

一般来说，大多数隐藏面消除算法用图像空间算法，而大多数隐藏线消除算法用物体空间算法。隐藏线和隐藏面消除所讨论的对象是一个三维图形，消隐后要在二维空间中输出，因此消隐后显示的图形将和三维空间至二维空间的投影方式有关。

2. 消隐处理的主要问题

(1) 遮挡关系：利用几何排序法确定离观察者较近的物体及表面，找出被遮挡的物体和表面。

(2) 排除与遮挡无关的要素：首先排除与遮挡无关的物体和表面，仅考虑遮挡关系的内容，提高运算速度。

(3) 物体数据结构的合理安排：物体的几何信息和拓扑信息需要一定的数据结构描述。在消隐算法中，这种数据结构是物体输入、投影变换、消隐处理以及输出图形时产生新的数据结构的原始数据。合理的数据结构会大大减少计算机的存储量，提高运算速度。

3. 消隐算法中的基本检验方法

消除隐藏线、隐藏面的算法是将一个或多个三维物体模型转换成二维可见图形，并在屏幕上显示。无论是物体空间消隐算法还是图像空间消隐算法都包含一些基本检验方法：

1) 包含性检验

在消除隐藏线、隐藏面的问题时，主要考虑两种包含性检验：

(1) 空间线段与平面多边形的包含性检验：这种检验判断空间线段是否包含在平面多边形与视线方向所形成的平面柱体中，只有线段全部或部分包含在该柱体内时，该平面多边形才能遮挡该线段，否则该平面多边形就不可能遮挡该线段。

(2) 点与多边形的包含性检验：这种检验判断某一点是否在某一多边形的表面区域内。常用的方法有交点数判断法、夹角之和检验法等。交点数若为奇数，则点在多边形投影内；若为偶数，则点在多边形投影外，如图 2.27 所示。

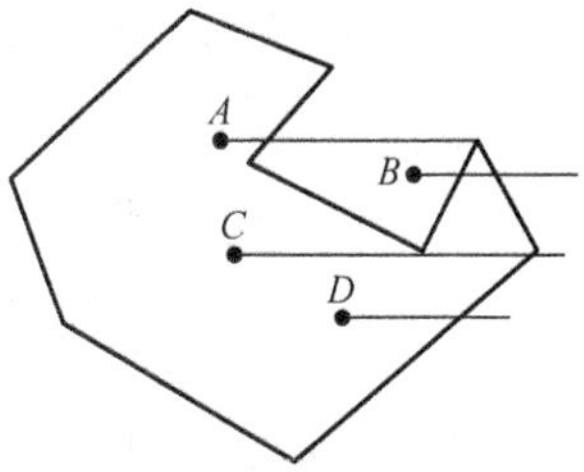

2) 深度检验

如果经过包含性检验，点在多边形的内部，则还需要进行深度检验，以确定该多边形是否挡住该点。深度检验指的

图 2.27 点与多边形的包含性检验

是在观察坐标系下判断线段与多边形的前后关系。不失一般性，假设视点为观察坐标系原点，视线方向为沿观察坐标系 Z 轴负向。深度检验可以分为粗略检验和精确检验两步。首先进行粗略检验，即把多边形顶点的最大 Z 坐标和线段端点的最小 Z 坐标进行比较，如果前者小于或等于后者，则说明多边形完全在线段之后，线段完全可见，无须就线段和多边形的遮挡关系进行进一步判断；如果前者大于后者，这时线段仍有可能完全位于多边形之前，可以采用精确检验予以判断，即从线段两端点 $P_1(x_1, y_1, z_1)$ 和 $P_2(x_2, y_2, z_2)$ 各做一条与 Z 轴平行的直线，假设这两条直线与多边形所在平面的交点分别为 $M_1(x_1, y_1, z'_1)$、$M_2(x_2, y_2, z'_2)$，若 $z'_1 \leqslant z_1$ 且 $z'_2 \leqslant z_2$，则多边形不会对线段造成任何遮挡，线段完全可见，无须就线段和多边形的遮挡关系作进一步判断。

3) 可见性检验

可见性检验的目的是去除根本没有可能看见的表面。采用的方法是计算表面的法矢量与视线的交角。设夹角为 θ，对于可见表面，$0° \leqslant \theta \leqslant 90°$；对于不可见表面，$90° \leqslant \theta \leqslant 180°$。由此去除不可见表面，只输出可见表面。

4) 求交运算

在各种的消隐算法中，需要反复地运用求交运算，主要包括以下几种类型：

(1) 两直线的交点：通过解线性方程组完成；

(2) 两线段的交点：通过解线性方程组求出交点，再进行有效交点判断，有效交点必须同时位于两线段上，而不能位于线段延长线上；

(3) 直线与平面的交点：通过解线性方程组求出交点，再进行有效交点判断，有效交点必须位于平面的边界内部或边界线上。

(4) 两平面的交点：则要分别求出每一面的每一条边与另一个面的边或面的交点。

5) 投影变换

投影变换在消隐算法中的应用主要是已知三维物体各顶点坐标或其他信息，要求画出透视投影图或轴测图。

2.3 曲线和曲面数学模型

在 CAD 领域，存在大量的曲线与曲面，因此，曲线与曲面造型技术是 CAD 系统的关键技术。曲线、曲面是由数学表达式来定义的，目前人们已研究出几十种很有实用价值的曲线、曲面。研究曲线、曲面的任务是明确怎样在计算机内表示曲线、曲面，怎样用计算机来处理曲线、曲面(如分割、拼接、求交、曲面消隐等)，怎样在屏幕上显示或用绘图机绘出曲线、曲面，怎样进行曲线、曲面的数控加工等。

曲线分为规则曲线和拟合曲线(不规则曲线)两大类。所谓规则曲线是指具有确定描述函数的曲线，如圆锥曲线、正弦曲线、渐开线等。由离散的特征点(又称型值点)构造函数来描述的曲线称为拟合曲线，又称自由曲线。这里的特征点是通过实验、测量或计算得到的。对于同样的特征点，由于构造函数的方法不同，因而出现了诸如最小二乘法拟合曲线、三次参数样条曲线、贝塞尔(Bezier)曲线、B 样条曲线、非均匀有理 B 样条(NURBS)曲线等众多曲线。

曲面也分为规则曲面和拟合曲面(不规则曲面)两大类。所谓规则曲面是指具有确定描述函数的曲面,如二次曲面(圆柱、圆锥、圆球、双曲面、抛物面等)、螺旋面、直纹曲面、扫描曲面(旋转扫描面、拉伸曲面)等,它们都是轨迹曲面。由离散的特征点构造函数来描述的曲面称为拟合曲面,又称自由曲面。如 Coons 曲面、贝塞尔(Bezier)曲面、B 样条曲面、非均匀有理 B 样条曲面等。

2.3.1 贝塞尔曲线和曲面

1. 贝塞尔曲线

贝塞尔曲线是法国雷诺汽车公司的工程师 Bezier 于 1962 年提出,1972 年在 UNISURF 系统中正式投入使用。贝塞尔曲线采用一组特殊的基函数,使得基函数的系数具有明确的几何意义。其曲线方程为

$$p(t) = \sum_{i=0}^{n} a_i f_i(t) \quad 0 \leqslant t \leqslant 1 \tag{2-33}$$

其中从 a_0 到 a_n 首尾相连的折线称为贝塞尔控制多边形(见图 2.28)。

$$f_i(t) = \sum_{j=i}^{n} (-1)^{i+j} C_n^j C_{j-i}^{i-1} t^j \quad i=0,1,\cdots,n \tag{2-34}$$

英国的 Forest 于 1972 年将上述贝塞尔曲线中的控制多边形顶点改为绝对矢量的 Bernstein 基表示形式:

$$p(t) = \sum_{i=0}^{n} d_i B_{i,n}(t) \quad 0 \leqslant t \leqslant 1 \tag{2-35}$$

$$B_{i,n}(t) = C_n^i t^i (1-t)^{n-i} \quad i=0,1,\cdots,n \tag{2-36}$$

贝塞尔基函数曲线如图 2.29 所示,Bernstein 基函数曲线如图 2.30 所示。

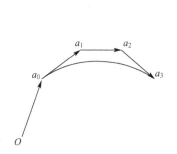

图 2.28 边矢量定义的控制多边形及生成的贝塞尔曲线

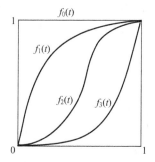

图 2.29 贝塞尔基函数曲线($n=3$)

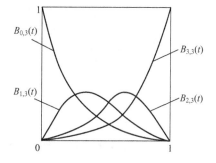

图 2.30 Bernstein 基函数曲线($n=3$)

2. 贝塞尔曲面

如图 2.31 所示,r_{ij} 表示要生成贝塞尔曲面片的控制顶点的位置矢量。根据"线动成面"的思想,首先生成 4 条 v 方向的三次贝塞尔曲线:

$$r_i(v) = \sum_{j=0}^{3} r_{ij} B_{j,3}(v) \quad i=0,1,2,3 \tag{2-37}$$

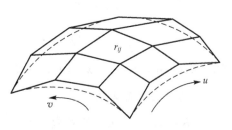

图 2.31 贝塞尔曲面片

再沿 u 方向生成三次贝塞尔曲线：

$$r(u) = \sum_{i=0}^{3} r_i(v^*) B_{i,3}(u) \tag{2-38}$$

$r_i(v^*)$ 表示 v 向曲线参数 v 取一定值时曲线上点的位置矢量。将 u、v 向曲线方程合并得

$$\vec{r}(u,v) = \sum_{i=0}^{3} r_i(v) B_{i,3}(u) = \sum_{i=0}^{3}\sum_{j=0}^{3} B_{i,3}(u) r_{i,j} B_{j,3}(v)$$

$$= (B_{0,3}(u) \quad B_{1,3}(u) \quad B_{2,3}(u) \quad B_{3,3}(u)) \begin{bmatrix} \vec{r}_{00} & \vec{r}_{01} & \vec{r}_{02} & \vec{r}_{03} \\ \vec{r}_{10} & \vec{r}_{11} & \vec{r}_{12} & \vec{r}_{13} \\ \vec{r}_{20} & \vec{r}_{21} & \vec{r}_{22} & \vec{r}_{23} \\ \vec{r}_{30} & \vec{r}_{31} & \vec{r}_{32} & \vec{r}_{33} \end{bmatrix} \begin{bmatrix} B_{0,3}(v) \\ B_{1,3}(v) \\ B_{2,3}(v) \\ B_{3,3}(v) \end{bmatrix}$$

$$= (1 \quad u \quad u^2 \quad u^3) \begin{bmatrix} 1 & 0 & 0 & 0 \\ -3 & 3 & 0 & 0 \\ 3 & -6 & 3 & 0 \\ -1 & 3 & -3 & 1 \end{bmatrix} \begin{bmatrix} \vec{r}_{00} & \vec{r}_{01} & \vec{r}_{02} & \vec{r}_{03} \\ \vec{r}_{10} & \vec{r}_{11} & \vec{r}_{12} & \vec{r}_{13} \\ \vec{r}_{20} & \vec{r}_{21} & \vec{r}_{22} & \vec{r}_{23} \\ \vec{r}_{30} & \vec{r}_{31} & \vec{r}_{32} & \vec{r}_{33} \end{bmatrix} \begin{bmatrix} 1 & -3 & 3 & -1 \\ 0 & 3 & -6 & 3 \\ 0 & 0 & 3 & -3 \\ 0 & 0 & 0 & 1 \end{bmatrix} \begin{bmatrix} 1 \\ v \\ v^2 \\ v^3 \end{bmatrix}$$

$$\tag{2-39}$$

2.3.2 B 样条曲线和曲面

B 样条曲线具有贝塞尔曲线的一切优点，克服了贝塞尔曲线不能局部修正的缺点。它是 Schocenberg 于 1946 年提出的，1972 年，DeBoor 和 Cox 分别给出 B 样条的递推定义。作为 CAGD 中的一种形状描述的数学方法是 Gordon 和 Riesenfeld 于 1974 年在研究贝塞尔曲线的基础上给出的。

B 样条曲线方程为

$$p(u) = \sum_{i=0}^{n} d_i N_{i,K}(u) \tag{2-40}$$

其中，$d_i (i=0, 1, \cdots, n)$ 为控制顶点，基函数 $N_{i,K}(u)$ 采用 DeBoor 和 Cox 给出的递推定义，K 次规范 B 样条基函数具体定义如下：

$$\begin{cases} N_{i,0}(u) = \begin{cases} 1 & u_i \leqslant u \leqslant u_{i+1} \\ 0 & \text{其他} \end{cases} \\ N_{i,K}(u) = \dfrac{u-u_i}{u_{i+K}-u_i} N_{i,K-1}(u) + \dfrac{u_{i+K+1}-u}{u_{i+K+1}-u_{i+1}} N_{i+1,K-1}(u) \\ \dfrac{0}{0} = 0 \quad \text{（规定）} \end{cases} \tag{2-41}$$

其中，$u_i (i=0, 1, \cdots, n)$ 是对应于给定数据点的节点参数。

1. 均匀 B 样条曲线

当 $K=3$，且采用均匀参数化时，由式(2-40)和式(2-41)得到三次均匀 B 样条曲线段：

$$S(t) = \frac{1}{6} \begin{bmatrix} 1 & t & t^2 & t^3 \end{bmatrix} \begin{bmatrix} 1 & 4 & 1 & 0 \\ -3 & 0 & 3 & 0 \\ 3 & -6 & 3 & 0 \\ -1 & 3 & -3 & 1 \end{bmatrix} \begin{bmatrix} d_i \\ d_{i+1} \\ d_{i+2} \\ d_{i+3} \end{bmatrix} \qquad (2-42)$$

式中，$0 \leqslant t = \frac{u - u_i}{u_{i+1} - u_i} \leqslant 1$，$i = 0, 1, \cdots, n-3$。

在分段连接点处 B 样条曲线的值和导矢量为

$$\begin{cases} S_{i-1}(1) = S_i(0) = \frac{1}{6}(d_i + 4d_{i+1} + d_{i+2}) \\ S'_{i-1}(1) = S'_i(0) = \frac{1}{2}(d_{i+2} - d_i) \\ S''_{i-1}(1) = S''_i(0) = d_{i+2} - 2d_{i+1} + d_i \end{cases} \qquad (2-43)$$

其中，$i = 0, 1, \cdots, n-3$。

式(2-43)所描述的 B 样条曲线段的几何特征，如图 2.32 所示。

2. 均匀 B 样条曲面

B 样条曲线是由一个特征多边形定义的，B 样条曲面则是由一组特征多边形构成的网格定义的。如图 2.33 所示，给定 16 个顶点 d_{ij}($i=1, 2, 3, 4$，$j=1, 2, 3, 4$)构成的特征网格，可以定义一张曲面片。

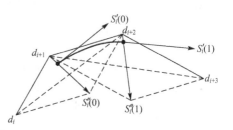

图 2.32 三次均匀 B 样条曲线段的几何特征

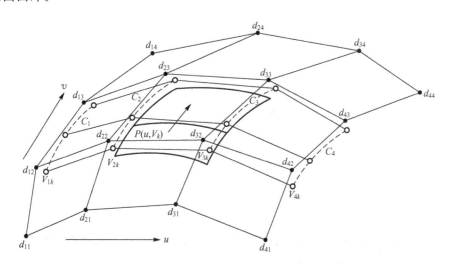

图 2.33 特征网格及其定义的双三次均匀 B 样条曲面片

首先用 d_{i1}、d_{i2}、d_{i3}、d_{i4}($i=1, 2, 3, 4$)沿 v 向构建 4 条曲线 C_1、C_2、C_3、C_4(图中虚线表示)，然后让参数 v 在 $[0, 1]$ 之间取值，对应于 v_k 曲线 C_1、C_2、C_3、C_4 上可得到 V_{1k}、V_{2k}、V_{3k}、V_{4k} 4 个点，该 4 个点构成 u 向的一个特征多边形，定义一条新的曲线 $P(u, v_k)$，当参数 v_k 在 $[0, 1]$ 之间取不同值时，$P(u, v_k)$ 沿箭头方向扫描，即得到由给定特征网格 d_{ij}($i=1, 2, 3, 4$，$j=1, 2, 3, 4$)定义的双三次均匀 B 样条曲面片 $P(u, v)$。

双三次均匀 B 样条曲面片 $P(u,v)$ 可表示为

$$P(u,v)=(1\ u\ u^2\ u^3)\begin{bmatrix}\frac{1}{6}&\frac{2}{3}&\frac{1}{6}&0\\-\frac{1}{2}&0&\frac{1}{2}&0\\\frac{1}{2}&-1&\frac{1}{2}&0\\-\frac{1}{6}&\frac{1}{2}&-\frac{1}{2}&\frac{1}{6}\end{bmatrix}\begin{bmatrix}d_{11}&d_{12}&d_{13}&d_{14}\\d_{21}&d_{22}&d_{23}&d_{24}\\d_{31}&d_{32}&d_{33}&d_{34}\\d_{41}&d_{42}&d_{43}&d_{44}\end{bmatrix}\begin{bmatrix}\frac{1}{6}&-\frac{1}{2}&\frac{1}{2}&-\frac{1}{6}\\\frac{2}{3}&0&-1&\frac{1}{2}\\\frac{1}{6}&\frac{1}{2}&\frac{1}{2}&-\frac{1}{2}\\0&0&0&\frac{1}{6}\end{bmatrix}\begin{bmatrix}1\\v\\v^2\\v^3\end{bmatrix}$$

(2-44)

为了使生成的曲面片通过特征网格的 4 个角点,可采用 B 样条曲线重结点的方法,即在 v 向和 u 向构建曲线时,分别在特征多边形的端点处作重结点处理,则生成的曲线过端点,双向计算后得到的曲面通过特征网格的 4 个角点。

2.3.3 非均匀有理 B 样条曲线和曲面

B 样条方法在表示与设计自由型曲线、曲面形状时显示了强大的威力,然而在表示和设计初等曲线、曲面时却遇到了麻烦。因为 B 样条曲线包括其特例的贝塞尔曲线都不能精确表示出抛物线外的二次曲线,B 样条曲面包括其特例的贝塞尔曲面都不能精确表示出抛物面外的二次曲面,而只能给出近似表示。提出非均匀有理 B 样条(NURBS)方法,主要是为了找到与描述自由型曲线、曲面的 B 样条方法既相统一、又能精确表示二次曲线弧与二次曲面的数学方法。

1. 非均匀有理 B 样条曲线

有理函数是两个多项式之比,因此有理样条是两个样条函数之比。有理 B 样条曲线可以定义为

$$P(t)=\frac{\sum_{i=0}^{n}\omega_i P_i B_{i,k}(t)}{\sum_{i=0}^{n}\omega_i B_{i,k}(t)}=\sum_{i=0}^{n}P_i R_{i,k}(t) \tag{2-45}$$

$$R_{i,k}(t)=\frac{\omega_i B_{i,k}(t)}{\sum_{j=0}^{n}\omega_j B_{j,k}(t)} \tag{2-46}$$

式中,$R_{i,k}(t)(i=0,1,\cdots,n)$ 称为 k 阶有理基函数;$B_{i,k}(t)$ 为 k 阶 B 样条基函数,$P_i(i=0,1,\cdots,n)$ 为特征多边形控制顶点位置矢量;ω_i 是与 P_i 对应的权因子,首末权因子 ω_0、ω_n 大于 0,其余 $\omega_i \geq 0$,以防止分母为零及保留凸性质,曲线不因权因子为 0 而退化为一点;结点矢量为 $T=[t_0,t_1,\cdots,t_i,\cdots,t_{n+k}]$,结点个数为 $m=n+k+1$(n 为控制顶点数,k 为 B 样条基函数的阶数)。如果 $T=[t_0,t_1,\cdots,t_i,\cdots,t_{n+k}]$ 是非均匀结点矢量,则 $P(t)$ 称为非均匀有理 B 样条曲线。

图 2.34 所示是用同样的数据点生成的非均匀 B 样条曲线和均匀 B 样条曲线,由图中可以看出,非均匀 B 样条曲线比均匀 B 样条曲线具有更好的光顺性。

2. 非均匀有理 B 样条曲面

由双参数变量分段有理多项式定义的非均匀有理 B 样条曲面是

$$P(u,v) = \frac{\sum_{i=0}^{m}\sum_{j=0}^{n}\omega_{ij}P_{ij}B_{i,p}(u)B_{j,q}(v)}{\sum_{i=0}^{m}\sum_{j=0}^{n}\omega_{ij}B_{i,p}(u)B_{j,q}(v)}$$

$$= \sum_{i=0}^{m}\sum_{j=0}^{n}P_{ij}R_{i,p,j,q}(u,v) \quad (2-47)$$

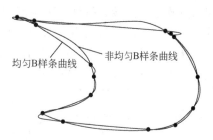

图 2.34 非均匀 B 样条曲线比 B 样条曲线更符合数据点的分布

式中，P_{ij} 为矩形域上特征网格控制点列，ω_{ij} 为相应控制点的权因子，规定 4 角点处用正权因子，即 ω_{00}、ω_{m0}、ω_{0n}、$\omega_{mn} > 0$，其余 $\omega_{ij} \geqslant 0$。$B_{i,p}(u)$ 和 $B_{j,p}(v)$ 为 p 阶和 q 阶的 B 样条基函数，$R_{i,p,j,q}(u,v)$ 为双变量有理基函数：

$$R_{i,p,j,q}(u,v) = \frac{\omega_{ij}B_{i,p}(u)B_{j,q}(v)}{\sum_{r=0}^{m}\sum_{s=0}^{n}\omega_{rs}B_{r,p}(u)B_{s,q}(v)} \quad (2-48)$$

2.4 CAD 建模技术基础

2.4.1 几何建模概述

几何建模就是以计算机能够理解的方式，对几何实体进行确切的定义，并赋予一定的数学描述，再以一定的数据结构形式对所定义的几何实体加以描述，从而在计算机内部构造一个实体的模型。CAD 系统中的几何模型就是把三维实体的几何形状及其属性用合适的数据结构进行描述和存储，供计算机进行信息转换与处理的数据模型。这种模型包含了三维实体的几何信息、拓扑信息以及其他的属性数据。通过实体的计算机内部模型，可以对该模型进行各种操作与分析处理，与物理模型相比具有方便、快捷、灵活和廉价等优点。

1. 实体的几何信息和拓扑信息

几何实体的处理需要考虑到构成这一实体的几何信息和拓扑信息。几何信息一般是指一个物体在三维欧氏空间中的形状、位置和大小，包括基本几何元素点、线、面、体等的信息，这些信息可以用几何分量来描述。如空间中的任意一个点可用 3 个坐标分量定义；任意一条直线可以用其两个端点的空间坐标定义；面可以是平面或曲面，其中平面可以用有序边棱线的集合来定义，曲面可以用解析函数或自由曲线参数方程来定义。这类信息作为几何模型的主要组成部分，可以用合适的数据结构进行组织并存储在计算机内，以供 CAD 系统处理和转换。

但是由于实体的各几何元素间具有一定的相关性，因此只用几何信息来表示空间实体时并不十分准确，常会存在实体表示上的二义性。如图 2.35 所示，由于理解的不同，图中 5 个顶点可以用两种不

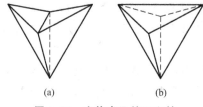

图 2.35 实体表示的二义性

同的方式进行连接,得到两种不同的实体模型。因此,为了保证描述物体的完整性和数学的严密性,必须同时给出几何信息和拓扑信息。

拓扑信息是指一个物体的拓扑元素的个数、类型以及它们之间的关系,根据这些信息可以确定物体表面的连接关系。任一实体都是由点、线、面、体等各种不同的几何元素构成,各元素间的相互连接关系构成了实体的拓扑信息。如果拓扑信息不同,即使几何信息相同,最终构成的几何实体也可能完全不同。它们之间的连接关系主要包括实体由哪些面组成、每个面上有几条边、每条边有几个顶点等。图 2.36 表示了多面体的拓扑元素顶点、边、面的 9 种连接关系。描述物体拓扑信息的根本目的是便于直接对构成物体的各面、边及顶点的参数和属性进行存取和查询,便于实现以点、边、面为基础的各种几何运算和操作。

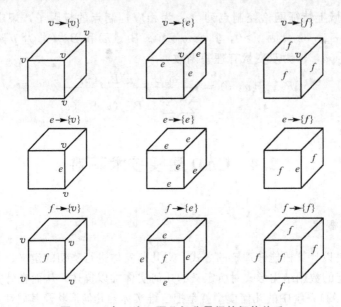

图 2.36　点、边、面几何分量间的拓扑关系

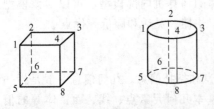

图 2.37　拓扑等价的两个实体

由于拓扑关系允许三维实体做弹性运动,这些运动使得三维实体上的点为不同的点,对于两个形状和大小不一的实体的拓扑关系可能恰好是等价的。如图 2.37 所示,这两个实体的几何信息是不同的,而其拓扑特性却是等价的。这说明,对几何建模方法来说,为了保证描述实体的完整性和数学的严密性,必须同时给出实体的几何信息和拓扑信息。

2. 几何建模技术的发展过程

在 CAD 系统中,几何建模技术经历了由简单的线框建模到三维曲面建模、由曲面建模到实体建模、由实体建模到三维参数化建模以及由三维参数化技术到三维变量化技术的 4 次飞跃,带来了 CAD 发展史上的四次技术革命。

早期的 CAD 系统以平面图形的处理为主,系统的核心是二维图形的表达。20 世纪 60 年代出现的最早的三维 CAD 系统所用到的数据模型是线框模型,用线框来表示三维物体,没有面和体的信息,不能有效表达几何数据间的拓扑关系。进入 20 世纪 70 年代,随着飞机和汽车工业的蓬勃发展，遇到了大量的自由曲面问题。法国雷诺汽车公司的工程师贝塞尔提出了贝塞尔算法，为曲面模型的CAD系统奠定了理论基础，同时法国达索飞机制造公司开发出三维曲面建模系统CATIA，首次实现用计算机完整描述产品零件的主要信息。曲面建模实现了几何建模技术的第一次飞跃。

由于曲面模型只能表达物体的表面信息，难以准确表达零件的其他特性，如质量、重心、惯性矩等，不利于CAE分析的前处理。基于对CAD/CAE一体化技术发展的探索，SDRC公司于1979年发布了世界上第一个完全基于实体建模技术的大型CAD/CAE软件I-DEAS。实体建模技术能够精确表达零件的全部属性，理论上有助于统一CAD、CAE、CAM的数据模型表示，因此，实体建模技术实现了CAD发展史上的第二次技术革命。

此时的建模技术都是无约束自由建模技术，这种技术的一个明显缺陷是无法进行尺寸驱动，不易实现设计与制造过程的并行作业。在这种情况下，原来倡导实体建模技术的一些人提出了参数化实体建模方法，并由PTC公司推出了Pro/E软件。参数化建模技术的特点是基于特征、全尺寸约束、全数据相关、尺寸驱动设计修改等。参数化建模技术是CAD技术发展史上的第三次技术革命。

但是，参数化建模技术也存在一些不足：首先，全尺寸约束的硬性规定干扰制约着设计者创造力和想象力的发挥；其次，如果在设计中关键的拓扑关系发生改变，失去了某些约束特征也会造成系统数据混乱。因此，SDRC公司在参数化建模技术的基础上提出了变量化建模技术，解决了欠约束情况下的参数化方程组的求解问题，推出了全新的基于变量化建模技术的I-DEAS Master Series软件。变量化技术既保持了参数化技术的原有优点，同时又克服了后者的许多不足之处。它的成功应用，为CAD技术的发展提供了更大的空间和机遇。变量化建模技术可以称得上是CAD技术发展史上的第四次技术革命。

2.4.2 三维几何建模技术

几何建模技术是研究在计算机中如何表达物体形状的技术，根据描述方法及存储的几何信息、拓扑信息的不同，三维几何建模技术可分为线框建模、表面建模和实体建模3种。

1. 线框建模

线框建模(Wire Frame Modeling)是CAD发展中应用最早的三维建模方法。线框模型是由一系列的点、线、圆弧及某些二次曲线组成，描述的是产品的轮廓外形。线框模型的数据结构是表结构，计算机存储的是该物体的顶点和棱边信息，将物体的几何信息和拓扑信息层次清楚地记录在顶点表及边表中。表2-3给出一个正方体的数据构成，它仅由顶点表和棱边表描述。线框建模结构简单、易于理解，是表面建模及实体建模的基础。但是由于采用线框建模所构造的实体模型只有离散的边，而没有边与边的关系，信息表达不完整，会对物体形状的判断产生多义性，如图2.38所示。

表 2-3(a) 顶 点 表

顶点	坐标值		
	x	y	z
1	0	0	1
2	1	0	1

(续表)

顶点	坐标值		
	x	y	z
3	1	1	1
4	0	1	1
5	0	0	0
6	1	0	0
7	1	1	0
8	0	1	0

表 2-3(b) 棱 边 表

棱	顶点序号		棱	顶点序号	
1	1	2	7	7	8
2	2	3	8	8	5
3	3	4	9	1	5
4	4	1	10	2	6
5	5	6	11	3	7
6	6	7	12	4	8

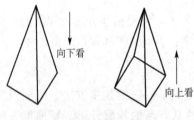

图 2.38 线框模型的多义性

2. 表面建模

表面建模(Surface Modeling)是通过对物体的各个表面或曲面进行描述的一种三维建模方法，主要适用于其表面不能用简单的数学模型进行描述的物体，如飞机、汽车、船舶等的一些外表面，家用电器、轻工产品的工业造型设计、服装的款式设计，自然景物模拟、地理资源的描述，以及科学计算中的直观显示等。

表面模型由于增加了面的信息，所以在提供三维实体信息的完整性、严密性方面，比线框模型进了一步，克服了线框模型的许多缺点，能够比较完整地定义三维实体的表面。另外，表面建模可以对物体做剖切面、面面求交、线面消隐、数控编程以及提供明暗色彩图形显示所需的表面信息等。但是，对于表面模型，由于面与面之间没有必然的关系，无法给出物体究竟在表面的哪一侧的明确定义，所描述的仅是物体的外表面，并没有切开物体并展示其内部结构，因此也就无法表示零件的立体属性，也无法指出所描述的物体是实心还是空心。

表面建模根据物体表面的不同可以分为平面建模和曲面建模两种。

平面建模是将物体表面划分成一系列多边形网格，每一个网格构成一个小的平面，用这一系列小的平面拼接起来逼近物体的实际表面，即构造出曲面实体的表面模型。在计算机内部，表面模型的数据结构仍是表结构，是在线模型的基础上增加了面的有关信息和连接指针，除了顶点表和棱边表之外，增加了面表结构。如果将图 2.39 作为表面模型的一个例子，则其数据结构如图 2.40 所示。

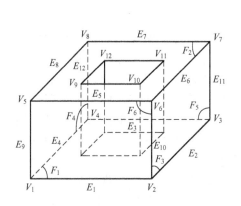

图 2.39 立方体的层次结构

面表

面号	边号	内环
F_1	$E_1\ E_2\ E_3\ E_4$	
F_2	$E_5\ E_6\ E_7\ E_8$	
…		
F_6	$E_1\ E_{10}\ E_5\ E_9$	

棱边表

边号	点号	内环
E_1	$V_1\ V_2$	
E_2	$V_2\ V_3$	
…		
E_{12}	$V_4\ V_8$	

顶点表

点号	x y z
V_1	$x_1\ y_1\ z_1$
V_2	$x_2\ y_2\ z_2$
…	…
V_6	

图 2.40 表面模型的数据结构

表面建模方法是在给出的离散点数据的基础上，利用混合函数在纵向和横向两对边界线间构造光滑过渡的曲面，使曲面通过或逼近离散点。目前应用最广泛的是双参数曲面，它仿照参数曲线的定义，将参数曲面看成是一条变曲线按某参数运动形成的轨迹。曲面建模中常见的参数曲面有贝塞尔(Bezier)曲面(见图 2.41)、B 样条曲面(见图 2.42)和非均匀有理 B 样条(NURBS)曲面(见图 2.43)等。

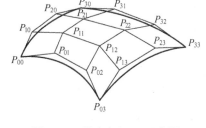

图 2.41 贝塞尔(Bezier)曲面

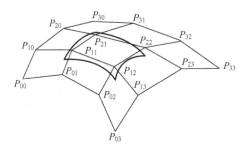

图 2.42 B 样条曲面

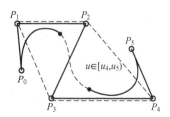

图 2.43 非均匀有理 B 样条(NURBS)曲面

3. 实体建模

实体建模(Solid Modeling)是利用一些基本体素，通过集合运算(布尔运算)或基本变形操作来构造复杂物体的一种建模技术，具有完整性、清晰性、准确性的特点。实体建模的数据结构不仅描述了全部几何信息，而且定义了所有点、线、面、体的拓扑信息。它与表面建模的不同之处在于能够通过表面法向矢量方便地确定表面的哪一侧存在实体。利用实体建模可以得到全面完整的实体信息，能够实现消隐、剖切、有限元分析、数据加工、实体着色、光照及纹理处理、物性计算等各种处理和操作。因此,实体建模已成为产品造型设计的核心技术。

实体建模主要包括两部分内容:一是基本实体的生成;二是基本实体之间的集合运算。

1) 实体的生成方法

基本实体的生成方法主要有体素法和扫描法。

(1) 体素法。体素法是通过基本体素的集合运算构造几何实体的建模方法。每一个基本体素都具有完整的几何信息,是真实且唯一的三维实体。体素法主要包括两方面的内容:一是基本体素的定义和描述;二是体素之间的集合运算。常用的基本体素有长方体、球、圆柱体、圆锥体、圆环、锥台等。体素间的集合运算主要有交(∩)、并(∪)、差(—)3种,如图2.44所示。

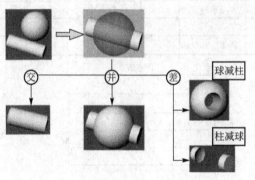

图 2.44 体素间的集合运算

(2) 扫描法。扫描法是将平面内的任意曲线进行"扫描"(拉伸、旋转等)形成复杂实体的方法。扫描法又分为平面轮廓扫描和整体扫描两种。平面轮廓扫描是利用平面轮廓在空间平移一个距离或绕一固定的轴线旋转生成实体的方法,如图2.45所示。整体扫描是定义一个三维实体为扫描基体,让此基体在空间运动生成实体的方法。运动可以是沿某方向的移动,也可以是绕某一轴线转动,或绕某一点的摆动,运动方式不同,生成的实体形状也不同,如图2.46所示。

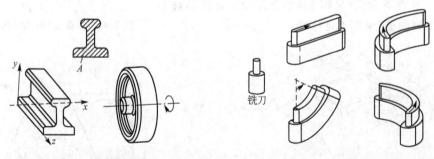

图 2.45 平面轮廓扫描法　　　　图 2.46 整体扫描法

2) 三维实体模型在计算机内部的表示方法

与线框模型、表面模型不同,三维实体模型在计算机内部存储的信息不是简单的边线和顶点的信息,而是比较完整地记录了生成实体的各个方面的数据。计算机内部描述三维实体模型的方法很多,常用的有边界表示法、几何体素构造法、混合模式、空间单元表示法、扫描变换法等。

(1) 边界表示法。边界表示法(Boundary Representation,B-Rep)是以物体边界为基础的定义和描述几何物体的方法。这种方法的基本思想是:一个物体可以通过它的边界(即面的子集)表示,而每一个面又通过边、边通过点、点通过3个坐标来定义。如

图 2.47 所示，边界模型的数据结构是网状关系，其核心信息是平面，而边构成了平面之间的关联。边的走向可标识平面的法线方向，因此某一个平面是内面还是外面很容易区分。

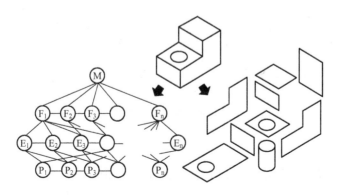

图 2.47 边界表示法结构

（2）几何体素构造法。几何体素构造法（Constructive Solid Geometry，CSG）是一种用简单几何物体构造复杂实体的建模方法，即用系统定义的体素，通过集合运算（交、并、差）进行实体造型。几何体素构造法的构造过程是树形结构。CSG 法可看成有序的二叉树，其中非终点结点表示各种运算，这种运算既可以是刚体的运动，也可以是交、并、差的集合运算。

CSG 法与 B-Rep 法的主要区别在于，计算机内部表示与物体的描述和生成顺序密切相关，即存储的主要是物体的生成过程。图 2.48 所示为同一物体的两种完全不同的 CSG 结构描述。

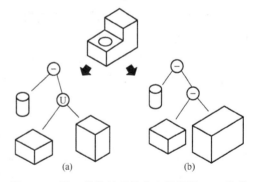

图 2.48 同一物体的两种完全不同的 CSG 结构

（3）混合模式。混合模式（Hybrid Model）方法是建立在边界表示法和几何体素构造法的基础上，在同一 CAD 系统中将两者结合起来，共同表示和描述三维实体。

B-Rep 法侧重面、边界的描述，在图形处理上具有明显的优势，尤其是探讨详细的几何信息时，其数据模型可以较快地生成线框模型或表面模型；CSG 法则强调过程，在整体形状定义方面精确、严格，但不具备构成实体的各个面、边界、点的拓扑关系，其数据结构简单。

将 B-Rep 法和 CSG 法结合起来，取各自的特点，在系统中对实体进行描述，从而产生了混合模式。在混合模式中，CSG 法作为系统外部模型，B-Rep 法作为系统内部模型。CSG 法做用户接口，方便用户输入数据、定义体素及确定集合运算类型，计算机内部则采用 B-Rep 数据模型，以便存储实体更详细的信息，类似在 CSG 树结构的结点上扩充边界法的数据结构（见图 2.49），以便达到实现快速图形显示的目的。

混合模式是在 CSG 基础上的逻辑扩展，起主导作用的是 CSG 结构，结合 B-Rep 法的优点，可以完整地表达物体的几何、拓扑信息，便于构造产品模型，使造型技术前进了一步。

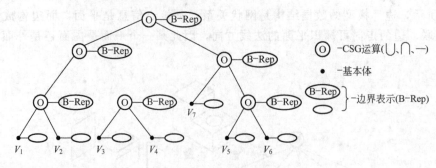

图 2.49 混合模式结构

4. 参数化建模

常规的实体造型系统所构造的几何实体具有确定的形状与尺寸，一旦建立，即使结构相似，想改变形状和尺寸也只能重新构造。而采用参数化建模技术和变量化建模技术构造的实体模型，只要通过修改其造型参数就可以方便地改变物体的形状和尺寸。

参数化建模是由编程者预先设置一些几何图形约束，然后供设计者在建模时使用。具有基于特征、全尺寸约束、尺寸驱动设计修改、全数据相关等技术特点。

参数化建模技术彻底克服了自由建模的无约束状态，几何形状均以尺寸的形式牢牢地控制住。如打算修改零件形状时，只需编辑一下尺寸数值即可实现形状上的改变。尺寸驱动已成为当今建模系统的基本功能。工程关系，如质量、载荷、力、可靠性等关键设计参数，不能作为约束条件直接与几何方程建立联系，需要另外的处理手段。

5. 变量化建模

变量化建模技术是在参数化建模技术的基础上的改进，保留了参数化技术基于特征、全数据相关、尺寸驱动设计修改的优点，但在约束定义方面做了根本性的改变，将参数化技术中需要定义的尺寸"参数"进一步区分为形状约束和尺寸约束。在新产品开发的概念设计阶段，设计者首先考虑的是设计思想及概念，并将其体现于某些几何形状之中，而几何形状的准确尺寸和各形状之间的严格的尺寸定位关系，在此阶段还很难完全确定，所以应允许欠尺寸约束的存在。此外在设计初始阶段，整个产品的尺寸基准及参数控制方式还很难决定，只有当获得更多具体概念时，才能确定最佳方案。除考虑几何约束外，变量化设计还可以将工程关系作为约束条件直接与几何方程联立求解，无须另建模型处理。

变量化技术是一种设计方法。它将几何图形约束与工程方程耦合在一起联立求解，以图形学理论和强大的计算机数值解析技术为设计者提供约束驱动能力。参数化技术是一种建模技术，应用于非耦合的几何图形和简易方程的顺序求解，为设计者提供尺寸驱动能力。两种技术都属于基于约束的实体建模系统，都强调基于特征的设计、全数据相关，并可实现尺寸驱动设计修改，也都提供方法与手段来解决设计时所必须考虑的几何约束和工程关系等问题。从技术的理论深度上来说，变量化技术要比参数化技术高一个档次。两种技术的最根本的区别在于是否要全约束以及以什么形式来施加约束。两种技术的应用领域亦由于技术上的差异而不同。除去双方重叠的常规用户外，参数化技术的主要用户多集中于零配件和系列化产品行业；变量化技术主要用户多集中在整机、整车行业，侧重产品系统级的设计开发。

2.4.3 特征建模技术

三维线框模型、曲面模型和实体模型只提供了三维物体的几何信息和拓扑信息，称为几何建模，产品的几何模型尚不足以驱动产品生命周期的全过程。任何产品在设计、制造过程中，不仅需要提供结构形状、公称尺寸等几何信息，还需要提供加工过程中所需要的尺寸公差、几何公差、粗糙度、材料性能、技术要求等极为重要的非几何信息。因此，几何模型对产品的描述是不完整的。为提高产品生产组织的集成化和自动化程度，促使CAD、CAE、CAPP和CAM向集成化方向发展，要求由几何模型向集成产品模型过渡。特征建模（Feature Modeling）技术是建立集成产品模型的一种重要方法，是实现CAD/CAM集成的一项关键技术，它克服了传统的几何建模的局限性，面向整个产品的设计过程和制造过程，能完整地、全面地描述零件生产过程的各个环节的信息以及这些信息间的关系。

1. 特征的定义和分类

特征是根据其应用形式进行定义的，不同的应用形式形成了不同的特征定义。例如，在物体的建模方面，特征是一组具有特定关系的几何元素或拓扑元素；而在加工方面，特征则被定义为与加工操作和工具有关的零部件形式以及技术特性。以下是几个主要特征的定义：

（1）将设计、分析、计算和加工中使用的几何元素或拓扑元素重新组织，形成更为方便的设计与加工实体。

（2）具有一定的几何模式，并对应特定机械功能的零件或部件。

（3）产品模型中的一组相关元素，这些元素遵从一系列识别与分类规则，并在产品生命周期中作为具有一定功能的独立实体。

（4）在设计、加工、装配等过程中，进行推理所需的有关零件形状和某些属性的信息集合。

（5）机械零件的高级语言或表示方式中的基本元素。

（6）包括材料类型、功能及其他描述信息的零件特性。

所谓特征，是一组具有特定属性的实体。以上罗列的几个定义虽然存在差异，但均反映了一个实际工程中零部件的特定几何形状和特定加工的功能要求，同时为工程技术人员提供了高层次的设计方法和CIMS中其他系统的设计意图和手段。特征的引入使造型系统大大提高了设计效率和质量，同时也消除了CIMS各子系统之间的信息孤立情形。

在具体应用中，不同的应用方法会产生不同的特征分类标准。根据零部件的功能，可分为形状特征、精度特征、材料特征、技术特征等；根据零部件的设计方法，可分为表面特征、形变特征、挤压特征、过渡特征、提拉特征等；根据零部件整个生命周期，可分为设计特征、加工特征、公差及检测特征、装配特征等。

好的特征分类应包括表示、处理等，应该有助于对特征进行进一步深入的研究。为了实际应用中的方便，可采用以下基于特征的分类标准：

（1）形状特征。描述一定工程意义的功能几何形状信息，它具有特定的功能和加工方法集。形状特征是零件特征分类中的主要特征，是构造零件形状的基本单元，且具有一定的制造意义。

(2) 精度特征。用于描述零件的几何形状、尺寸的许可变动量的信息几何,包括公差和表面粗糙度等。

(3) 管理特征。与零件管理有关的信息集合,包括零件的总体类型、零件名称、材料、图号、生产批量等管理信息以及未标注的公差、未标注的粗糙度和总体热处理要求等总体技术信息。

(4) 技术特征。用于描述零件的性能和技术要求等的信息集合。

(5) 材料特征。用于描述零件材料和热处理有关的信息集合,如材料性能、热处理方式、硬度值等。

(6) 装配特征。用于描述零件在装配过程中需使用的信息集合,如装配体中各零件的相对位置关系、公差与配合、传动关系、动力学关系等。

2. 特征建模技术的实现

特征概念包含丰富的工程意义,所以利用特征的概念进行设计是实现设计与制造集成的一种行之有效的方法。特征识别是建立在几何模型上,通过人工交互或自动识别算法进行特征的搜索、匹配。基于特征的设计是直接采用特征建立产品模型,即特征建模。实现特征的具体方法如下:

(1) 对于基本形状特征,可以直接采用根据参数建立拓扑、几何信息的方法,如拉伸类特征、旋转类特征、扫描类特征、混合类特征。这类似于几何造型系统中的基本体元的几何、拓扑结构的建立。

(2) 对于附加形状特征,尽可能采用局部修改技术直接修改原有的拓扑、几何结构。

(3) 对不易采用方法(2)的附加形状特征,尽可能分别构成基本形状特征和附加形状特征。

(4) 对不易采用方法(1)、(2)、(3)的特征,可采用布尔运算实现,但显示操作仍为特征造型而不是布尔运算。

3. 特征建模的特点

特征建模着眼于表达产品完整的技术和生产管理信息,且这种信息涵盖了与产品有关的设计、制造等各个方面,为建立产品模型统一的数据库提供了技术基础。其特点主要概括为以下几个方面:

(1) 特征建模使产品的设计工作不停留在底层的几何信息基础上,而是依据产品的功能要素,如键槽、螺纹孔、均布孔、花键等,起点在比较高的功能模型上。特征的引用不仅体现设计意图,也直接对应加工方法,以便于进行计算机辅助工艺过程设计并组织生产。

(2) 特征建模以计算机能够理解的和能够处理的统一产品模型代替传统的产品设计、工艺设计、夹具设计等各个生产环节的连接,使得产品设计与原来后续的各个环节并行展开,系统内部信息共享,实现真正的 CAD/CAPP/CAM 的集成,且支持并行工程。

(3) 有利于实现产品设计和制造方法的标准化、系列化、规范化,使得产品在设计时就考虑加工、制造要求,保证产品有较好的工艺性及可制造性,有利于降低产品的生产成本。

小　　结

本章主要讲述 CAD 技术的通用理论与方法，包括 CAD 中常用的数据结构，图形的处理技术，常用的曲线和曲面的数学模型以及几何建模技术和特征建模技术。

数据结构有逻辑上的数据结构和物理上的数据结构之分，常见的数据逻辑结构有线性表、数组、栈与队列、树与二叉树等。

图形处理技术主要包括图形变换技术、坐标变换技术、图形裁剪技术和图形消隐技术。图形变换是将图形的几何信息经过几何变换后产生新的图形，包括二维、三维图形的几何变换和三维图形的投影变换；坐标变换是指各种显示、输出坐标系统之间的变换，包括世界坐标系、局部坐标系、观察坐标系、设备坐标系和规格化的设备坐标系等；对一个图形的裁剪过程就是逐个判断构成图形的基本元素是否在指定的区域内的过程，直线段的裁剪是图形裁剪的基础；消隐问题常用的算法主要分为物体空间算法和图像空间算法两大类。

常用的曲线和曲面数学模型包括：贝塞尔曲线和曲面、B 样条曲线和曲面、非均匀有理 B 样条曲线和曲面等。

CAD 建模技术主要包括几何建模技术和特征建模技术，而几何建模技术又经历了从线框建模、表面建模、实体建模到参数化建模、变量化建模技术的发展过程。特征建模技术克服了几何模型不能驱动产品全生命周期过程的局限性，为建立产品模型统一的数据库提供了技术基础。

习　　题

1. 什么是数据结构？简述常用的数据结构类型及其特点。
2. 简述二维图形变换的基本原理、方法、种类。
3. 何为投影变换？简述投影变换的种类及其各自的特点。
4. 何为几何建模技术？为何在几何建模中必须同时给出几何信息和拓扑信息？
5. 三维几何建模技术有哪几种方法？各自的特点是什么？
6. 实体建模的方法有哪些？
7. 试述实体建模中 3 种常用的计算机内部描述方法，其特点是什么？
8. 简述参数化建模与变量化建模技术的异同点。
9. 什么是特征？与实体建模相比，特征建模有何优点？

第3章
二维草图绘制基础

教学要点

能力目标	知识要点	权重	自测分数
掌握草绘的基本概念	包括草绘中常用的一些术语，草绘环境的进入和设置	20%	
掌握草绘的创建方法	包括几何线条的绘制、标注和修改，约束的使用，尺寸数值的编辑方法等	40%	
掌握草图创建的技巧及应用实例	包括几何线条的绘制，尺寸的标注、修改，约束的使用，几何线条的编辑以及尺寸约束冲突时的解决方法等内容	40%	

3.1 草绘工作界面

本节主要介绍草绘中常用的术语,进入草绘环境的方法,草绘工作界面,草绘环境的设置以及草绘器颜色的设置。

3.1.1 草绘术语

草绘中常用的术语如下:

(1) 图元:指草绘环境中的任何元素,包括直线、圆弧、圆、样条线、点和坐标系等。

(2) 约束:定义图元几何或图元间关系的条件。约束符号出现在应用约束的图元旁边。如:可以约束两条直线垂直,这时会出现一个垂直约束符号。

(3) 参数:草绘中的辅助元素,用来定义草绘的形状和尺寸。

(4) 参照图元:指创建特征截面或轨迹时所参照的图元。

(5) 弱尺寸或弱约束:弱尺寸或弱约束是由系统自动创建的尺寸或约束,在没有确定的约束关系时系统可以自动删除它们。弱尺寸或弱约束是以灰色显示的。

(6) 强尺寸或强约束:强尺寸或强约束是由用户创建的尺寸和约束,系统不能自动删除的尺寸或约束。如果几个强尺寸或强约束发生冲突,系统会要求删除其中一个。强尺寸或强约束以较深的颜色显示。

3.1.2 进入草绘环境

在 Pro/E Wildfire 3.0 中,所有的草绘工作都是在草绘环境下完成的。可以通过两种方式进入草绘环境。

1. 新建草绘文件,进入草绘界面

具体操作步骤如下:

(1) 启动 Pro/E 系统,进入初始界面之后,选择【文件】→【新建】命令或单击 【新建】按钮,系统弹出【新建】对话框。

(2) 在【类型】选项组中选择【草绘】单选按钮。输入文件名或默认系统文件名,单击【确定】按钮后即进入草绘界面,如图 3.1 所示。

注意:在此模式下只能进行二维截面的绘制,并保存扩展名为 .sec 的文件,以供其后的实体或曲面模型设计时取用。

2. 由三维设计模块进入截面绘制界面

(1) 在零件或装配环境中,单击工具栏中的 【草绘工具】按钮,系统弹出【草绘】对话框,此时对话框默认打开的是【放置】选项卡,如图 3.2 所示。

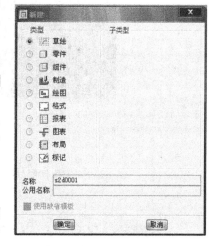

图 3.1 【新建】对话框

汽车CAD技术及Pro/E应用

（2）在建立基本特征时，比如拉伸特征，单击工具栏中的【拉伸】按钮，在窗口下方弹出拉伸特征操控面板，单击操控面板中的【放置】按钮，弹出如图3.3所示的【草绘】对话框，单击【定义】按钮，系统弹出草绘【放置】选项卡，设置相应的草绘平面和草绘方向，单击【草绘】按钮，即可进入草绘环境。

图3.2 草绘【放置】选项页　　　　　　图3.3 【草绘】对话框

进入草绘环境后，其绘制工作界面如图3.4所示。此时在菜单栏中多了【草绘】菜单，工具栏中多了【草绘】和【草绘器】工具栏，分别如图3.5、图3.6、图3.7所示。

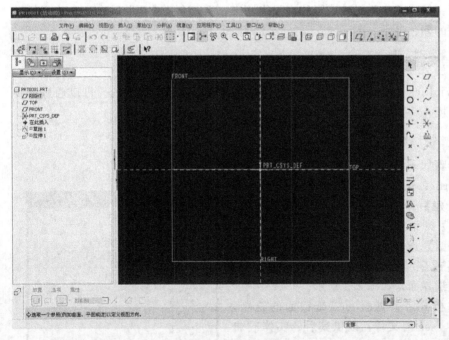

图3.4 草绘工作界面　　　　　　　　　　　　图3.5 草绘菜单管理器

图3.6 【草绘】工具栏

76

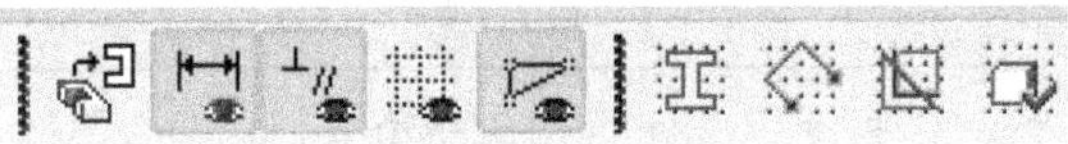

二维草图绘制基础 第3章

图 3.7 【草绘器】工具栏

3.1.3 工具栏图标介绍

【草绘器】和【草绘】工具栏中各按钮图标及功能见表 3-1 和表 3-2。

表 3-1 【草绘器】工具栏中按钮的功能

图标	名　　称	功　　能
	草绘方向	定向草绘平面，使其与屏幕平行
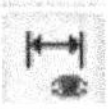	切换尺寸显示的开关	控制尺寸显示
	切换约束显示的开关	控制约束显示
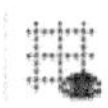	切换栅格显示的开关	控制栅格显示
	切换截面顶点显示的开关	控制截面顶点显示
	着色的封闭环	对草绘图元的封闭链内部着色
	加亮开放端点	加亮不为多个图元共有的草绘图元的顶点
	重叠几何	加亮重叠几何图元的显示

表 3-2 【草绘】工具栏中按钮的功能

图标	功　　能	图标	功　　能
	选取图元，通常一次只能选一个，按住 Ctrl 键，可以选择多个图元		在两图元间创建一个椭圆形圆角
	绘制与另外两个图元相切的直线		创建点
	绘制矩形		通过实体边界创建图元
	绘制同心圆	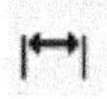	标注图形尺寸
	绘制与另外3个图元相切的圆		添加约束
	通过3点或通过在其端点与图元相切端绘制圆弧		添加已有常见图形
	通过确定圆心和端点来绘制圆弧		将图元裁剪为其他图元
	绘制一锥形线		镜像图元

77

(续表)

图标	功能	图标	功能
╲	绘制直线	～	创建样条曲线
┆	绘制中心线	⊥	创建坐标系
○	绘制圆	⊡	通过偏移实体边界创建图元
◯	选取位于圆上的 3 个点绘制圆	⇉	修改尺寸值、样条几何或文本图元
○	绘制椭圆	A	创建文本
⌒	绘制与其他圆弧同心的圆弧	✂	动态修剪图元
✶	绘制与另外 3 个图元相切的圆弧	⌐	分割图元
⌐	在两图元间创建一个圆角	⟳	缩放及旋转

3.1.4 草绘环境的设置

选择【草绘】→【选项】命令，会打开图 3.8 所示的【草绘器优先选项】窗口，用户可以设置草绘的环境。

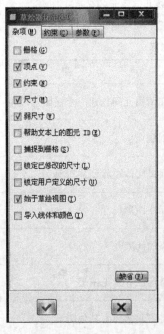

(a)【杂项】选项卡

(b)【约束】选项卡

(c)【参数】选项卡

图 3.8 【草绘器优先选项】窗口

1. 【杂项】选项卡

控制草绘环境中的各种显示，选中各个复选框，与之对应的功能就会显示，反之隐藏，如图3.8(a)所示。

2. 【约束】选项卡

利用【约束】选项卡，可以控制草绘器设定的约束，如图3.8(b)所示。

3. 【参数】选项卡

【参数】选项卡用于设置草绘环境中一些重要参数，如图3.8(c)所示。

3.1.5 草绘器颜色的设置

选择【视图】→【显示设置】→【系统颜色】命令可以弹出图3.9所示的【系统颜色】对话框，通过该对话框可以修改各种颜色。

图3.9 【系统颜色】对话框

3.2 几何线条的绘制方法

本节将介绍几何线条的绘制，包括直线、矩形、圆、圆弧、圆角等基本几何图元的绘制方法和技巧。掌握了这些方法和技巧，并能灵活运用就可以绘制出复杂的截面图形。

3.2.1 直线

1. 绘制直线

单击【草绘】工具栏中的 ╲【线】按钮后面的 ▾ 下拉三角按钮，系统弹出下拉菜单；或选择【草绘】→【线】→【线】命令，系统将弹出图3.10所示的【线】菜单，利用各个按钮或命令可以绘制各种直线或中心线。

【线】按钮与【线】命令用于绘制特征的各种几何线条，通常都用实线显示。单击 ╲【线】按钮，或选择【草绘】→【线】→【线】命令，系统将在信息提示区提示用户依次选取直线的起点与终点。此时在绘制窗口单击，确定直线的起始位置，然后将鼠标指针移动到合适的位置再单击确定直线的终点，最后单击鼠标中键，即可完成直线的绘制，如图3.11所示。

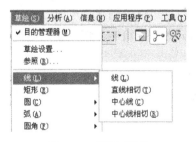

图3.10 【线】菜单   图3.11 水平线

直线可以是水平或竖直的,也可以是任意角度倾斜的。当鼠标指针拖着直线变为水平或者垂直时,会在直线旁边出现一个 H 或 V,表示水平或垂直状态,这时就可以绘制出水平或垂直的直线。

2. 绘制中心线

中心线用来定义旋转特征的旋转轴,或定义剖面内的对称直线,是无限延伸的直线。

单击【草绘】工具栏中的 \【线】按钮后面的 下拉三角按钮,在下拉菜单中单击 【中心线】按钮,或选择【草绘】→【线】→【中心线】命令,即可调用【中心线】命令,如图 3.10 所示。

3. 绘制切线

在【草绘】工具栏中单击【线】按钮 \ 后面的 下拉三角按钮,在下拉菜单中单击 \【直线相切】按钮,或选择【草绘】→【线】→【直线相切】命令。

在已经存在的弧或圆上选择一个起始位置,如图 3.12 所示,在另外的弧或圆上选择一个结束位置,定义两点后,单击鼠标中键结束该命令,绘制出与两圆相切的直线,如图 3.13 所示。

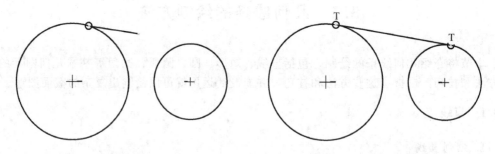

图 3.12　确定起始位置　　　　　　图 3.13　绘制两圆切线

3.2.2　矩形

在 Pro/E Wildfire 3.0 中,可以通过指定矩形对角线的起点与终点绘制一个具有垂直于水平边界的矩形。

具体步骤如下:

单击【草绘】工具栏中 □【矩形】按钮,或者选择【草绘】→【矩形】命令,或者通过在"草绘器"中右击并选取【矩形】来创建矩形。创建矩形时,依次单击以确定矩形对角线的起点和终点,最后单击鼠标中键完成矩形的绘制操作,如图 3.14 所示。

说明:

(1) 四条直线是相互独立的。

(2) 可以逐个删除、修剪和对齐每条直线。

(3) 使用中心线创建对称矩形,如图 3.15 所示。

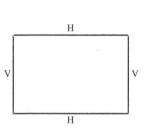

图 3.14　绘制矩形　　　　图 3.15　草绘对称矩形

3.2.3　圆

圆可以用来表示柱、轮、轴、孔等截面。在 Pro/E Wildfire 3.0 中，提供了多种绘制圆的方法，其工具条如图 3.16 所示。

图 3.16　【圆】工具条

1．绘制中心圆

使用【圆心与点】命令可以绘制一个由圆心和点确定的圆。

单击 〇【圆】按钮，或选择【草绘】→【圆】→【圆心与点】命令，或通过在【草绘器】中右击并选取【圆】来创建圆。在绘图窗口中选中一点作为圆的圆心，然后移动鼠标指针到合适的位置，选取另一点作为圆的半径，即可绘制出一个圆，如图 3.17 所示，最后单击鼠标中键完成中心圆的绘制。

2．绘制同心圆

同心圆是通过选择一个参照元或者一段圆弧的圆心为中心点所创建的圆。

在【草绘】工具栏中单击【圆】按钮后面的下拉按钮，在弹出的下拉菜单中单击 ◎【同心圆】按钮，或选择【草绘】→【圆】→【同心圆】命令，即可创建同心圆，如图 3.18 所示。

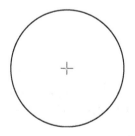　　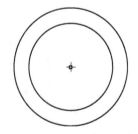

图 3.17　草绘中心圆　　　　图 3.18　草绘同心圆

3．通过 3 点绘制圆

单击 〇【3 点绘制圆】按钮，或选择【草绘】→【圆】→【3 点】命令，然后在绘制窗口依次选中 3 个点，即可绘制一个圆，如图 3.19 所示，最后单击鼠标中键完成操作。

4．绘制与 3 个图元相切的圆

单击 〇【3 相切圆】按钮，或选择【草绘】→【圆】→【3 相切】命令，然后依次选择 3 个图元即可绘制一个与之相切的圆，如图 3.20 所示，最后单击鼠标中键完成操作。

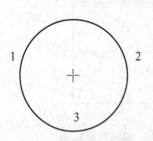

图 3.19 通过 3 点绘制圆

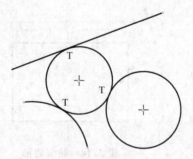

图 3.20 绘制与 3 个图元相切的圆

5. 绘制椭圆

单击 ⬭【椭圆】按钮,或选择【草绘】→【圆】→【椭圆】命令,然后在绘制窗口单击一点作为椭圆的中心,移动鼠标指针调整椭圆的形状和大小,单击即可绘制一个椭圆,如图 3.21 所示,最后单击鼠标中键完成操作。

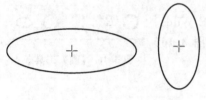

图 3.21 绘制不同形状的椭圆

3.2.4 圆弧

圆弧的绘制可以由起点、终点和切点等控制点来确定。绘制圆弧有多种方法。

1. 通过 3 点/相切端绘制圆弧

单击【草绘】工具栏中的【3 点/相切端】⌒ 按钮,或选择【草绘】→【弧】→【3 点/相切端】命令,也可以在草绘器中右击并在弹出的快捷菜单中选择【3 点/相切端】命令,在草图绘制区选取一点作为圆弧的起点,选取第二点作为圆弧的终点,此时会出现一个随鼠标指针移动的圆弧,然后再选取一点,即可绘制一条圆弧,如图 3.22 所示,最后单击鼠标中键完成操作。

2. 绘制同心圆弧

在【草绘】工具栏中单击【圆弧】按钮后的按钮 ▾,在弹出的下拉菜单中单击 ⌒【同心圆弧】按钮,或选择【草绘】→【弧】→【同心】命令,在草绘区选择参照圆或圆弧,即可出现一个虚线圆,将其移动至合适的位置,选取一点作为圆弧起始点开始绘制圆弧,以逆时针或顺时针方向再选取一点作为圆弧终点,即可绘制圆弧,如图 3.23 所示,最后单击鼠标中键完成操作。

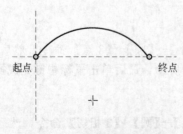

图 3.22 通过 3 点绘制圆弧

图 3.23 绘制同心圆弧

3. 通过圆心和端点绘制圆弧

单击 【圆心与端点】按钮，或选择【草绘】→【弧】→【圆心与端点】命令，在草绘区单击指定圆弧的中心点，此时在绘图区域会出现一个随鼠标指针移动的虚线圆，如图3.24(a)所示。然后单击确定圆弧的起始点，移动鼠标指针到合适的位置再单击确定终点，即可绘制出一条圆弧，如图3.24(b)所示，最后单击鼠标中键完成操作。

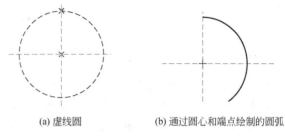

(a) 虚线圆　　　　(b) 通过圆心和端点绘制的圆弧

图3.24　通过圆心和端点绘制圆弧

4. 绘制与3个图元相切的圆弧

单击 【3相切】按钮，或选择【草绘】→【弧】→【3相切】命令，然后依次选取3个图元(如直线、圆、圆弧)，即可绘制一条与之相切的圆弧，如图3.25所示。在选择了两个相切点之后，会出现一个与所选两图元相切并随鼠标指针移动的圆弧，当鼠标指针移至第三相切图元时，系统会自动捕捉相切点，单击即可绘出相切弧线，最后单击鼠标中键完成操作。

5. 绘制圆锥线

单击 【圆锥线】按钮，或选择【草绘】→【弧】→【圆锥】命令，在草绘区单击选取圆锥线的第一个端点，在合适的位置选择圆锥的第二个端点，这时会出现一条连接两端点的参考线和一段虚线圆锥曲线，如图3.26所示，同时连接两端点的一条弧线粘附在鼠标指针上。移动鼠标，在适当位置单击，确定圆锥弧的锥点，单击鼠标中键完成操作。

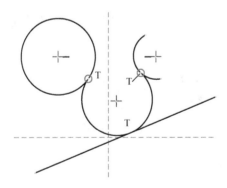

图3.25　绘制与3个图元相切的圆弧　　　　图3.26　绘制圆锥线

3.2.5　样条曲线

单击 【样条曲线】按钮，或选择【草绘】→【样条】命令，在草绘区单击，向该样条添加点，在窗口选择一点就会出现一样条曲线，并随鼠标指针的移动而变化，重复以上步骤添加其他的样条点，直到添加完所有的点。单击鼠标中键完成操作，如图3.27所示。

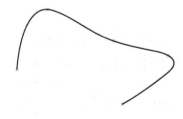

图3.27　绘制样条曲线

3.2.6 圆角

绘制圆角有 3 种方法供选择，即在菜单栏中选择【草绘】→【圆角】命令，或者单击【圆角】工具按钮，还可以在绘图区右击，在弹出的快捷菜单中选择【圆角】命令。创建圆角有两种类型：圆形和椭圆形。

1. 绘制"圆形"倒角

单击工具栏中的 【圆角】图标，或在菜单栏中选择【草绘】→【圆角】→【圆形】命令，也可右击，在弹出的快捷菜单中选择【圆角】命令。

选取要倒角的第 1 条边（或者圆弧），在适当位置单击（倒角半径与选取的点有关）；选取要倒角的第 2 条边（或者圆弧），单击；单击中键完成操作，如图 3.28 所示。

2. 绘制椭圆角

在菜单栏中选择【草绘】→【圆角】→【椭圆形】命令或者单击工具栏中的 【圆角】图标。选取要倒角的第 1 条边倒角点，单击（长短位置与选取的点有关）；选取要倒角的第 2 条边倒角点，单击；单击中键完成操作，如图 3.29 所示。

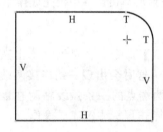
图 3.28　绘制圆角

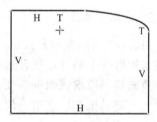
图 3.29　椭圆形圆角

3.2.7 点和坐标系

单击【草绘】工具栏中的 【点】按钮或选择【草绘】→【点】命令，然后在绘图区单击即可定义一个点。

单击【草绘】工具栏中的 【坐标系】按钮，或选择【草绘】→【坐标系】命令，在绘图区合适的区域单击即可定义一个坐标系。

3.3　文本的绘制

本小节主要讲述文本的绘制方法。

文本用于在指定的位置产生文字。要创建文本，单击工具栏中的 【文本】图标，或者在菜单栏中选择【草绘】→【文本】命令，在绘图区由下至上选择两点，系统将两点连成一条直线，并通过直线的方向和长度自动判断文本的放置方向和高度，然后自动弹出【文本】对话框。在【文本行】文本框中输入要显示的文字，例如"欢迎使用 Pro/ENGINEER"，如图 3.30 所示，然后单击【确定】按钮即可创建文字。

图 3.30　创建的文本

对话框中各选项的含义如下：

(1) 文本行：【文本行】选项组分为【文本框】和【文本符号】两项。【文本框】用于用户输入文本。单击【文本符号】按钮，系统弹出【文本符号】对话框，单击【文本符号】对话框内的符号即可将该符号添加到文本框内。

(2) 字体：【字体】选项组分为字体、位置、长宽比和斜角 4 项。

① 字体：用于设置插入字体的类型。用户可以从右侧的下拉列表框中选择字体类型。

注意：用户除了可以使用 PTC 公司设计的字体以外，同样可以使用 True Type 字体。用户只要在 Windows 系统中安装了这些字体，就可以在【文本】对话框的【字体】下拉列表框中选取这些字体。

② 位置：用于设置字体的放置位置。用户可以分别设置文本的水平和垂直放置位置，其水平又可分为左边、中心和右边；垂直分为顶部、中间和底部。

③ 长宽比：设置文本的长宽比。用户可以在其右侧文本框中输入数字或拖动右侧的滑块来调整长宽比，长宽比的调整范围为 0.1～10.0。

④ 斜角：用于设置文字的倾斜角度和方向。用户可以通过在右侧输入数字或者拖动滑块来调节完成斜角的设置，角度值的调节范围为 －60.00～60.00。角度为正时，文字向顺时针方向倾斜；角度为负时，文字向逆时针方向倾斜；角度为零时，文字不倾斜。

(3) "沿曲线放置" 和 "方向"：用于调整文本的放置位置，用户可以选择一条曲线作为文本的放置位置，系统将自动以曲线的位置和形状调整文本，如图 3.31 所示。单击 【方向】图标，则文本会反向布置。

注意："方向" 功能只有在应用 "沿曲线放置" 功能时才起作用。

图 3.31　沿曲线创建的文本

3.4　草绘器调色板

本小节主要讲述草绘器调色板的使用方法。

草绘器调色板的功能是 Pro/E Wildfire 3.0 的新增功能,通过该功能可以调用系统提供的几何图元进入二维草图。

单击工具栏中的 【添加已有常见图形】,或者在菜单栏中选择【草绘】→【数据来自文件】→【调色板】命令,系统弹出【草绘器调色板】窗口,如图 3.32 所示。选取所需图形之后双击,在窗口上面出现一个该图形的缩略图,然后在绘图区合适的位置单击,则该图元显示在绘图区中,同时弹出【缩放旋转】对话框,如图 3.33 所示,可以设置图形比例和旋转角度。

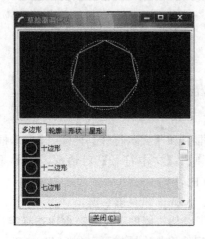

图 3.32 【草绘器调色板】窗口

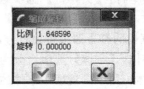

图 3.33 【缩放旋转】对话框

图 3.32 所示的窗口中各标签含义如下:
(1) 多边形:设置调用的图元为多边形。
(2) 轮廓:设置调用的图元为形状轮廓,包括 C 形轮廓、I 形轮廓、L 形轮廓和 T 形轮廓等。
(3) 形状:设置调用的图元为常用外形,包括十字形、椭圆形、跑道形和圆弧等。
(4) 星形:设置调用的图元为星形图元,包括三角形、四角形、五角形和六角形等。

3.5 标注尺寸

本节将介绍尺寸标注的方法。

在绘制截面的任何阶段,Pro/E 系统都会约束和标注该截面,当草绘某一截面时,系统会自动标注几何图元,系统自动产生的这些尺寸称为"弱尺寸"。系统在自动创建和删除它们时并不会给予警告,用户不能手动删除,弱尺寸显示为灰色。用户也可以按设计意图增加自己的尺寸来创建所需的标注布置。用户标注的尺寸系统默认为是"强尺寸"。增加强尺寸时,系统自动删除不必要的弱尺寸和约束。在绘图窗口中,系统会高亮显示用户定义的尺寸。

单击【草绘】工具栏中的【尺寸】按钮,或选择【草绘】→【尺寸】命令中的子命令即可对尺寸进行不同的标注。其中,"垂直"选项用于创建定义尺寸,"参照"选项用于创建参照尺寸,"基线"选项用于创建一条纵坐标尺寸基准线,"解释"选项用于解释尺寸。

3.5.1 线性标注

1. 线段长度

选择【草绘】→【尺寸】命令，单击直线，或分别单击线段的两个端点，然后将鼠标指针移动到合适的位置单击鼠标中键就可以标注线段的长度，如图3.34所示。

2. 点到线的距离

选择【草绘】→【尺寸】命令，依次单击点与直线，然后将鼠标指针移动到合适的位置单击鼠标中键就可以标注点到线的距离，如图3.35所示。

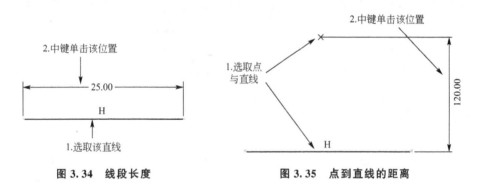

图3.34 线段长度　　　　　　　　图3.35 点到直线的距离

3. 线到线的距离

选择【草绘】→【尺寸】命令，依次单击两条直线，然后将鼠标指针移动到合适的位置单击鼠标中键就可以标注线到线的距离，如图3.36所示。

4. 点到点的距离

选择【草绘】→【尺寸】命令，依次选择两点，然后将鼠标指针移动到合适的位置单击鼠标中键就可以标注点到点的距离，如图3.37所示。

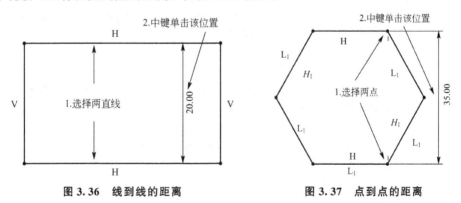

图3.36 线到线的距离　　　　　　　图3.37 点到点的距离

3.5.2 圆和圆弧尺寸标注

1. 半径

选取圆或圆弧，然后单击鼠标中键指定尺寸参数的放置位置，即可标注半径，如

图3.38所示。

2. 直径

双击圆周，然后单击鼠标中键指定尺寸参数的放置位置，即可标注直径，如图3.39所示。

3. 旋转剖面的直径

单击旋转剖面的圆柱边线，然后单击中心线，再单击旋转剖面的圆柱边线，最后单击鼠标中键指定尺寸参数的放置位置，即可标注旋转剖面的直径，如图3.40所示。

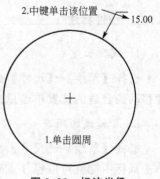

图3.38 标注半径

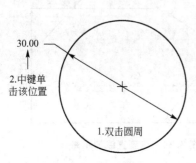

图3.39 标注直径

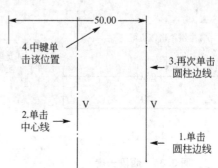

图3.40 标注旋转剖面的直径

3.5.3 角度标注

角度尺寸标注包括两条直线之间的夹角标注和圆弧的圆心角标注。

1. 两条直线之间夹角的标注

单击【标注尺寸】按钮，或选择【草绘】→【尺寸】命令，单击两条直线的任意位置，在适当位置单击鼠标中键放置尺寸，如图3.41所示。

注意：在直线角度标注中，中键单击位置影响标注尺寸的性质，如果鼠标中键单击位置选在两条直线的外侧，则标注的是钝角尺寸。

2. 圆弧的圆心角标注

单击【标注尺寸】按钮，或选择【草绘】→【尺寸】命令，先后单击圆弧两端点和圆弧，在适当位置单击鼠标中键放置尺寸，如图3.42所示。

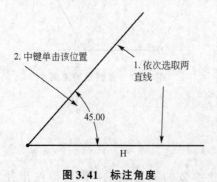

图3.41 标注角度　　　　图3.42 标注圆弧角度

3.6 几何约束

本节讲述几何约束的类型及添加方法。

几何约束是指草图对象之间的平行、垂直、共线和对称等几何关系,几何约束可以替代某些尺寸的标注,能够反映出设计过程中各草图之间的几何关系。

3.6.1 几何约束的类型

在 Pro/E Wildfire 3.0 草绘器中可以设定智能的几何约束,也可以根据需要人工来设定几何约束。选择【草绘】→【选项】命令,打开【草绘器优先选项】窗口,选择【约束】选项卡,如图 3.43 所示。

在该选项卡中有多个复选框,每个复选框代表一种约束,选中复选框以后系统就会开启相应的自动设置约束。单击【绘图】工具栏中的 【约束】按钮,或依次选择【草绘】→【约束】命令,系统会弹出【约束】对话框,如图 3.44 所示,单击其中的按钮即可对图元进行约束设置。

图 3.43 【约束】选项卡　　图 3.44 【约束】对话框

【约束】对话框中的每个按钮代表一类约束,见表 3-3。

表 3-3 约束类型

按钮	功能介绍
↕	将一条直线或两顶点设置为竖直
↔	将一条线段约束为水平位置

（续表）

按钮	功能介绍
⊥	使两图元正交，系统要求选择两图元
⌀	使线段与圆弧相切，系统要求选择线段与圆弧
＼	将点放在线或弧的中点
⊙	创建相同点，图元上的点或共线约束
→｜←	将两个关于某中心线几乎对称的图元定义为相互对称，系统要求选择中心线和对称图元
=	创建等长、等半径或相同曲率的约束
//	使两线相互平行，系统要求选择两条线
解释(g)	将选择的约束高亮显示其约束图元

3.6.2 几何约束的添加

1. 竖直约束

单击 ↕【竖直】按钮，单击需约束的直线，则该直线自动变成竖直直线。单击需约束的两点，则这两点的连线自动成为竖直线。

2. 水平约束

单击 ↔【水平】按钮，单击需约束的直线，则该直线自动变成水平直线。单击需约束的两点，则这两点的连线自动成为水平线。

3. 正交约束

单击 ⊥【正交】按钮，依次选择两个图元，即可将所选的两个图元变成正交状态。

4. 相切约束

单击 ⌀【相切】按钮，选取需约束的两个图元，则两个图元自动相切。

5. 中点约束

单击 ＼【中点】按钮，先后选取图元的端点和端点放置的直线，则端点自动位于该直线的中点，如图3.45所示。

6. 对齐约束

单击 ⊙【对齐】按钮，先后选取直线端点和圆弧上的一端点，则两端点自动重合，如图3.46所示。

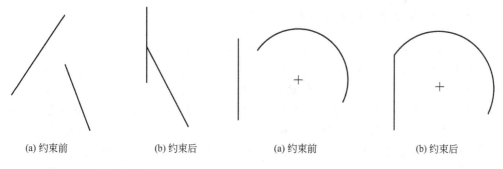

(a) 约束前　　　　(b) 约束后　　　　　(a) 约束前　　　　(b) 约束后

图 3.45　创建中点约束　　　　　　　图 3.46　创建对齐约束

7. 对称约束

单击 【对称】按钮，选择一条中心线，然后依次选择两圆的圆心，完成后所选的圆心将成对称状态，如图 3.47 所示。

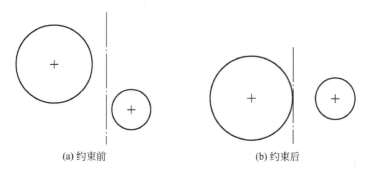

(a) 约束前　　　　　　　　　　(b) 约束后

图 3.47　创建对称约束

8. 相等约束

单击 【相等】按钮，选择两个图元，完成后所选的两个图元将变为相等状态，如图 3.48 所示。

9. 平行约束

单击 【平行】按钮，选择两条直线，完成后所选的两条直线将变为平行状态，如图 3.49 所示。

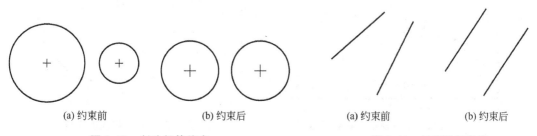

(a) 约束前　　　　(b) 约束后　　　　　(a) 约束前　　　　(b) 约束后

图 3.48　创建相等约束　　　　　　　图 3.49　创建平行约束

3.6.3 尺寸和约束冲突时的解决方法

当增加的尺寸和约束与现有的加强尺寸或设定的约束相互冲突或多余时，系统将会弹出【解决草绘】对话框，要求设计者选择适当的选项以解决发生的冲突问题。图 3.50 所示的八边形已经设置了 8 条边相等的约束，同时系统自动约束两条水平方向的边为水平线。此时再约束两条边平行，则系统将弹出【解决草绘】对话框，并在图形中显示约束冲突的位置，如图 3.51、图 3.52 所示。对话框中显示了各冲突项目，并提供了 4 个按钮，供设计者选择解决冲突的方法。这 4 个选项按钮分别为【撤销】、【删除】、【尺寸>参照】和【解释】。其含义如下：

（1）撤销：撤销刚刚导致截面尺寸冲突或约束冲突的前一步操作。

（2）删除：从列表中选择某个多余的尺寸或约束，将其删除。

（3）尺寸>参照：选取一个多余尺寸，将其转换为一个参照尺寸。

（4）解释：选择一个约束获取约束说明。图形区将加亮显示与该约束有关的图元。选择【水平】约束，单击【删除】按钮，冲突解决，显示如图 3.53 所示。

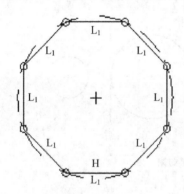

图 3.50　正八边形

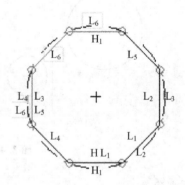

图 3.51　约束两边平行时冲突显示

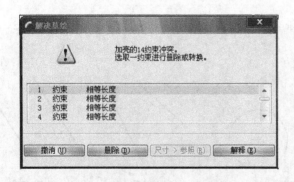

图 3.52　【解决草绘】对话框

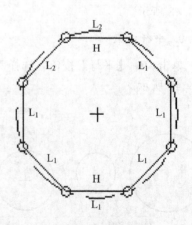

图 3.53　解决冲突后

3.7 草图编辑功能

本节介绍草图编辑功能的使用方法。

前述的绘制图元的命令只能绘制一些简单的基本图形，要想获得理想的复杂截面图形，就要借助草图编辑命令对基本图元对象进行位置、形状的调整。

3.7.1 镜像

镜像是以某一中心线为基准对称图形。【镜像】命令专门用于镜像已经存在的图形。单击 【选取】按钮，选取需要镜像复制的图元(图 3.54)， 【镜像】按钮变亮。单击 【镜像】按钮，单击镜像中心线，所选图元即复制到中心线的对称侧位置，如图 3.55 所示。

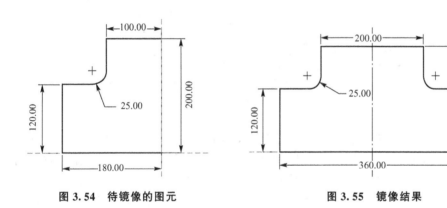

图 3.54　待镜像的图元　　　　　　图 3.55　镜像结果

3.7.2 缩放和旋转

缩放和旋转是指对图元进行放大、缩小或旋转操作。单击 【选取】按钮，然后选取需要进行缩放旋转的图元，如图 3.54 所示。单击【镜像】按钮后面的下拉按钮，然后单击 【旋转和缩放】按钮，选取图元立即变成图 3.56(a)所示的图形，并弹出【缩放旋转】对话框，如图 3.56(b)所示。在对话框中输入缩放比例和旋转角度，单击 【确定】按钮，即获得如图 3.56(c)所示的图形。

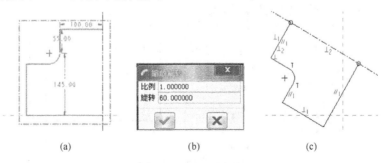

(a)　　　　　　(b)　　　　　　(c)

图 3.56　缩放旋转示意图

提示：用户也可以拖动比例轴缩放图元、拖动平移轴实现平移或者拖动旋转轴进行图元旋转。在旋转图元过程中，系统自动显示一系列的角度参考，用户可以根据需要旋转相应的角度。

3.7.3 修改

完成草图绘制后，通常需要对其进行修改，以得到用户需要的正确尺寸。

单击 【修改】按钮，或选择【编辑】→【修改】命令，然后在绘图窗口中选取尺寸标注的尺寸值，系统会弹出【修改尺寸】对话框，如图3.57所示，在该对话框中可以修改尺寸值。

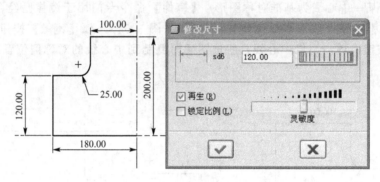

图3.57 修改单个尺寸

在【修改尺寸】对话框中，用户可以直接在文本框中输入尺寸的数值，或按住鼠标左键拖动 调整尺寸的数值，达到合适的数值时松开鼠标即可。【再生】复选框用于尺寸修改后再生草图。选中该复选框，系统将根据调整的数值在绘图窗口再生草图。取消选中【再生】复选框或选中【锁定比例】复选框，草图将不会实时根据调整的数值变化。如图3.58所示，框选所有标注尺寸，然后单击 【修改】按钮，系统会弹出【修改尺寸】对话框，修改所有选择的标注尺寸。为防止图形尺寸变化过大，取消选中【再生】复选框，修改完成后单击 【确认】按钮，如图3.59所示。

通常，用户可以直接双击尺寸标注的数值，该尺寸数值将会出现一个小编辑框，输入用户所需要的数值，并按Enter键就可修改尺寸标注，如图3.60所示。

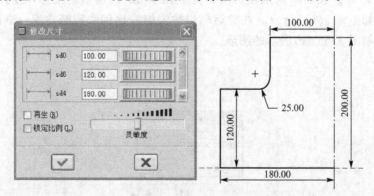

图3.58 修改多个尺寸

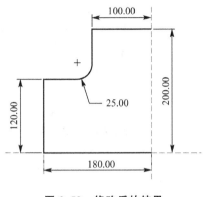

图 3.59 修改后的结果

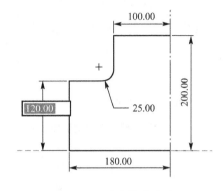

图 3.60 双击修改尺寸

3.7.4 修剪

单击【草绘】工具栏中的【动态、修剪】按钮,或选择【编辑】→【修剪】命令,可以对图元进行修剪操作。

1. 删除

单击【动态修剪剖面图元】按钮,选取所要修剪的线段,单击即可,如图 3.61 所示。

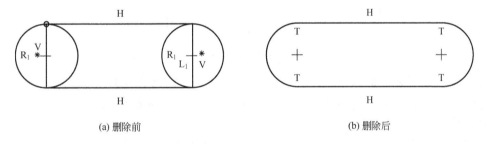

(a) 删除前　　　　　　　　　　　　　　(b) 删除后

图 3.61 删除图元

提示:如果用户按住鼠标左键不放,并移动鼠标,则鼠标指针经过之处的图元都被修剪删除。

2. 剪切或延伸

单击【剪切或延伸】按钮,然后依次选取要剪切或延伸的图元,就可以剪切或延伸图元,如图 3.62 所示。

提示:裁剪时单击的线段是需要保留的线段,而其延伸后相交的线段则是需修剪的线段。

3. 分割

单击【分割】按钮,此时鼠标指针位置出现点符号,将个点放置于要进行分割的图元上,系统即可在放置的位置上分割图元,如图 3.63 所示。

(a) 待延伸的图元　　(b) 修剪后

图 3.62　剪切或延伸图元　　　　　图 3.63　分割图元

3.8　综合实例

本实例重点介绍圆弧的连接、约束的使用以及修改尺寸的技巧。

综合实例：绘制图 3.64 所示的图形。

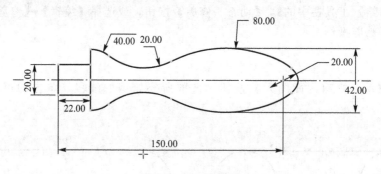

图 3.64　实例模型

（1）单击 【新建】图标或在菜单栏中选择【文件】→【新建】命令，系统弹出【新建】对话框，选择【草绘】单选按钮，然后在【名称】文本框中输入"bashou"，单击【确定】按钮，进入草绘界面。

（2）单击【直线】→【中心线】按钮，在绘图区单击绘制中心线。

（3）单击【直线】按钮，绘制图 3.65 所示的图形，单击中键退出直线命令。

（4）单击【圆弧】→【圆心和端点】按钮，绘制图 3.66 所示的圆弧，单击中键退出圆弧命令。

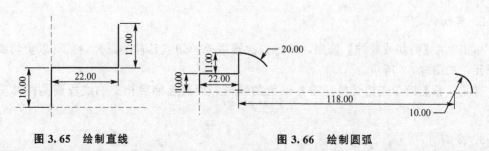

图 3.65　绘制直线　　　　　　　图 3.66　绘制圆弧

（5）单击【草绘】→【3 点/相切端】按钮 ，绘制两圆弧，使其连接第（4）步所绘制的圆弧，如图 3.67 所示。

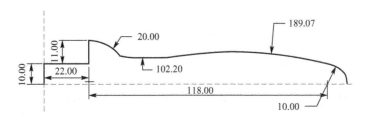

图 3.67 圆弧连接

(6) 单击 【约束】按钮，添加约束。单击 【选取】按钮，选取所有尺寸，然后单击 【修改】按钮，系统会弹出【修改尺寸】对话框，取消选中【再生】复选框，逐个修改图形尺寸，修改后的结果如图 3.68 所示。

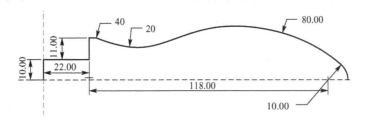

图 3.68 尺寸修改结果

(7) 单击 【选取】按钮，选取所有图元，单击 【镜像】按钮，选取中心线，得到图 3.69 所示图形。

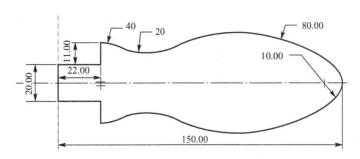

图 3.69 镜像结果

(8) 单击【标注】按钮，标注尺寸 42，如图 3.70 所示。

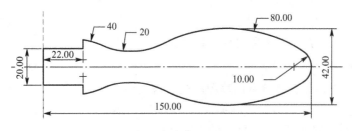

图 3.70 标注结果

(9) 保存文件，完成二维草绘。

小 结

本章重点介绍了二维截面图形的绘制，包括几何线条的绘制，尺寸的标注、修改，约束的使用，几何线条的编辑以及尺寸约束冲突时的解决方法等内容。本章的难点在于约束的使用和尺寸约束冲突时的解决方法。学习本章之后，读者要弄懂二维截面的基本概念，一个完整的二维截面包括了几何线条有关的尺寸，其中几何线条决定截面的外形，而尺寸决定几何线条的定位。这两项共同构成二维截面，缺一不可。所以在绘制二维截面时，一定要注意这两项内容是否齐全。同时，二维截面的绘制是三维零件设计的基础，加快二维截面绘制的速度，将大大提高三维零件设计的效率。二维截面绘制是一项技巧性较强的操作，需要大量的实践练习，才能达到熟能生巧的境界。

一、判断题

1. 弱尺寸和强尺寸没有什么区别。　　　　　　　　　　　　　　　　　　（　　）
2. 在使用草绘器进行绘制的过程中，系统会自动标注尺寸，并依据几何形状自动设定约束，也可由设计者指定约束。　　　　　　　　　　　　　　　　　　　　（　　）
3. 弱尺寸不能由用户手动删除，除非通过约束定位，它才能自动消失。弱尺寸一旦加强，就相当于给定了定位。强尺寸一旦删除，就被自动确定为弱尺寸。（　　）
4. 在草绘平面的文本绘制中，在进行字体斜角设置时，角度为正，文字沿逆时针方向旋转；角度为负，文字沿顺时针方向旋转；角度为零，文字不旋转。　　（　　）
5. 在草绘图形编辑中，动态修剪与裁剪功能没有什么区别，编辑时选取的线段都是需要被修剪或删除的。　　　　　　　　　　　　　　　　　　　　　　　　　（　　）

二、选择题

1. 修改尺寸应选择（　　）按钮。

　　A. ![]　　B. ![]　　C. ![]　　D. ![]

2. 动态修剪应选择（　　）按钮。

　　A. ![]　　B. ![]　　C. ![]　　D. ![]

3. 要使两图元对齐，应选择约束工具中的（　　）按钮。

　　A. ![]　　B. ![]　　C. ![]　　D. ![]

4. 在 Pro/E 中，保存所绘制的草图的文件格式是（　　）

　　A. *.prt　　B. *.sec　　C. *.sam　　D. *.igs

5. 创建圆或圆弧的半径尺寸标注的正确方法是（　　）

　　A. 单击对象图元后，再单击中键放置尺寸

　　B. 双击对象图元后，再单击中键放置尺寸

C. 单击对象图元后，再按 Ctrl+中键单击指定尺寸位置
D. 双击对象图元后，再按 Ctrl+中键单击指定尺寸位置

三、简答题

1. 在草绘环境中，如何设置图元的默认约束？
2. 有几种进入草绘模式的方法？分别是什么？
3. 什么是弱尺寸？什么是强尺寸？二者有何区别？
4. 几何约束有哪几种？

四、上机题

绘制图 3.71 所示的截面图形。

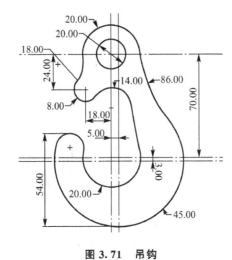

图 3.71 吊钩

第 4 章
基准特征

教学要点

能力目标	知识要点	权重	自测分数
掌握基准特征的概念	包括基准平面、基准轴、基准点、基准曲线、基准坐标系等概念	20%	
掌握基准特征的创建方法	包括基准平面、基准轴、基准点、基准曲线和基准坐标系等 5 种基准特征的创建方法	30%	
了解基准特征的用途	包括基准平面、基准轴、基准点、基准曲线和基准坐标系等 5 种基准特征的用途	10%	
掌握基准特征创建的技巧及应用实例	包括基准平面、基准轴、基准点、基准曲线和基准坐标系等 5 种基准特征创建的技巧和应用实例	40%	

4.1 基 准 平 面

本节主要讲述基准平面的用途、创建方法及基准面的显示控制,并辅以实例讲解。

4.1.1 基准平面的用途

作为三维建模过程中最常用的参考,基准平面有多种用途,主要包括以下几个方面。

1. 作为放置特征的平面

在零件建立的过程中可将基准平面作为参照用在没有基准平面的零件中,而且还可以在没有其他合适的平面曲面时,在新建立的基准平面上草绘或放置特征。

2. 作为尺寸标注的参照

可以根据一个基准平面进行标注,假设它是特征的一条边。而且在标注某一尺寸时,如果既可以选择零件上的面也可以选择原来建立的任意一个基准面,最好选择基准面,因为这样可以避免造成不必要的特征父子关系。

3. 作为视角方向的参考

在模型建立的时候,系统默认的视角方向往往不能满足用户的要求,用户需要自己定义视角方向。三维物体的方向性是需要两个互相垂直的基准面来定义的,而有时候特征中没有合适的平面相互垂直,这时就需要创建基准面作为物体视角的参考平面。

4. 作为定义组件的参考面

在定义组件时可能会利用许多零件的平面来定义贴合面、对齐面或定义方向,但有时可能没有合适的零件平面,这同样可以将基准面作为其参考依据构建组件。

5. 放置标签注释

也可以将基准平面用作参照,以放置基准。如果不存在基准平面,则选取与基准标签注释相关的平面曲面自动创建内部基准平面。设置基准标签将被放置在参照基准平面或与基准平面相关的共面曲面上。

6. 产生剖视图

对于内部复杂的零件,为清楚看出其内部构造,必须利用剖视图来视察。这时就需要定义一个参考基准面,利用此基准面剖切零件。

基准平面是无限的,但可以调整其大小,使其与零件、特征、曲面、边或轴相吻合,或者指定其显示轮廓的高度和宽度值,或者使用显示的控制滑块拖动基准平面的边界重新调整其显示轮廓的尺寸。

4.1.2 基准平面的创建

当刚进入到零件设计模式中时,会看到3个基准平面,每个基准平面都被标注了名称,如图4.1所示。分别是TOP(上视)基准平面、FRONT(前视)基准平面、RIGHT(右

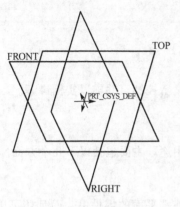

图 4.1 基准平面的名称

视)基准平面。如果创建了多个基准平面后,系统还会为它们标注序号,一般是 DTM1、DTM2、DTM3,等等。

下面介绍如何创建基准平面。

在创建基准平面特征时,可以通过选择【插入】→【模型基准】→【平面】命令,或者单击基准工具栏中的【基准平面】按钮,打开【基准平面】对话框,其中包括【放置】、【显示】和【属性】选项卡,如图 4.2 所示。

【放置】选项卡内容介绍如下。

放置:选择当前存在的平面、曲面、边、点、坐标、轴、顶点等作为参照来放置新的基准平面。也可以选取基准坐标系或非圆柱曲面作为创建基准平面的放置参照。还可以为每一个选定的参照设置一个约束,在【偏距】栏中输入相应的约束数据,在【参照】栏中根据选择的参照不同,可能显示如下 7 种类型的约束:

(a)【放置】选项卡   (b)【显示】选项卡   (c)【属性】选项卡

图 4.2 【基准平面】对话框

(1) 通过:选择该约束条件后,创建的基准平面将通过选择的基准点、轴、实体边线、曲线或者曲面。

(2) 法向:选择该约束条件后,创建的基准平面将垂直于选择的基准点、轴、实体边线、曲线或者曲面。

(3) 平行:选择该约束条件后,创建的基准平面将平行于选择的面。

(4) 偏移:选择该约束条件后,创建的基准平面将偏离选择的平面一段距离,该距离可以指定。

(5) 角度:选择该约束条件后,创建的基准平面将与选择的平面形成一定的夹角,该角度可以指定。

(6) 相切:选择该约束条件后,创建的基准平面将与选择的曲面相切。

(7) 混合截面:选择该约束条件后,通过混合特征的截面建立新的基准平面。

【显示】选项卡中包含 3 个选项:

(1) 法向:基准平面的法向。

(2) 调整轮廓:调节基准面的轮廓尺寸。

(3) 锁定长宽比:保持基准平面轮廓显示的高度和宽度比例。仅在选取【调整轮廓】复选框和【大小】时才可用。

【属性】选项卡内容介绍如下。

单击【名称】文本框后面的 ⓘ 按钮，可以在 Pro/E Wildfire 3.0 浏览器中查看当前创建的基准平面特征的信息，也可对基准平面进行重命名。

1. 以 3 点创建基准平面

该方式是通过选取不重合的 3 个点，通过这 3 个点来确定一个平面。选取的点可以是模型上的点，也可以是建立的参考点。具体步骤如下：

(1) 选择【文件】→【新建】命令，在弹出的【新建】对话框中新建一实体文件，文件名为 Gaiban.prt，如图 4.3 所示，几何模型如图 4.4 所示。

(2) 单击基准工具栏中的 ▱ 【基准平面】按钮，弹出【基准平面】对话框，依次选取图 4.5 中所示的 3 点（选取第二、三个点时需按住 Ctrl 键）。其约束条件均为"穿过"。分别选择 3 个点后的基准平面对话框和零件模型，如图 4.6 所示。箭头指示基准平面正侧面的方向。如果要修改方向可以单击【显示】选项卡中的【反向】按钮。如果对选择的参照不满意，那么可以在【基准平面】对话框中右击，并从打开的快捷菜单中选择需要的命令来进行修改，如图 4.7 所示。

(3) 单击【确定】按钮，建立的基准面 DTM1 如图 4.8 所示。

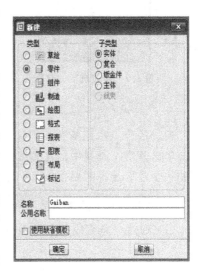

图 4.3 【新建】对话框

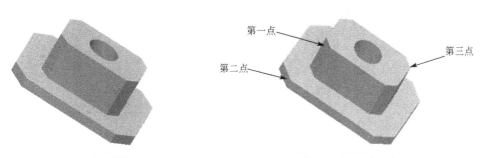

图 4.4 几何模型　　　　　　图 4.5 平面过 3 点

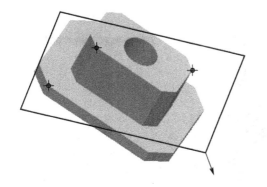

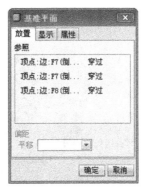

图 4.6 选取 3 个点

图 4.7 修改选择的参照

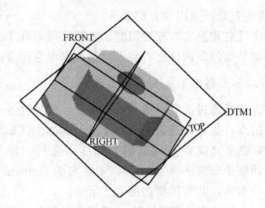

图 4.8 创建的基准平面 DTM1

2. 以一点和一条直线创建基准平面

通过一个点和一条直线创建基准平面的过程和通过 3 点创建基准平面的过程基本相同。单击基准工具栏中的【基准平面】按钮,弹出【基准平面】对话框,然后选择一条直线和一个点,选择时要按住 Ctrl 键。单击【确定】按钮即可完成基准平面的创建。

3. 以直线和面创建基准平面

(1) 通过一条直线并平行于一平面,如图 4.9 所示。

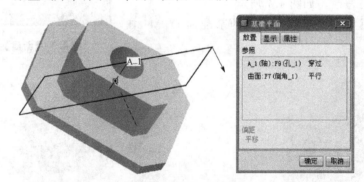

图 4.9 选取轴线和平面

(2) 通过一条直线并垂直于一平面,如图 4.10 所示。

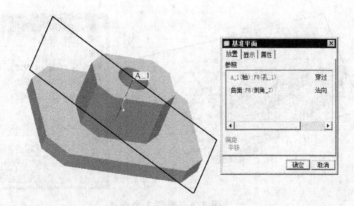

图 4.10 选取平面与线

(3) 通过一条直线并与一平面成一定的角度，如图 4.11 所示。

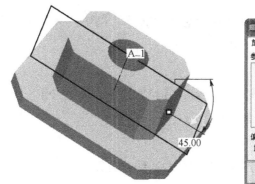

图 4.11　选择轴线与平面

4．以平面创建基准平面

将选定的参照平面平移指定距离以确定新的基准平面，如图 4.12 所示。

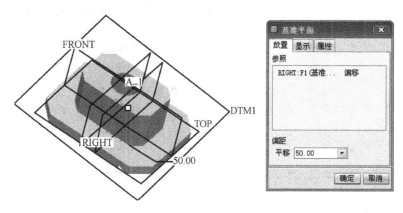

图 4.12　通过偏移创建平面

5．产生偏移基准平面

（1）选择【文件】→【新建】命令，弹出【新建】对话框，新建一实体文件，进入零件设计模式。此时系统会自动产生 3 个默认基准坐标平面(FRONT、TOP、RIGHT)及一个默认的坐标系 PRT_CSYS_DEF。默认基准平面可以作为模型设计的基本特征。

（2）选择【插入】→【模型基准】→【偏移平面】命令，系统会提示输入沿 X、Y、Z 轴方向的偏移值。依次在 X、Y、Z 方向输入偏移值，按 Enter 键或单击【确定】按钮，即可完成沿 3 个轴向的平面偏移，同时系统会产生一个默认的坐标系 DEFAULT。

4.2　基　准　轴

本节将介绍基准轴的有关知识，包括用途、创建方法及基准轴的显示控制。

4.2.1 基准轴的用途

基准轴用黄色中心线表示,并用符号"A_*"标志,其中"*"表示流水号。基准轴的用途主要有以下两种。

1. 作为中心线

可以作为回转体,如圆柱体、圆孔和旋转体等特征的中心线。拉伸一个圆柱体或旋转一个截面成为旋转体时会自动产生基准轴。

2. 同轴特征的参考轴

如果要使两特征同轴,只需对齐两个特征的中心线就可以了。

4.2.2 基准轴的创建

图 4.13 【基准轴】对话框

在基准工具栏中单击【基准轴】按钮,或者选择【插入】→【模型基准】→【轴】命令,弹出【基准轴】对话框,如图 4.13 所示,其中包含【放置】、【显示】和【属性】选项卡。在该对话框中通过设置相应的参照和约束条件产生基准轴。

【放置】选项卡内容介绍如下。

在【参照】列表框中放置新的基准轴。使用该列表框选取要在其上放置新基准轴的参照,然后选取参照类型。在选取其他参照时,需要按住 Ctrl 键,约束类型见表 4-1。

表 4-1 约 束 类 型

参照类型	说　明
通过	表示基准轴延伸或通过选定参照
垂直	放置垂直于选定参照的基准轴。此类型的参照将要求用户在【偏移参照】列表框中定义参照,或添加附加点、定点来约束该轴
相切	放置与选定参照相切的基准轴。此类约束要求用户添加附加点或顶点作为参照,创建位于该点或顶点处平行于切向量(选定参照)的轴
中心	通过选定平面圆边或曲线的中心,且垂直于选定曲线或边所在平面的方向放置基准轴

当在【参照】列表框中选择【法向】作为参照类型时,就会激活【偏移参照】对话框,可在其中选择偏移参照。

【显示】选项卡内容介绍如下。

【显示】选项卡中包含【调整轮廓】复选框,可以用来调整基准轴轮廓的长度,从而使基准轴轮廓与指定的尺寸或选定参照相吻合。选中该复选框时,可以使用以下两个选项对基准轴的长度进行修改:

(1) 大小:允许将基准轴调整到指定长度。可使用控制滑块将基准轴长度调整至所需长度或者在【长度】数值框中输入一个指定值。

（2）参照：允许调整基准轴轮廓的长度，从而使其与选定参照（如边、曲面及基准轴零件等）相吻合。【参照】列表框中会显示所选定的参照类型。

【属性】选项卡内容介绍如下。

选择【基准轴】对话框中的【属性】选项卡，单击【名称】文本框后面的按钮，可以在浏览器中查看当前创建的基准轴特征的信息。

在 Pro/E Wildfire 3.0 中文版中，有多种创建基准轴的方法，下面以实例的方式介绍常用的创建基准轴的方法。

1. 创建垂直于曲面的基准轴

单击基准工具栏中的 【基准轴】按钮，得到图 4.13 所示的【基准轴】对话框。在图形窗口中选取一个曲面。选定曲面（约束类型设置为"法向"）会出现在【参照】收集器中。可预览垂直于选定曲面的基准轴。曲面上出现一个控制滑块，同时出现两个偏移参照控制滑块，如图 4.14 所示。

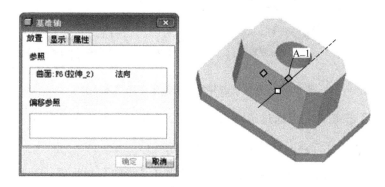

图 4.14　垂直于曲面的基准轴

拖动偏移参照控制滑块来选取两个参照或以图形方式选取两个参照，如两个平面或两条直边。所选的两个偏移参照出现在【偏移参照】收集器中，如图 4.15 所示。

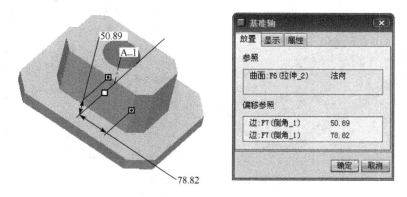

图 4.15　基准轴的定位参照及定位尺寸

可以在【偏移参照】收集器中修改偏移的距离。完成设置后单击【确定】按钮，完成垂直于选定曲面基准轴的创建。

2. 通过一点并垂直于选定平面的基准轴

单击基准工具栏中的 【基准轴】按钮,弹出【基准轴】对话框,然后在图形窗口中选取一个曲面。选定曲面(约束类型设置为"法向")会出现在【参照】收集器中。可预览垂直于选定曲面的基准轴。曲面上出现一个控制滑块,同时出现两个偏移参照控制滑块,如图 4.14 所示。

然后按住 Ctrl 键在图形窗口中选取一点,选定的点会出现在【参照】收集器中。这时可以预览通过该点且垂直于选定平面的基准轴,如图 4.16 所示。

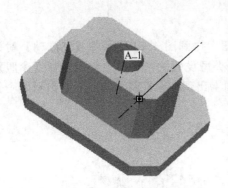 

图 4.16　通过一点并垂直于选定平面的基准轴

单击【确定】按钮,完成通过选定点并垂直于选定曲面基准轴的创建。

3. 通过曲线上一点并且与选定曲线相切的基准轴

单击基准工具栏中的 【基准轴】按钮,弹出【基准轴】对话框,然后在图形窗口中选取一条曲线。选定曲线会出现在【参照】收集器中。可预览相切于选定曲线的基准轴,如图 4.17 所示。

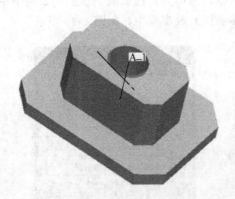 

图 4.17　选取定位曲线

然后按住 Ctrl 键在图形窗口中选取一个选定曲线上的点。选定的点会出现在【参照】收集器中。这时可以预览通过该点且与选定曲线相切的基准轴,如图 4.18 所示。单击【确定】按钮,完成通过选定点并与选定曲线相切基准轴的创建。

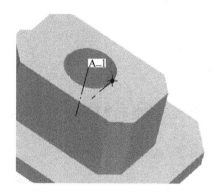

图 4.18 通过选定点并与选定曲线相切的基准轴

4. 通过圆柱体(面)轴线的基准轴

单击基准工具栏中的 /【基准轴】按钮,弹出【基准轴】对话框,然后在图形窗口中选取图 4.19 所示的圆柱面,然后单击【确定】按钮即可生成与该圆柱面轴线同轴的基准轴。

如果对基准轴的显示轮廓不满意,那么可以在【基准轴】对话框中选择【显示】选项卡,选中【调整轮廓】单选按钮,通过设置【长度】的值即可改变基准轴的显示效果,如图 4.20 所示。

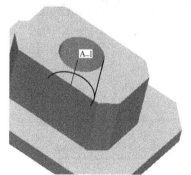

图 4.19 通过圆柱体(面)轴线的基准轴　　　　图 4.20 【显示】选项卡

4.3 基 准 点

本小节主要讲述基准点的用途及其创建方法。

4.3.1 基准点的用途

基准点大多用于定位,基准点用符号"PNT*"标志,"*"表示流水号。其用途主要有以下 3 种:

(1) 作为某些特征定义参数的参考点；
(2) 作为有限元分析网格上的施力点；
(3) 计算几何公差时，指定附加基准目标的位置。

4.3.2 基准点的创建

在 Pro/E Wildfire 3.0 中，基准点有 4 种类型，分别是普通基准点、草绘基准点、偏移坐标系基准点和域基准点。

(1) 普通基准点：在草图的交点处或者偏移草图处建立的基准点。
(2) 草绘基准点：通过草绘建立的基准点。
(3) 偏移坐标系基准点：使用坐标系建立的基准点。
(4) 域基准点：直接在曲面、边或者曲线上创建的基准点。

下面分别介绍这几种基准点的创建过程。

1. 普通基准点

在打开的零件中：

(1) 选择【插入】→【模型基准】→【点】→【点】命令，或者单击基准工具栏中的 【基准点工具】按钮，弹出【菜单管理器】对话框，如图 4.21 所示(左图)。

(2) 在【基准点】对话框中选择【属性】选项卡，可以进入到【属性】选项卡中设置基准点的名称，如图 4.21 所示(右图)。

图 4.21 【基准点】对话框

(3) 可以在面上、边线上、交叉点处创建基准点。下面依次介绍如何在这些位置创建基准点。

① 在面上创建基准点。在工作视图中选择一个面作为放置参照，然后使用平面或者边线来定位，如图 4.22 所示。

② 在模型的 3 个面的交叉点处创建基准点。在设置放置基准点的参照时，需要按住 Ctrl 键单击选择 3 个面，如图 4.23 所示。

③ 在模型的边线上创建基准点。在设置放置基准点的参照时，只要在需要添加基准点的边线上单击即可，如图 4.24 所示。

注意：可以在【基准点】对话框中调整或者修改基准点的位置。

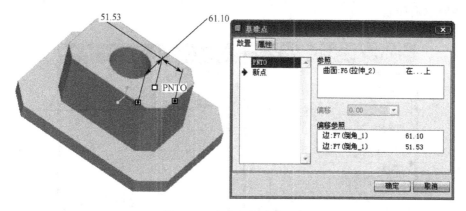

图 4.22 在面上创建基准点

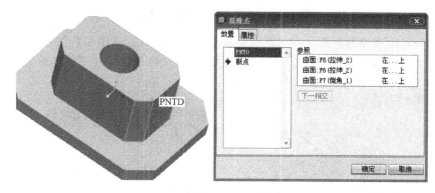

图 4.23 在交叉点处创建基准点

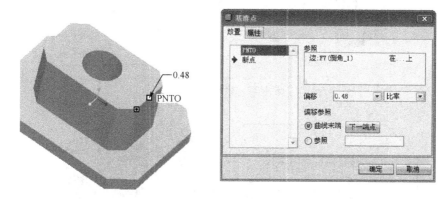

图 4.24 在边线上创建基准点

2. 草绘基准点

(1) 选择【插入】→【模型基准】→【点】→【草绘的】命令,或者单击基准工具栏中的【草绘基准点】按钮,如图 4.25 所示。弹出【草绘的基准点】对话框,如图 4.26 所示。

(2) 在【草绘的基准点】对话框中选择【属性】选项卡,可以进入到【属性】选项卡中设置草绘基准点的名称,如

图 4.25 基准点图标

图 4.26 所示(右图)。

图 4.26 【草绘的基准点】对话框

(3)选择草绘面和参照面。在【草绘的基准点】对话框的【平面】文本框中单击,然后在工作视图中选择面,然后单击【草绘】按钮,进入到草绘模式下,就可以使用【点】工具绘制基准点了,如图 4.27、图 4.28 所示。

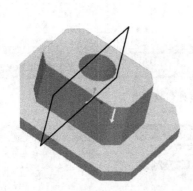

图 4.27 绘制基准点

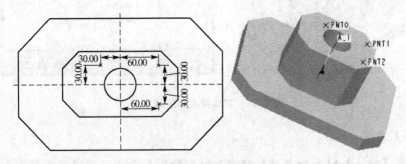

图 4.28 草绘基准点

3. 偏移坐标基准点

(1)选择【插入】→【模型基准】→【点】→【偏移坐标系】命令,或者单击基准工具栏中

的 ✦【偏移坐标系】按钮，弹出【偏移坐标系基准点】对话框。选择【属性】选项卡，可以在【属性】选项卡中设置基准点的名称，如图 4.29 所示。

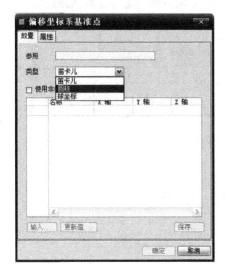 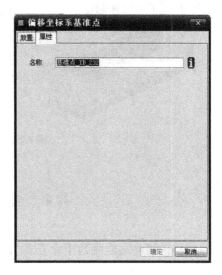

图 4.29 【偏移坐标系基准点】对话框

（2）在【偏移坐标系基准点】对话框中，单击【类型】下拉列表框，打开一个列表框，如图 4.30 所示。列出了 3 种类型的坐标系，分别是笛卡儿坐标系、圆柱坐标系和球坐标系。

（3）然后在视图中选择需要的参照，并根据选择的坐标系类型设置基准点的坐标，然后在【偏移坐标系基准点】对话框中单击【确定】按钮即可。

图 4.30 【类型】下拉列表框

4．域基准点

（1）选择【插入】→【模型基准】→【点】→【域】命令，或者单击基准工具栏中的 【域基准点】按钮，弹出【域基准点】对话框。选择【属性】选项卡，可以在【属性】选项卡中设置域基准点的名称，如图 4.31 所示。

图 4.31 【域基准点】对话框

（2）在工作视图中选择放置域基准点的参照，可以是直线、曲线、面等。比如在一条边线上单击确定一个参照，会显示一个小方框，它表示域基准点的位置，把鼠标指针放置在小方框上，鼠标指针改变形状，通过拖动可以调整域基准点的位置。最后单击【确定】按钮即可创建出域基准点，如图 4.32 所示。

图 4.32 域基准点

4.4 基 准 曲 线

本小节主要讲述基准曲线的用途及其创建方法。

4.4.1 基准曲线的用途

基准曲线主要用来建立几何的曲线结构,其用途主要有如下 3 种:
(1) 作为扫描特征的轨迹线;
(2) 作为曲面特征的边线;
(3) 作为加工程序的切削路径。

4.4.2 基准曲线的创建

在这里介绍一些最为常用的基准曲线创建方法。在默认设置下,基准曲线在视图中以橙色显示,当然,也可以把它改变为自己喜欢的颜色。

下面介绍一下创建基准曲线的操作过程。
(1) 打开一个带有曲面的零件,如图 4.33 所示。
(2) 选择【插入】→【模型基准】→【曲线】命令,或者单击基准工具栏中的 ~【基准曲线】按钮,弹出【曲线选项】对话框,如图 4.34 所示。

图 4.33 打开的零件

图 4.34 【曲线选项】对话框

图 4.34 所示的对话框中有如下几种创建方式:

① 经过点：选择该项后，可以通过多个基准点来创建基准曲线。可以把"经过点"基准曲线创建为样条曲线，或者作为直线和圆弧相切的结果。

② 自文件：选择该项后，Pro/E 可输入来自 IBL、IGES、SET 或者 VDA 等文件格式的基准曲线，从文件输入的曲线可以由一个或者多个线段构成，多个线段之间可以不必相连。

③ 使用剖截面：选择该项后，可以把某实体的横截面作为基准曲线。注意，不能使用偏距横截面中的边界创建基准曲线。

④ 从方程：选择该项后，可以通过输入方程式来创建新的基准曲线。

（3）在【曲线选项】对话框中选择一种创建方式，比如"经过点"。然后单击【完成】按钮。系统自动弹出如图 4.35 所示的对话框。

图 4.35 【基准曲线】对话框

（4）在【曲线：通过点】对话框中，【属性】右侧的信息是自由，表示基准曲线不穿过所选取的面。还有一个选项"面组/曲面"，如果显示的是它，那么表示基准曲线将穿过所选取的曲面。

（5）在模型上选择两个点，如图 4.36 所示。

注意：选择点时，可以按住 Ctrl 键选择多个点或者多个其他草图元素。

（6）选择曲面并在菜单管理器中单击【完成】按钮后即可生成一条穿过曲面的直线，如图 4.37 所示。

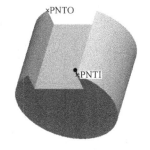 

图 4.36 选择参考面

（7）如果把【曲线：通过点】对话框中的【属性】设置为【面组/曲面】，那么曲线将不会穿过模型，如图 4.38 所示。

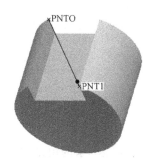 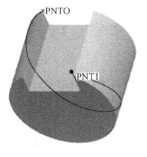 

图 4.37 直线穿过模型　　　　图 4.38 【曲线：通过点】对话框

注意：通过在【曲线：通过点】对话框中单击【定义】按钮可以更改属性的信息。

下面给出几个可用于 Pro/E 建模的曲线方程，见表 4-2。

表 4-2 常用的曲线方程

名称	方程	坐标系	线型
正弦曲线	x＝t＊360 y＝4＊sin(t＊360) z＝0	笛卡儿坐标	
螺旋线	x＝4＊cos(t＊(5＊360)) y＝4＊sin(t＊(5＊360)) z＝10＊t	笛卡儿坐标	
螺旋线	r＝t theta＝10＋t＊(20＊360) z＝t＊3	圆柱面坐标	
螺旋线	rho＝4 theta＝t＊180 phi＝t＊360＊20	球面坐标系	

4.5 基准坐标系

本节将介绍基准坐标系的用途、创建及坐标系的显示控制。

4.5.1 基准坐标系的用途

基准坐标系用符号"CS＊"标志，其中"＊"表示流水号。基准坐标系的用途主要有 4 种：

(1) 零部件装配时，如果要用到"坐标系重合"的装配方式，需用到基准坐标系；
(2) IGES、FEA 和 STL 等数据的输入与输出都必须设置基准坐标系；
(3) 生成 NC 加工程序时必须使用基准坐标系作为参考；
(4) 进行重量计算时必须设置基准坐标系以计算重心。

4.5.2 坐标系的种类

常用的坐标系类型主要有 3 种，即笛卡儿坐标系、圆柱坐标系和球坐标系。最为常用的是笛卡儿坐标系，也就是在数学上用的直角坐标系，用 X、Y、Z 表示坐标值，这种坐标系遵守右手定则。圆柱坐标系一般使用半径 r、方位角 θ 和 Z 表示坐标值。球坐标系一般使用半径 r、θ、和 ϕ 表示坐标值。

4.5.3 基准坐标系的创建

(1) 选择【插入】→【模型基准】→【坐标系】命令，或者单击基准工具栏中的 ※【基准坐标系】按钮，弹出【坐标系】对话框。选择【属性】选项卡，可以在【属性】选项卡中设置坐标系的名称，如图 4.39 所示。

(2) 在工作视图中选择放置坐标系的参照，可以是直线、面等。例如，在一个面上单击确定一个参照。注意，如果需要选择多个参照，那么按住 Ctrl 键即可单击选择多个参照。例如，在图中选择 3 个相交面来定义新的坐标系，如图 4.40 所示。

图 4.39 【坐标系】对话框　　　　　　　　图 4.40 新的坐标系

(3) 在【坐标系】对话框中的【偏移类型】中可以设置坐标系类型和坐标系的位置。注意，在建立坐标系之后，【偏移类型】项才能被启用。

(4) 在【坐标系】对话框中，选择【定向】选项卡，在该选项卡中可以为坐标系进行定向，如图 4.41、图 4.42 所示。

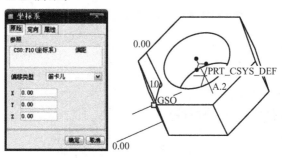

图 4.41 调整坐标系的位置

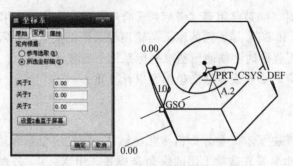

图 4.42　设置坐标系的方向

创建坐标系的其他方法：

在创建基准坐标系时，可以使用很多的几何元素，例如，平面、边线、棱边、轴、基准点或者现有的坐标系等，一般都需要选择 3 个元素作为参考，在工作界面左下方的提示栏中也会看到这样的信息，如图 4.43 所示。

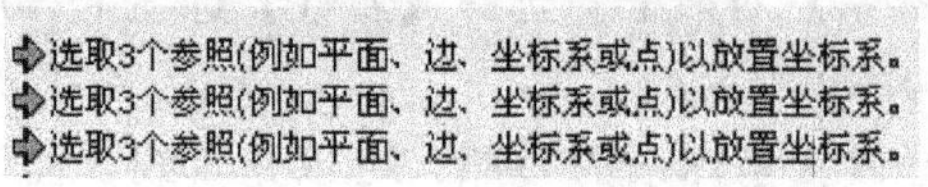

图 4.43　提示信息

对于这些参考对象，可以灵活地选择使用，下面介绍几种常用的选择参考对象。

(1) 可以选择 3 个相交的平面用于定义坐标系。如果 3 个平面不是精确地相互正交，那么系统将会生成一个近似的坐标系。

(2) 可以选择两个互相垂直的棱线或者轴线，它们的方向就是新坐标系的 X 轴和 Y 轴的方向，Z 轴方向可以确定。

小　　结

在这一章中介绍了在 Pro/E Wildfire 3.0 中文版中设置基准的基本操作。我们知道 Pro/E Wildfire 3.0 中文版是一款基于草图设计的三维设计软件，具有强大的特征创建功能，这些特征的创建都离不开基准，也就是参照面或者参照点等。这些基准的创建都是最基本而且是很重要的操作，希望读者一定要掌握它们，以便为以后的学习打下良好的基础。

一、选择题

1. 需要选取多个对象特征的快捷键是（　　）。
   A. Ctrl＋单击　　　　　　　　　　　B. Ctrl＋双击
   C. Shift＋单击　　　　　　　　　　　D. Shift＋双击

2. 基准平面的名称表示方法为( )。
   A. DTM-#   B. A-#
   C. PNT-#   D. CSYS-#
3. 不能创建基准轴的组合是( )。
   A. 一个顶点和一个基准平面   B. 圆弧线和一个端点
   C. 一个圆柱面   D. 一个顶点和一条直线

二、简答题
1. 基准特征可分为哪几种？
2. 简述各基准特征的用途。

三、上机题
在模型中建立图 4.44 所示的基准点、基准轴、基准平面。

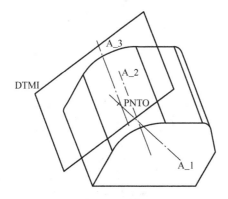

图 4.44　模型

第5章
汽车零部件基本特征的创建

教学要点

能力目标	知识要点	权重	自测分数
掌握拉伸特征的创建方法	拉伸类型及生成过程,实例说明拉伸特征建模的创建方法	30%	
掌握旋转特征的创建方法	旋转类型、注意事项及生成过程,实例说明旋转特征建模的创建方法	30%	
熟悉发动机气门、活塞和拨叉的设计步骤	利用拉伸、旋转等基本特征对发动机气门、活塞和拨叉实体建模	40%	

5.1 创建拉伸特征

拉伸特征是 Pro/E 最基本的建模方法之一。拉伸特征是指在草绘平面上绘制一定形状的曲线（即草绘截面），然后沿着与草绘平面垂直的方向添加或去除材料而创建的特征，拉伸特征大都具有平直的轮廓线，而且与轮廓线垂直的各个剖面形状完全相同。

拉伸特征是最简单、也是最常用的一种建模方法。工程实践中的多数产品都可以看作是多个拉伸特征相互叠加和切除的结果。对于初学者来说，掌握好拉伸特征的创建方法是很有必要的。

1. 拉伸类型

拉伸特征有 3 种形式：实体、曲面和薄板特征。

拉伸实体特征作为应用最广泛的实体特征，领会其思想对于学习其他实体特征的创建以及曲面特征的设计都有其指导意义。首先应该区分以下几个概念：

（1）实体和曲面：前者具有实体厚度，后者则没有。在打开图 5.1 所示的【拉伸】特征操控面板时，默认情况下，系统自动选择 ▭【实体】按钮用于创建实体特征，单击 ◠【曲面】按钮则可以创建曲面特征。

（2）实体和薄板：前者将填充草绘剖面的整个区域，形成完全实心的结构，而后者仅仅沿草绘剖面的一侧或两侧填充一定厚度。在拉伸特征操控面板上单击 ⊏【薄板】按钮即可创建薄板特征。

（3）伸出项和切口：根据在原有模型的基础上添加（长出）还是减去（去除）材料，拉伸特征具有伸出项和切口两种属性。默认情况下新建特征默认为伸出项，单击 ∕【去除】按钮即可创建切口特征。

2. 拉伸生成过程

拉伸特征最典型的特点是截面与拉伸方向完全垂直，这是与第 6 章的扫描特征不同的地方。要创建或重新定义一个拉伸特征，可按下列操作顺序给定特征要素：

定义截面放置属性（包括草绘平面、参考平面和参考平面的方向）→绘制特征截面→确定拉伸方向→确定拉伸深度。

下面通过一个实例来介绍拉伸建模的基本方法，绘制图 5.2 所示的实体。

图 5.1 【拉伸】特征操控面板

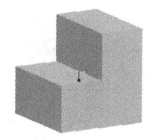

图 5.2 拉伸实体

（1）选择【文件】→【新建】命令。

（2）在弹出的【新建】对话框中选择【类型】选项组中的【零件】和【子类型】选项

区域中的【实体】单选按钮,并输入文件的【名称】"lashen",取消默认的【使用缺省模板】复选框的选中状态,然后单击【确定】按钮。

(3) 在弹出的【新文件选项】对话框中选择 mmns_part_solid 模板,然后单击【确定】按钮创建一个新文件。

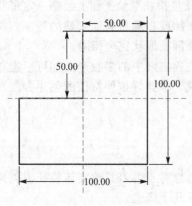

图 5.3　拉伸草绘截面

(4) 单击特征工具栏中的 【拉伸】按钮,在主视区左下角会出现拉伸特征操控面板,如图 5.1 所示。

(5) 单击【拉伸】特征操控面板上的 【实体】按钮,创建拉伸实体。

(6) 为了创建将要拉伸的实体,可单击【拉伸】特征操控面板上的【放置】按钮,然后在弹出的上滑面板中单击【定义】按钮。

(7) 系统会自动弹出【草绘】对话框,选择 TOP 基准平面为草绘平面,并使用系统默认的方向,然后单击【草绘】按钮进入草绘器。

(8) 草绘图 5.3 所示的闭合截面。

(9) 单击【草绘】工具栏中的 【确定】按钮退出草绘器,在【深度】框中输入拉伸深度 100。按住鼠标中键旋转该模型,在三维视图中观察得到的拉伸实体。

(10) 要想查看拉伸效果,可单击拉伸特征操控面板上的 【预览】按钮进行预览。如果达到了要求,则可单击 【确定】按钮完成拉伸实体的创建。最终拉伸实体如图 5.2 所示。

(11) 另外在拉伸操作界面上还可以进行去除材料的操作,仍以图 5.2 得到的实体为例,创建图 5.4 所示实体模型,单击 【拉伸】按钮,进入拉伸特征用户操控面板。

(12) 单击 【去除材料】按钮,对实体去除材料。

(13) 为了在已拉伸的实体上去除材料,可单击【拉伸】特征操控面板上的【放置】按钮,然后在弹出的上滑面板中,单击【定义】按钮。

(14) 系统会弹出【草绘】对话框,选择 TOP 基准平面为草绘平面,并使用系统默认的方向,然后单击【草绘】按钮进入草绘器。

(15) 草绘图 5.5 所示的截面。

图 5.4　去除材料后的实体

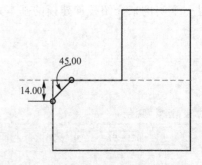

图 5.5　草绘截面

(16) 单击【草绘】工具栏中的 【确定】按钮退出草绘器,在【深度】框中输入拉伸深度 100。按住鼠标中键旋转该模型,在三维视图中观察得到的实体。

(17) 要想查看去除材料后的效果，可单击【拉伸】特征操控面板上的 ☑ ∞ 【预览】按钮进行预览。如果达到了要求，则可单击 ☑ 【确定】按钮完成对实体去除材料的操作，最终效果如图 5.4 所示。

(18) 保存文件。单击【保存】按钮，完成操作。

5.2 创建旋转特征

旋转特征也是 Pro/E 建模的最基础的特征之一，旋转特征是指在草绘平面上将一定形状的闭合或者开放曲线（即特征截面）绕着一条轴线旋转一定角度而形成的特征。从旋转特征的定义可见，特征截面的形状决定了旋转特征的形状。

旋转特征主要用于生成回转类实体。例如盘类零件的创建，都需要以旋转特征先创建零件的轮廓特征，然后在其基本体上添加其他特征。在工程实践中，旋转特征的运用是比较广泛的，掌握旋转特征的操作方法同上节中介绍的拉伸特征操作同样重要。

1. 旋转类型及注意事项

旋转特征有 3 种形式：实体、曲面和薄板特征。对于初次生成的旋转实体来说，截面必须是全封闭的，而对于曲面和薄板特征来说，截面可以是开放的。尤其是曲面和薄板，更容易混淆，一般来说二者可以互换，只是壁厚不同。

在生成旋转特征时，其草绘截面需要注意以下几点：

(1) 草绘截面中至少有一条中心线作为旋转轴。如果草绘截面中只包括一条中心线，则该中心线将被用作旋转轴；如果截面中包含一条以上的中心线，系统则默认第一条中心线用作旋转轴，也可以根据需要进行选择。

(2) 构成截面的所有曲线必须在旋转轴的一侧。

2. 旋转生成过程

要创建或重新定义一个旋转特征，可按下列操作顺序给定特征要素：
定义截面放置属性（包括草绘平面、参考平面和参考平面的方向）→绘制旋转中心线→绘制特征截面→确定旋转方向→输入旋转角。

下面通过一个简单的实例介绍旋转特征的创建方法，创建一个旋转实体，最终效果如图 5.6 所示。

(1) 选择【文件】→【新建】命令。

(2) 在弹出的【新建】对话框中选择【类型】选项组中的【零件】和【子类型】选项区域中的【实体】单选按钮，并输入文件的【名称】xuanzhuan，取消默认的【使用缺省模板】复选框的选中状态，然后单击【确定】按钮。

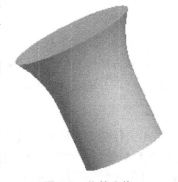

图 5.6 旋转实体

(3) 在弹出的【新文件选项】对话框中选择 mmns_part_solid 模板，然后单击【确定】按钮创建一个新文件。

(4) 单击特征工具栏中的 【旋转】按钮,在主视区下侧会出现【旋转】特征操控面板,如图 5.7 所示。

图 5.7 【旋转】特征操控面板

(5) 单击【旋转】特征操控面板上的 【实体】按钮,创建旋转实体。

(6) 为了创建将要旋转的实体,可单击【旋转】特征操控面板上的【位置】按钮,然后在弹出的上滑面板中单击【定义】按钮。

(7) 系统会弹出【草绘】对话框,选择 TOP 基准平面为草绘平面,并使用系统默认的方向,然后单击【草绘】按钮进入草绘器。

(8) 草绘图 5.8 所示的闭合截面。

(9) 单击【草绘】工具栏中的 【确定】按钮退出草绘器。

(10) 要想查看旋转效果,可单击【旋转】特征操控面板上的 【预览】按钮进行预览。如果达到了要求,则可单击 【确定】按钮完成旋转实体的创建,最终效果如图 5.6 所示。

(11) 保存文件。单击【保存】按钮,完成操作。

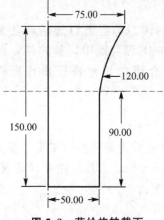

图 5.8 草绘旋转截面

5.3 综合设计范例

5.3.1 发动机气门的设计

1. 新建文件

单击 【新建】按钮,新建文件,并输入文件名称为 qimen,取消默认的【使用缺省模板】复选框的选中状态,单击【确定】按钮,然后在弹出的【新文件选项】对话框中,选择 mmns_part_solid 选项,最后单击【确定】按钮创建一个新文件。

2. 创建气门体

单击特征工具栏中 【旋转】按钮,在窗口下方弹出的【旋转】特征操控面板中单击【位置】按钮,在弹出的【位置】上滑面板中单击【定义】按钮,随后弹出【草绘】对话框,在工作区中选取 FRONT 基准平面作为草绘平面,以 RIGHT 基准平面为"右"方向参照,单击【草绘】按钮,进入草绘环境。绘制图 5.9 所示的中心线和旋转截面,然后单击 【确定】按钮,退出草绘环境。在【旋转】特征操控面板里选择实体,角度为 360°,如图 5.10 所示。单击 【确定】按钮完成气门体的操作。

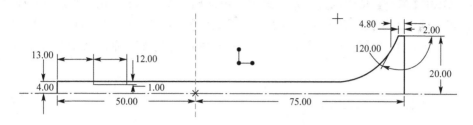

图5.9 气门体旋转草绘截面

图5.10 【旋转】特征操控面板

3. 创建倒角

单击特征工具栏中的 【倒角】按钮，然后选择气门的顶部的曲线，在倒角操控面板里选择D×D选项，D输入1，如图5.11所示，单击 【确定】完成倒角的操作。气门实体模型如图5.12所示。

图5.11 倒角操控面板

图5.12 气门模型

注意：在使用旋转工具生成旋转特征时，在绘制旋转剖面的过程中，一定要有旋转中心轴线。

4. 保存文件

单击【保存】按钮，完成操作。

5.3.2 活塞的设计

1. 新建文件

单击 【新建】按钮，新建文件，并输入文件名称为huosai，取消默认的【使用缺省模板】复选框的选中状态，单击【确定】按钮，然后在弹出的【新文件选项】对话框中，选择mmns_part_solid选项，最后单击【确定】按钮创建一个新文件。

2. 用旋转特征生成活塞主体

单击特征工具栏中 【旋转】按钮，在窗口下方弹出的【旋转】特征操控面板中单击【位置】按钮，在弹出的【位置】上滑面板中单击【定义】按钮，随后弹出【草绘】对话框，在工作区中选取FRONT基准平面作为草绘平面，以RIGHT基准平面作为"右"方向参照，单击【草绘】按钮，进入草绘环境。绘制图 5.13 所示的中心线和旋转截面。然后单击 【确定】按钮，退出草绘环境。在【旋转】特征操控面板里选择实体，输入旋转角度为 360°。单击 【确定】按钮完成活塞主体的创建，完成后的模型如图 5.14 所示。

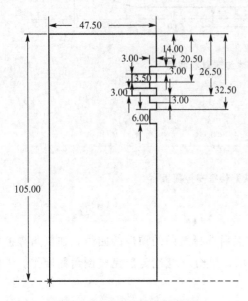

图 5.13 活塞旋转草绘截面

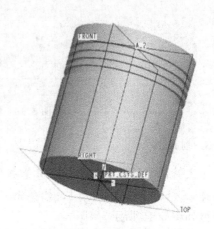

图 5.14 活塞主体特征模型

3. 去除活塞内部材料

单击特征工具栏中 【旋转】按钮，在窗口下方弹出的【旋转】特征操控面板中单击【位置】按钮，在弹出的【位置】上滑面板中单击【定义】按钮，随后弹出【草绘】对话框，在工作区中选取 FRONT 基准平面作为草绘平面，以 RIGHT 基准平面作为"右"方向参照，单击【草绘】按钮，进入草绘环境。绘制出图 5.15 所示的中心线和旋转截面，然后单击 【确定】按钮，退出草绘环境。在【旋转】特征操控面板里选择实体，输入旋转角度为 360°（注意：绘制的剖面必须封闭），单击 【去除材料】按钮。单击 【确定】按钮完成该部分的操作，完成后的模型如图 5.16 所示。

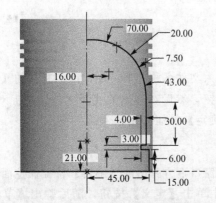

图 5.15 去除内部材料旋转草绘截面

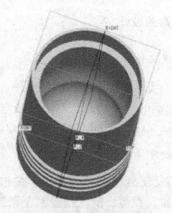

图 5.16 去除材料后模型

4. 创建基准平面

创建基准平面DTM1。单击特征工具栏中的 ◯【基准平面】按钮，选择FRONT基准平面作为参照，如图5.17所示，在【平移】文本框中输入18，按Enter键，然后在【基准平面】对话框中单击【确定】按钮，如图5.18所示。

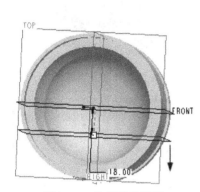

图5.17 选择基准平面

图5.18 【基准平面】对话框

5. 用拉伸特征创建活塞销座

单击特征工具栏中 ◯【拉伸】按钮，弹出【拉伸】特征操控面板，单击【放置】按钮，在弹出的【放置】上滑面板中单击【定义】按钮，弹出【草绘】对话框，在工作区中选取DTM1基准平面作为草绘平面，以RIGHT基准平面作为"右"方向参照，单击【草绘】按钮，进入草绘环境。绘制图5.19所示的截面，然后单击 ✓【确定】按钮，退出草绘环境。在【拉伸】特征操控面板中单击 ⊥【拉伸至选定的点、曲线、平面或曲面】按钮，如图5.20所示，然后选择图5.21所示的曲面，最后单击 ✓【确定】按钮。创建的拉伸特征如图5.22所示。

6. 创建基准轴

单击特征工具栏中的 ╱【基准轴】按钮，选择图5.23所示的曲面作为参照，选中后在【基准轴】对话框中，把类型改为"穿过"，如图5.24所示，单击【确定】按钮，完成基准轴的创建。

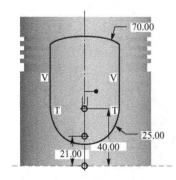

图5.19 活塞销座拉伸草绘截面

图5.20 拉伸特征深度选择

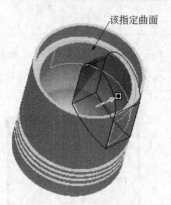

图 5.21 选择拉伸指定曲面

图 5.22 活塞销座预览

图 5.23 选择基准轴参照曲面

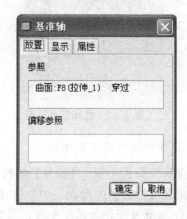

图 5.24 【基准轴】对话框

7. 创建孔特征

单击特征工具栏中的 【孔工具】按钮,弹出【孔】特征操控面板。单击【放置】按钮,选择图 5.25 所示的平面作为主参照,并选择"同轴"作为定位方式;在"次参照"列表中选择上步创建的基准轴。然后在孔特征的操控面板里输入孔的直径为 35.00,并且单击 【拉伸至选定的点、曲线、平面或曲面】按钮,选择活塞的外圆柱面作为到选定的面,如图 5.26 所示。最后单击 【确定】按钮完成活塞销孔的创建。

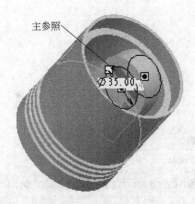

图 5.25 孔的主参照选择

图 5.26 选择到指定的面作为次参照

注意：选择轴的过程中，一定要打开基准轴显示开关。

8. 镜像特征

在左侧的模型树中，按住 Ctrl 键，选中上面步骤中创建的活塞销座拉伸特征和孔特征，然后单击特征工具栏中的 【镜像】按钮，再选择 FRONT 基准平面作为镜像平面，如图 5.27 所示，单击 【确定】按钮完成镜像特征的操作。镜像后生成的特征如图 5.28 所示。

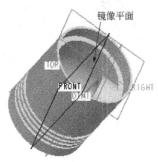 

图 5.27　镜像平面的选择　　　　　　图 5.28　镜像特征后预览

9. 活塞切口的创建

单击特征工具栏中 【拉伸】按钮，弹出【拉伸】特征操控面板，单击【放置】按钮，在弹出的【放置】上滑面板中单击【定义】按钮，弹出【草绘】对话框，在工作区中选取 FRONT 基准平面作为草绘平面，以 RIGHT 基准平面作为"右"方向参照，单击【草绘】按钮，进入草绘环境。绘制图 5.29 所示的截面，完成草绘截面后，单击 【确定】按钮，退出草绘环境。在【拉伸】特征操控面板中单击 【去除材料】按钮，然后单击【选项】按钮，在出现的深度对话框中，第 1 侧和第 2 侧均选择 【拉伸至选定的点、曲线、平面或曲面】按钮，如图 5.30 所示，到第 1 侧的曲面选择活塞的外圆柱面如图 5.31 所示，然后在第 2 侧的"单击此处添加"处单击，到第 2 侧的曲面选择活塞的另外半个外圆柱面，如图 5.32 所示的曲面，最后单击 【确定】按钮，完成切口特征的操作。创建的拉伸特征如图 5.33 所示。

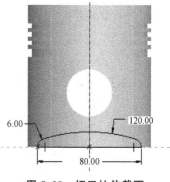

图 5.29　切口拉伸截面

 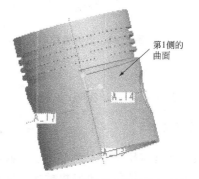

图 5.30　切口拉伸深度选择　　　　图 5.31　第 1 侧的指定拉伸曲面选择

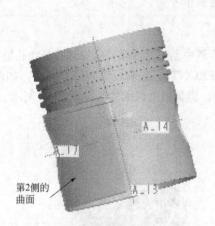

图 5.32 第 2 侧的指定拉伸曲面选择

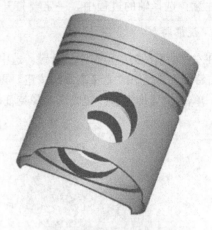

图 5.33 完成切口后的实体模型

10. 用拉伸特征创建燃烧室

单击特征工具栏中 【拉伸】按钮,弹出【拉伸】特征操控面板,单击【放置】按钮,在弹出的【放置】上滑面板中单击【定义】按钮,弹出【草绘】对话框,在工作区中选取活塞顶面作为草绘平面,以 RIGHT 基准平面作为"右"方向参照,单击【草绘】按钮,进入草绘环境。绘制图 5.34 所示的截面,然后单击 【确定】按钮,退出草绘环境。在【拉伸】特征操控面板中单击 【去除材料】按钮,设置拉伸厚度为 3.50,方向指向活塞内部(如果方向有误,单击拉伸方向箭头进行修改),单击 【确定】按钮,完成燃烧室的拉伸特征操作,最终得到的活塞实体模型如图 5.35 所示。

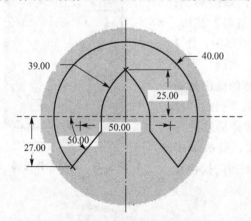

图 5.34 燃烧室拉伸截面

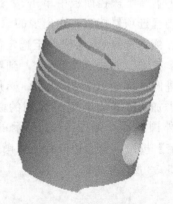

图 5.35 活塞实体模型

11. 保存文件

单击【保存】按钮,完成操作。

5.3.3 拨叉设计

拨叉零件常应用于汽车的变速器、操纵系统等机构中,其形状大多不规则,外形比内腔复杂,毛坯多为铸件,再经机械加工制成。一般来说,这种零件都是通过拉伸、旋转等操作建立基本体，然后在基本体上采用孔、筋等操作完成其他特征的创建。由于模型复杂，所以建模时常常需要建立多个基准平面、基准轴等基准特征。图 5.36 是本节要完成的拨叉实体模型。下面介绍具体的建模步骤。

1. 新建文件

单击【新建】按钮，新建文件，并输入文件名称为"bocha"，取消默认的【使用缺省模板】复选框的选中状态，单击【确定】按钮，然后在弹出的【新文件选项】对话框中，选择"mmns_part_solid"选项，最后单击【确定】按钮完成文件的新建。

2. 创建套管体

单击特征工具栏中【旋转】按钮，在窗口下方弹出的【旋转】特征操控面板中单击【位置】按钮，在弹出的【位置】上滑面板中单击【定义】按钮，随后弹出【草绘】对话框，在工作区中选取 RIGHT 基准平面作为草绘平面，以 TOP 基准平面作为"左"方向参照，单击【草绘】按钮，进入草绘环境。绘制图 5.37 所示的中心线和旋转截面，然后单击【确定】按钮，退出草绘环境。单击【确定】按钮完成旋转特征操作。

图 5.36　拨叉实体

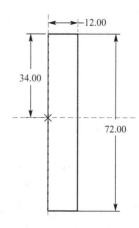

图 5.37　旋转截面

3. 创建拨叉结构

单击特征工具栏中【拉伸】按钮，在窗口下方弹出的【拉伸】特征操控面板中单击【放置】按钮，在弹出的【放置】上滑面板中单击【定义】按钮，随后弹出【草绘】对话框，在工作区中选取 FRONT 基准平面作为草绘平面，以 RIGHT 基准平面作为"右"方向参照，单击【草绘】按钮，进入草绘环境。绘制图 5.38 所示的截面，然后单击【确定】按钮，退出草绘环境。在【拉伸】特征操控面板中单击【两侧】按钮，输入深度值 6，然后单击【确定】按钮完成拉伸特征操作。创建的拨叉结构如图 5.39 所示。

4. 拨叉接触结构的创建

单击特征工具栏中【拉伸】按钮，在窗口下方弹出的【拉伸】特征操控面板中单击【放置】按钮，在弹出的【放置】上滑面板中单击【定义】按钮，然后在弹出的【草

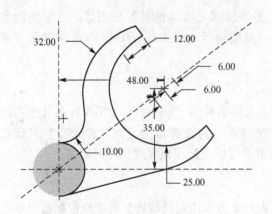

图 5.38 拉伸草绘截面

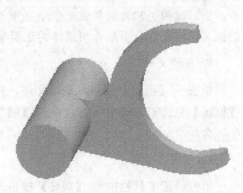

图 5.39 创建的拨叉结构

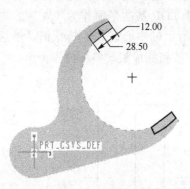

图 5.40 拨叉接触结构拉伸截面

绘】对话框中,单击【使用先前的】按钮,单击【草绘】按钮,进入草绘环境。绘制出图 5.40 所示的截面,然后单击 ✔ 【确定】按钮。在【拉伸】特征操控面板中单击 【两侧】按钮,输入深度值 8,然后单击 ✔ 【确定】按钮。

5. 创建基准平面

创建基准平面 DTM1。单击特征工具栏中的 ▱ 【基准平面】按钮,选择图 5.41 所示的 FRONT 平面作为参照,输入平移值 10.5,按 Enter 键,然后在【基准平面】对话框中单击【确定】按钮。

创建基准平面 DTM2。单击特征工具栏中的 ▱ 【基准平面】按钮,然后选择旋转特征的中心轴 A_2 作为参照,并设置该参照的约束类型为"穿过";按住 Ctrl 键的同时选择 TOP 基准平面作为参照,并设置该参照的约束类型为"偏移",如图 5.42 所示,在【旋转】文本框中输入 13,然后在【基准平面】对话框中单击【确定】按钮。

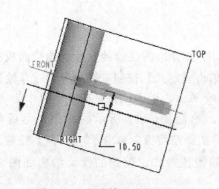

图 5.41 创建基准平面 DTM1

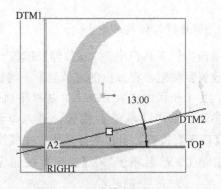

图 5.42 创建基准平面 DTM2

6. 创建加强筋

单击 △ 【筋工具】按钮,弹出【筋】特征操控面板。在【筋】特征操控面板中单击

【参照】按钮，弹出【参照】上滑面板，并单击【定义】按钮，弹出【草绘】对话框。选择 DTM2 基准平面作为草绘平面，以 FRONT 基准平面为"底"方向参照，单击【草绘】按钮，进入草绘环境。绘制图 5.43 所示的截面，然后单击 ✓【确定】按钮。

注意此时筋特征的箭头方向是否指向实体。可单击工作区中的箭头方向使其指向实体而形成有效材料填充区域。然后在【筋】特征操控面板的尺寸文本框中输入 6，单击 ✓【确定】按钮完成加强筋的创建。创建的加强筋特征如图 5.44 所示。

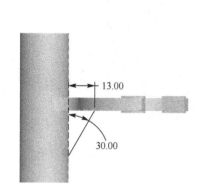
图 5.43　筋特征草绘截面

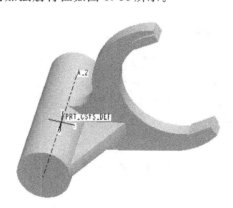
图 5.44　创建的筋特征

7．创建拉伸特征

单击特征工具栏中 ⌐♂【拉伸】按钮，弹出【拉伸】特征操控面板，并单击【放置】按钮。在弹出的【放置】上滑面板中单击【定义】按钮，弹出【草绘】对话框，在工作区中选取 DTM1 基准平面作为草绘平面，以 TOP 基准平面作为"顶"方向参照，单击【草绘】按钮，进入草绘环境。绘制图 5.45 所示的截面，然后单击 ✓【确定】按钮，退出草绘环境。在【拉伸】特征操控面板中单击 ⊟【两侧】按钮，输入深度值 52，然后单击 ✓【确定】按钮。创建的拉伸特征如图 5.46 所示。

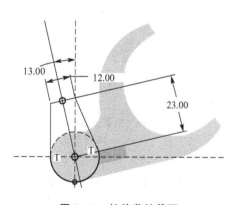
图 5.45　拉伸草绘截面

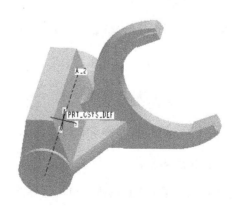
图 5.46　创建的拉伸特征

8．多余材料的去除

使用拉伸工具切出所需要的实体。单击 ⌐♂【拉伸】按钮，弹出【拉伸】特征操控面板，并单击【放置】按钮，在弹出的【放置】上滑面板中单击【定义】按钮，弹出【草绘】对话框，单击【使用先前的】按钮，单击【草绘】按钮，进入草绘环境。绘制图5.47所示的截面，然后单击✓【确定】按钮，退出草绘环境。在【拉伸】特征操控面板中单击【去除材料】按钮，然后单击【两侧】按钮，输入深度值42，最后单击✓【确定】按钮。得到所需要的结构如图5.48所示。

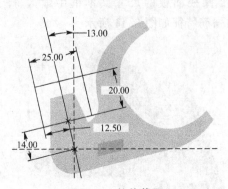

图5.47 拉伸截面

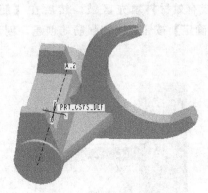

图5.48 完成的拉伸特征

9. 创建凸台

单击【拉伸】按钮，弹出【拉伸】特征操控面板，并单击【放置】按钮，在弹出的【放置】上滑面板中单击【定义】按钮，弹出【草绘】对话框，在工作区中选取DTM2基准平面作为草绘平面，以FRONT基准平面作为"底"方向参照，单击【草绘】按钮，进入草绘环境。绘制图5.49所示的截面，然后单击✓【确定】按钮，退出草绘环境。在【拉伸】特征操控面板中的输入深度值17，然后单击✓【确定】按钮。创建的凸台如图5.50所示。

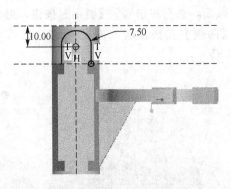

图5.49 拉伸草绘截面

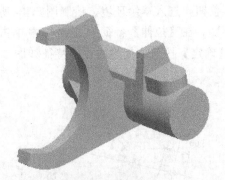

图5.50 创建的凸台

10. 创建套管孔

单击【拉伸】按钮，单击【拉伸】特征操控面板中的【放置】按钮，弹出【放置】上滑面板，单击【定义】按钮，随后弹出【草绘】对话框，在工作区中选取FRONT基准平面作为草绘平面，以RIGHT基准平面作为"右"方向参照，单击【草绘】按钮，进入草绘环境。绘制图5.51所示的截面，然后单击✓【确定】按钮，退出草绘环境。在【拉伸】特征操控面板中单击【去除材料】按钮，然后单击【两侧】按钮，输入深度值100，最后单击✓【确定】按钮。创建的套管孔如图5.52所示。

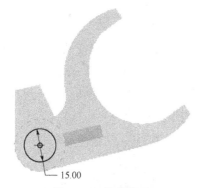
图 5.51 拉伸截面

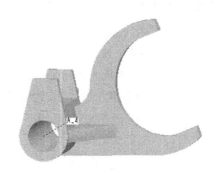
图 5.52 创建的套管孔

11. 创建基准轴

单击特征工具栏中的 /【基准轴】按钮，弹出【基准轴】对话框，在工作区中选取如图 5.53 所示的边作为参照，设置所选参照的约束类型为"中心"，然后单击【确定】按钮。

12. 创建螺纹孔

单击特征工具栏中的【孔工具】按钮，弹出【孔】特征操控面板。单击【放置】按钮，选择图 5.54 所示的平面作为主参照，并选择"同轴"作为定位方式，选择上一步建立的基准轴作为次参照。然后在操控面板中单击【创建标准孔】按钮，设置标准孔的螺纹类型为"ISO"，选择螺钉尺寸为"M8×1"，单击【钻孔至下一曲面】按钮。最后单击【确定】按钮完成螺纹孔的创建。

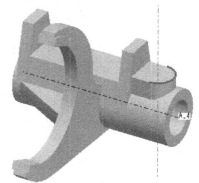
图 5.53 创建基准轴

13. 倒直角

单击特征工具栏中的【倒角工具】按钮，在窗口下方弹出的【倒角】特征操控板中选择倒角样式为"45×D"，输入 D 值为 1。在工作区中选取如图 5.55 所示的两个边。单击【确定】按钮完成倒角特征的创建。

图 5.54 创建螺纹孔

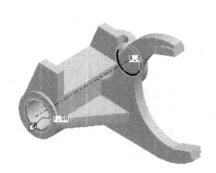
图 5.55 倒角特征

14. 铸造圆角的创建

单击特征工具栏中的 【倒圆角】按钮，弹出【倒圆角】特征操控面板，输入圆角半径10，然后选择图5.56所示的两个边作为参照，单击 【确定】按钮生成倒圆角特征。同样的方法，以图5.57所示的边作为参照倒半径为10的圆角，以图5.58所示的两个边作为参照倒半径为3的圆角。最后生成拨叉模型如图5.59所示。

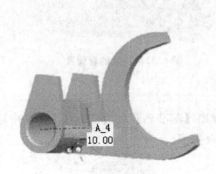

图5.56 倒圆角（一）

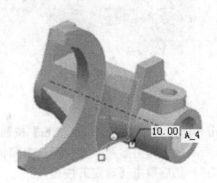

图5.57 倒圆角（二）

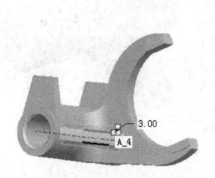

图5.58 倒圆角（三）

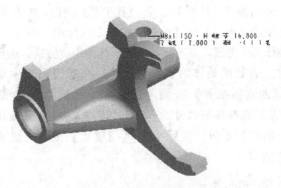

图5.59 拨叉模型

15. 保存文件

单击【保存】按钮，完成操作。

小 结

基本特征是生成基本实体造型的特征，是创建所有模型的基础。拉伸、旋转特征是最简单、也是最常用的造型方法，通过拉伸、旋转等基础特征的合理构建，创建出汽车零部件各式各样的零部件基本体。本章首先讲述了拉伸、旋转特征的类型及具体的创建方法，然后通过对发动机气门、活塞及拨叉的实体建模，使读者对拉伸、旋转等基础特征的创建有了更深入的认识。

上机题(尺寸自定)

1. 利用拉伸、倒圆角等特征创建图 5.60 所示的支架模型。
2. 利用拉伸和旋转等基础特征创建图 5.61 所示的油杯模型。

 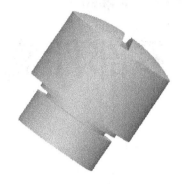

图 5.60 支架模型　　　　图 5.61 油杯模型

第 6 章
汽车零部件高级特征的创建

教学要点

能力目标	知识要点	权重	自测分数
掌握扫描特征的创建方法	扫描类型、注意事项及生成过程，实例说明扫描实体的创建方法	20%	
熟悉蜗轮、蜗杆的设计步骤	蜗轮、蜗杆实体建模的具体步骤	30%	
掌握混合特征的创建方法	混合特征的产生方法、创建步骤及建立混合特征的注意事项	20%	
熟悉混合特征建模的具体设计步骤	混合实体、薄板及曲面实体建模的具体步骤	30%	

6.1 创建扫描特征

在第 5 章学习拉伸特征时可以发现，由于截面与扫描轨迹垂直，所以在建立实体特征时受到很多限制。对此，Pro/E 提供了更加灵活的扫描特征，即一定形状的截面沿着一条指定的轨迹线扫描而生成的特征。从扫描的定义可知，扫描特征的截面与轨迹线决定扫描特征的形状。它同拉伸特征一样，也包括实体、曲面和薄板等特征，不同于拉伸特征的是：一是轨迹线是不确定的曲线，二是扫描的截面具有可变性。

1. 扫描类型及注意事项

扫描特征有两种形式：恒定剖面扫描和可变剖面扫描。

恒定剖面扫描形成实体的方法比较简单，它有一个明显的特点，就是在扫描的过程中，其草图截面的大小保持不变；而可变剖面扫描特征是采用扫描轨迹线控制草图截面的扫描生成方法，在草图截面绘制过程中需要设定草图对象与扫描轨迹线之间的几何关系。

使用扫描特征，还可以通过控制截面的旋转方向和几何特征，沿一个或多个选定的轨迹扫描截面来创建曲面。要创建或重新定义一个扫描特征，必须给定两大特征要素：扫描轨迹和扫描截面。

2. 扫描生成过程

要创建或重新定义一个扫描特征，可按下列操作顺序给定特征要素：

定义截面放置属性（包括草绘平面、参考平面和参考平面的方向）→绘制扫描轨迹线→绘制特征截面。

下面举例介绍绘制一个恒定剖面扫描实体的方法，绘制图 6.1 所示的恒定剖面扫描实体。其具体创建步骤如下：

(1) 选择【文件】→【新建】命令。

(2) 在弹出的【新建】对话框中选择【类型】选项组中的【零件】和【子类型】选项组中的【实体】单选按钮，并输入文件的【名称】saomiao，取消默认的【使用缺省模板】复选框的选中状态，然后单击【确定】按钮。

(3) 在弹出的【新文件选项】对话框中选择 mmns_part_solid 模板，然后单击【确定】按钮创建一个新文件。

(4) 单击特征工具栏中的 【扫描】按钮，在主视区下侧会弹出【扫描】特征操控面板，如图 6.2 所示。

图 6.1 扫描实体　　　　　　　　　图 6.2 【扫描】特征操控面板

(5) 单击【扫描】特征操控面板上的扫描 □【实体】按钮，创建扫描实体。

(6) 在【扫描】特征操控面板中单击【选项】按钮,在弹出的上滑面板中选择【恒定剖面】选项,即在扫描过程中无截面变化。

(7) 绘制扫描轨迹。选择【插入】→【模型基准】→【草绘】命令或者单击基准特征工具栏中的 草绘 按钮。

(8) 系统弹出【草绘】对话框。选择 TOP 基准平面作为【草绘平面】,其他使用系统默认的方向,然后单击【草绘】按钮进入草绘器。

(9) 绘制图 6.3 所示的草绘图,单击【草绘】工具栏中的 ✓ 【确认】按钮生成轨迹线。

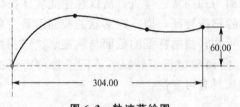

图 6.3 轨迹草绘图

(10) 在【扫描】特征操控面板中单击 ▶ 【继续】按钮继续扫描特征的创建。刚才绘制的基准线被自动的选取为扫描特征的轨迹,如图 6.4 所示。

(11) 在【扫描】特征操控面板中单击 【草绘】按钮再一次进入草绘状态。然后绘制图 6.5 所示的截面草绘图,单击 ✓ 【完成】按钮完成截面草绘图。

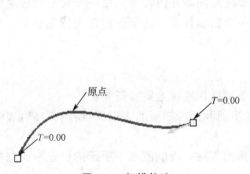

图 6.4 扫描轨迹

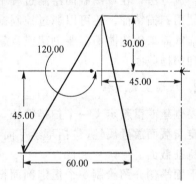

图 6.5 扫描截面草绘图

(12) 单击【扫描】特征操控面板中的 ✓ 【完成】按钮完成扫描实体的创建,如图 6.1 所示。

(13) 保存文件。单击【保存】按钮完成操作。

6.2 扫描特征设计范例

6.2.1 蜗轮的设计

蜗轮是一种与蜗杆相啮合、齿形特殊的齿轮。本节以蜗轮为实例详细讲解其建模的方法及步骤。本实例中蜗轮的主要参数为:模数 M 为 2.5,齿数 Z_2 为 31,蜗轮齿的压力角 ALPHA 为 20°,变位系数 X_2 为 -0.5,宽度 B 为 25,蜗轮旋向为右旋,配对蜗杆的头数 Z_1 为 2,直径系数 Q 为 10。将要完成的蜗轮如图 6.6 所示。

图 6.6 蜗轮实体

蜗轮建模主要是创建蜗轮端面齿形的渐开线，由渐开线构造齿槽截面，将齿槽截面沿螺旋线扫描混合生成单个齿槽，然后采用阵列工具阵列出所有的齿槽，具体的建模步骤如下：

1. 定义参数

选择【工具】→【参数】命令，在打开的【参数】窗口中单击 ✚【添加】按钮，分别添加 M、Q、Z1、Z2、ALPHA、B、X2 参数，并添加各参数的初始值和说明，如图 6.7 所示。然后单击【确定】按钮。

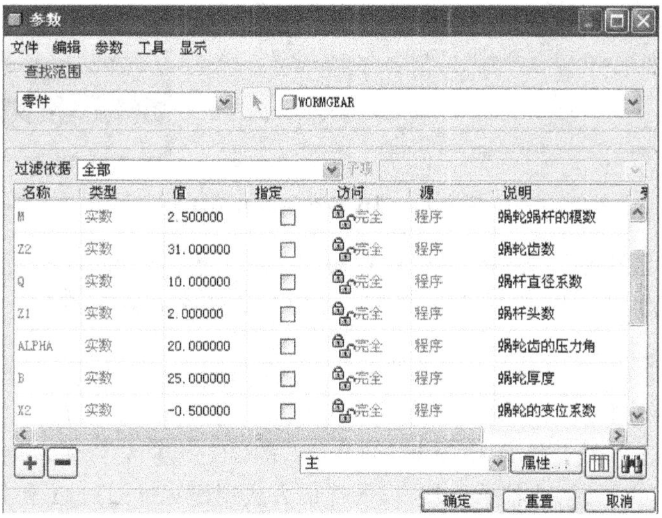

图 6.7 定义参数

2. 在零件模型中创建关系式

选择【工具】→【关系】命令，在弹出的【关系】对话框的文本编辑框中输入以下关系式：

GAMMA＝ATAN(Z1/Q)　　/＊蜗轮分度圆柱的螺旋角
BETA＝GAMMA
ALPHA_T＝ATAN(TAN(ALPHA)/COS(BETA))
S＝PI＊Z1＊M　　　　　/＊蜗杆导程

单击【确定】按钮，完成添加关系式。

3. 创建基准平面

单击 □【基准平面】按钮添加基准平面，选择 TOP 基准平面为参照，在【平移】文本框中输入 12，按 Enter 键，然后在【基准平面】对话框中单击【确定】按钮。再添加关系式，选择【工具】→【关系】命令，在弹出的【关系】对话框的文本编辑框中输入关系式：D0＝M＊Q/2，完成基准平面 DTM1 的创建。同样的方法，以 TOP 基准平面为参照在 DTM1 同侧创建基准平面 DTM2，并添加关系式：D1＝M＊(Q＋Z2＋2＊X2)/2，使得 DTM2 与 TOP 基准平面相距 D1，如图 6.8 所示。最后单击常用工具栏中的 【再生模型】按钮。

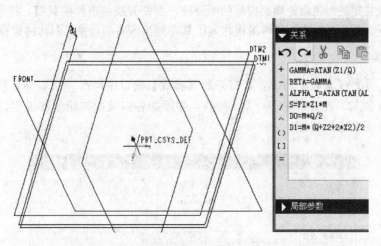

图 6.8　创建基准平面 DTM1

注意：这里的【平移】文本框可以任意输入一个实数，因为单击 【再生模型】按钮后，所创建的基准平面与 TOP 基准平面的距离尺寸最终由关系式 D0、D1 决定。

4. 创建基准轴

单击 【基准轴】按钮添加两个基准轴。单击 【基准轴】按钮，弹出【基准轴】对话框，按住 Ctrl 键，在工作区中选取 TOP 和 RIGHT 基准平面，创建穿过 TOP 和 RIGHT 基准平面交线的基准轴 A_1。以同样的方法创建穿过 DTM1 和 RIGHT 基准平面交线的基准轴 A_2。创建的基准轴 A_1、A_2 如图 6.9 所示。

5. 创建基准坐标系

单击特征工具栏中的 【基准坐标系】按钮，弹出【坐标系】对话框，在工作区中选择 DTM1 基准平面，然后按住 Ctrl 键同时选择 RIGHT 和 FRONT 基准平面。单击【坐标系】对话框的【定向】标签，可控制基准坐标系的方向得到图 6.10 所示的坐标系 CS0。

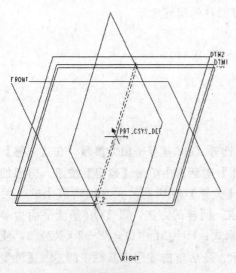

图 6.9　创建的基准轴 A_1、A_2

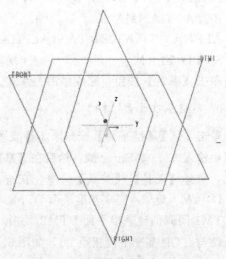

图 6.10　创建的基准坐标系 CS0

6. 复制一个坐标系

选择【编辑】→【特征操作】命令,在弹出的菜单管理器中依次选择【复制】→【移动】→【选取】→【从属】→【完成】命令。在工作区选择坐标系CS0,然后在菜单管理器的【选取特征】菜单中选择【完成】命令。在随后弹出的【移动特征】菜单中选择【旋转】→【曲线/边/轴】命令,选取基准轴A_2作为复制参照,然后在菜单管理器出现的【方向】菜单中选择【正向】命令,接受系统默认的方向。在系统消息区提示的"输入旋转角度:"的文本框中输入10,单击 ✓【确定】按钮。在菜单管理器的【移动特征】菜单中,选择【完成移动】命令。在随后弹出的【组元素】对话框中单击【确定】按钮,选择【特征】菜单中的【完成】命令完成基准坐标系CS1的创建。选择主菜单【工具】→【关系】命令,为旋转角度添加关系式:D2=360/(4*Z2)-180*TAN(ALPHA_T)/PI+ALPHA_T,如图6.11所示。单击常用工具栏中的 【再生模型】按钮。

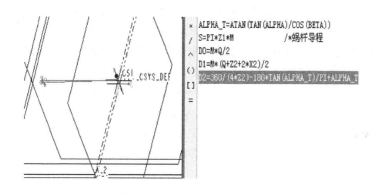

图6.11 添加CS1坐标系的旋转角度关系式

7. 创建蜗轮基本圆

单击特征工具栏中的 【草绘】按钮,弹出【草绘】对话框。选择FRONT基准平面作为草绘平面,以RIGHT基准平面作为"右"方向参照,单击【草绘】按钮,分别绘制四个同心圆,如图6.12所示。草绘完成后,单击 ✓【确定】按钮,退出草绘环境。再选择主菜单【工具】→【关系】命令,为蜗轮基本圆添加关系式:

D4=M*Z2+2*M　　　　　　　　/*蜗轮齿顶圆直径
D5=M*Z2　　　　　　　　　　/*蜗轮分度圆直径
D6=M*Z2*COS(ALPHA_T)　　　/*蜗轮基圆直径
D7=M*Z2-2.4*M　　　　　　　/*蜗轮齿根圆直径
DB=D6　　　　　　　　　　　/*中间参数

输入完毕后,单击【确定】按钮。最后单击常用工具栏中的 【再生模型】按钮。

注意:基本圆的直径可以不必直接修改为图6.12所示的数值,只需保持相同形状的图形和标注所需要的尺寸,而尺寸的最终值将通过设置关系式来计算决定,如图6.13所示。

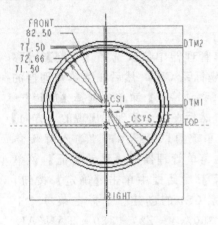

图 6.12　绘制蜗轮基本圆

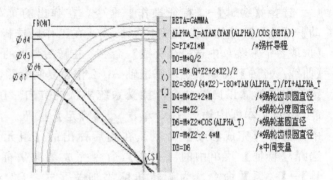

图 6.13　定义基本圆直径尺寸关系式

8. 创建轮齿渐开线

单击特征工具栏中的 ～ 【基准曲线】按钮，弹出【曲线选项】对话框，选择【从方程】→【完成】命令。随后弹出【曲线：从方程】对话框和【得到坐标系】菜单。此时在工作区选取 CS1 基准坐标系，在弹出的【设置坐标类型】菜单中，选择【笛卡尔】命令，然后在弹出的记事本编辑器中输入以下函数方程：

R=DB/2　　　　　　　　　　　/＊R 等于蜗轮基圆半径
THETA=T＊45　　　　　　　　/＊角度从 0°～45°
X=R＊COS(THETA)+R＊SIN(THETA)＊THETA＊PI/180
Y=R＊SIN(THETA)-R＊COS(THETA)＊THETA＊PI/180
Z=M＊Q/2

输入完毕后，在记事本编辑器中选择主菜单【文件】→【保存】命令，再选择【文件】→【退出】命令。最后单击【曲线：从方程】对话框中【确定】按钮，生成图 6.14 所示的渐开线。

9. 创建镜像渐开线

首先，选择图 6.14 中的渐开线，然后单击特征工具栏中的 【镜像】按钮，弹出【镜像】特征操控面板，选择 RIGHT 基准平面作为镜像平面，最后单击【镜像】特征操控面板中的 【确定】按钮。生成的渐开线如图 6.15 所示。

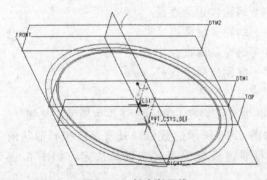

图 6.14　创建渐开线

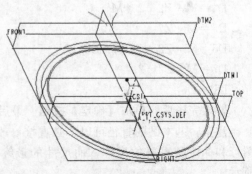

图 6.15　镜像渐开线

10. 创建另一侧渐开线

选择主菜单中的【编辑】→【特征操作】命令,弹出【特征】菜单管理器,依次选择【复制】→【移动】→【选取】→【独立】→【完成】命令。系统提示选取需要复制的特征,在工作区中选取上一步创建的两条渐开线作为复制对象,最后在【选取特征】菜单中选择【完成】命令。在随后弹出的【移动特征】菜单中选择【平移】→【曲线/边/轴】命令,选择基准轴 A_2 作为复制参照。此时箭头指示特征移动的方向,如图 6.16 所示,进行移动方向选择,选择【反向】命令,然后再选择【正向】命令,确定移动方向。此时系统消息区提示"输入偏移距离",输入 25,单击右侧 ✓【确定】按钮。接着在【移动特征】菜单管理器中选择【旋转】→【曲线/边/轴】命令,选择基准轴 A_2 作为复制参照,选择【反向】命令,然后再选择【正向】命令,确定旋转方向。此时系统消息区提示"输入旋转角度:",输入 10,单击右侧 ✓【确定】按钮。选择复制菜单中的【完成移动】命令,弹出组元素对话框,单击【确定】按钮,选择特征菜单中的【完成】命令,然后添加关系式:

D91=B
D92=ASIN(M*Q*TAN(BETA)/DB)

输入完毕后,单击【确定】按钮,如图 6.17 所示。最后单击常用工具栏中的 【再生模型】按钮。

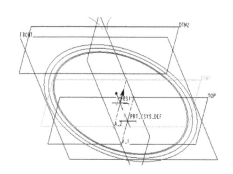

图 6.16 特征操作时的默认方向

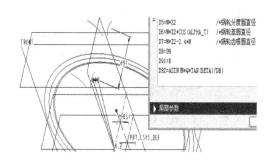

图 6.17 对另一侧渐开线特征添加关系式

11. 创建旋转曲面特征

单击特征工具栏中 【旋转】按钮,在【旋转】特征操控面板中选择旋转类型为 【曲面】,单击【位置】按钮,在弹出的【位置】上滑面板中单击【定义】按钮,随后弹出【草绘】对话框,在工作区中选取 DTM1 基准平面作为草绘平面,以 RIGHT 基准平面作为"右"方向参照,单击【草绘】按钮,进入草绘环境。绘制图 6.18 所示的中心线和曲线,然后单击 ✓【确定】按钮,退出草绘环境。再选择主菜单【工具】→【关系】命令,为曲面特征添加关系式:

D142=D1*2

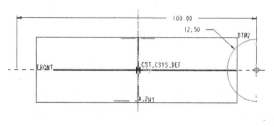

图 6.18 草绘旋转曲线

D98=M*Q/2

如图 6.19 所示，输入完毕后，单击【确定】按钮。最后单击常用工具栏中的 【再生模型】按钮。

12. 创建投影曲线

选择主菜单中的【编辑】→【投影】命令，窗口下方弹出【投影】特征操控面板。在操控面板中单击【参照】按钮，在弹出的【参照】上滑面板中，首先选取【投影草绘】选项，然后单击【草绘】工具栏中的【定义】按钮，弹出【草绘】对话框。选取 DTM1 基准平面作为草绘平面，以 RIGHT 基准平面作为"右"方向参照，单击【草绘】按钮，进入草绘环境。绘制图 6.20 所示的曲线作为投影曲线，草绘完成后，单击 【确定】按钮。然后选择上一步创建的旋转曲面作为投影曲面，选择 DTM1 基准平面作为投影参照，投影方向如图 6.21 所示，单击 【确定】按钮完成投影曲线的创建。

选择主菜单【工具】→【关系】命令，为投影曲线特征添加关系式：D100=BETA，如图 6.22 所示。输入完毕后，单击【确定】按钮。最后单击常用工具栏中的 【再生模型】按钮。

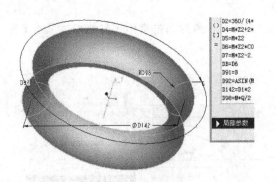

图 6.19 对旋转曲面添加关系式

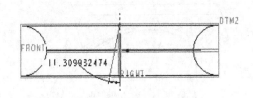

图 6.20 草绘投影曲线

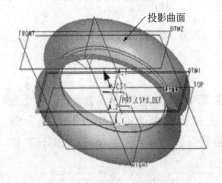

图 6.21 投影曲面及投影方向

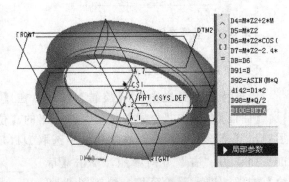

图 6.22 对投影曲线添加关系式

13. 创建蜗轮实体特征

单击特征工具栏中 【旋转】按钮，在窗口下方弹出的【旋转】特征操控面板中单击【位置】按钮，在弹出的【位置】上滑面板中单击【定义】按钮，随后弹出【草绘】对话框，在工作区中选取 TOP 基准平面作为草绘平面，以 RIGHT 基准平面作为"右"方向参照，单击【草绘】按钮，进入草绘环境。绘制图 6.23 所示的中心线和旋转截面，然后单击 ✓【确定】按钮，退出草绘环境。再选择主菜单【工具】→【关系】命令，为蜗轮实体特征添加关系式：

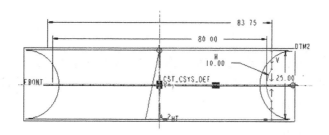

图 6.23　草绘的中心线和旋转截面

D143＝(M＊Z2＋2＊(1＋X2)＊M)
IF Z1＜＝1
D144＝D143＋M＊2
ENDIF
IF Z1＞1
IF Z1＜＝3
D144＝D143＋1.5＊M
ENDIF
ENDIF
IF Z1＞3
D144＝D143＋M
ENDIF
D104＝M＊(Q－2)/2
D105＝B

如图 6.24 所示，输入完毕后，单击【确定】按钮。最后单击常用工具栏中的 【再生模型】按钮。

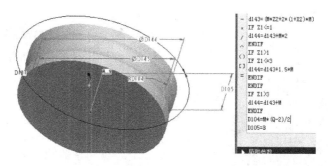

图 6.24　对蜗轮实体添加关系式

14. 创建倒角特征

单击特征工具栏中的 【倒角】按钮，在窗口下方弹出的【倒角】特征操控面板中选择倒角样式为【45×D】，输入 D 值为 2.5。在工作区中选取上一步创建的蜗轮实体两个边。单击 【确定】按钮生成倒角特征。选择主菜单【工具】→【关系】命令，为倒角特征添加关系式：D106＝M，如图 6.25 所示。最后单击常用工具栏中的 【再生模型】按钮。

15. 草绘曲线

单击特征工具栏中的 【草绘】按钮，弹出【草绘】对话框。选择 DTM1 基准平面作为草绘平面，以 RIGHT 基准平面作为"右"方向参照，单击【草绘】按钮，进入草绘环境。绘制图 6.26 所示的直线。

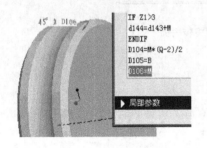

图 6.25　倒角特征

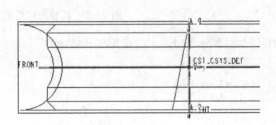

图 6.26　草绘直线

注意：直线的两端点在旋转曲面上下两边投影的直线上，然后单击 【确定】按钮。

16. 创建蜗轮的一个齿槽

选择主菜单中的【插入】→【扫描混合】命令，弹出【扫描混合】特征操控面板。在操控面板中单击 【实体】按钮和 【去除材料】按钮。选择投影曲线，按住 Ctrl 键同时选择上步创建的直线，如图 6.27 所示。选择的投影曲线为原点轨迹。然后单击操控面板中的【参照】按钮，弹出【参照】上滑面板，在【轨迹】收集器中，将【次要的】轨迹设置为【法向轨迹】，即选中其对应的 N 复选框，如图 6.28 所示，【剖面控制】选项设置为【垂直于轨迹】选项，【水平/垂直控制】选项设置为【自动】选项，【起点的 X 方向参照】选项设置为【缺省】选项。

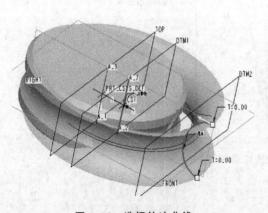

图 6.27　选择轨迹曲线

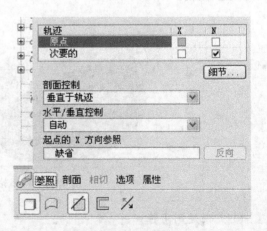

图 6.28　定义参照

单击【扫描混合】特征操控面板中的【剖面】按钮,弹出【剖面】上滑面板。接受默认的【草绘截面】选项,在工作区中选择原点轨迹的链首作为第一个参照点,然后单击【草绘】按钮,进入草绘环境,如图 6.29 所示。绘制图 6.30 所示的截面,然后单击 【确定】按钮,退出草绘环境。接着在【剖面】上滑面板中,单击【插入】按钮,选择原点轨迹的链尾作为第二个参照点,然后单击【草绘】按钮,进入草绘环境,如图 6.29 所示。绘制图 6.31 所示的截面,然后单击 【确定】按钮,退出草绘环境。单击特征操控面板中的【确定】按钮。最后选择主菜单【工具】→【关系】命令,为图 6.30、图 6.31 所示截面中的两个倒角半径添加关系式:

D130=0.38*M

D131=0.38*M

输入完毕后,单击【确定】按钮。最后单击常用工具栏中的 【再生模型】按钮,生成一个图 6.32 所示的齿槽。

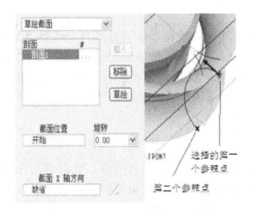

图 6.29　【剖面】上滑面板和选择的参照点

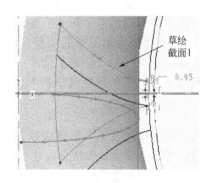

图 6.30　绘制的第一个截面

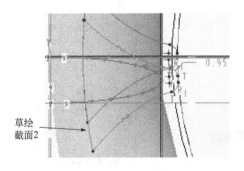

图 6.31　绘制的第二个截面

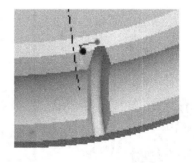

图 6.32　创建的一个齿槽

注意:两个截面中的起始点及其箭头的方向应相对应,若起始点不相对应,则需要先选择欲作为起始点的曲线点,然后右击,在弹出的快捷菜单中选择【起始点】命令。

17. 以阵列的方式生成所有齿槽

首先,选择上一步创建的齿槽,单击特征工具栏中的 【阵列】按钮,弹出【阵列】特征操控面板。在操控面板的阵列类型列表框中选择【轴】选项,在工作区选择 A_1 基准轴,然后设置"输入第一方向的阵列成员数"为2,"输入阵列成员间的角度"为10,如图6.33所示,单击操控面板中的 ☑【确定】按钮,完成阵列操作。

图6.33 【阵列】特征操控面板

选择主菜单【工具】→【关系】命令,为阵列特征添加关系式:
D145=360/Z2
P148=Z2

如图6.34所示,输入完毕后,单击【确定】按钮。最后单击常用工具栏中的 【再生模型】按钮,完成所有齿槽的创建。

18. 建立图层来隐藏不需要显示的曲面和曲线

单击 【层】按钮,在层树的上方单击【层】按钮,从下拉菜单中选择【新建层】命令,在出现的层属性对话框上,输入名称 CENG,选择模型中所有的曲线(包括渐开线等)以及旋转曲面作为该图层的项目。单击【确定】按钮,在层树上右击 CENG 图层,在弹出的快捷菜单中选择【隐藏】命令,单击 【层】按钮,返回到模型特征树的显示状态,得到图 6.6 所示的蜗轮模型基本体。

19. 参数化模型

单击主菜单中的【工具】→【参数】命令,根据需要修改设计参数,然后单击常用工具栏中的 【再生模型】按钮即可生成新的蜗轮模型,最后可以根据实际情况添加其他修饰特征和进行简单的渲染,最后得到图 6.35 所示的蜗轮模型。

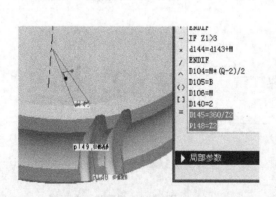
图6.34 设置阵列特征关系式

图6.35 完成的蜗轮模型

20. 保存文件

单击【保存】按钮,完成操作。

6.2.2 蜗杆的设计

蜗杆是与蜗轮配合使用的一种重要的传动件。本节以一个圆柱蜗杆齿轮设计为例,介绍其具体的建模方法、步骤及设计技巧等。本实例中蜗杆的主要参数为：模数 M 为 3，直径系数 Q 为 12，法向压力角 ALPHA 为 20°，蜗杆长度 L 为 60，变位修正系数 X2 为 0.25，蜗杆头数 Z1 为 2，与其配对的蜗轮齿数 Z2 为 33。蜗杆齿轮段参数化建模的具体步骤如下。

1. 定义参数

选择【工具】→【参数】命令，在弹出的【参数】对话框中单击 ➕【添加】按钮，分别添加 M、Q、L、X2、ALPHA、Z1、Z2 参数，并添加各参数的初始值及说明，如图 6.36 所示。然后单击【确定】按钮。

名称	类型	值	指定	访问	源	说明
M	实数	3.000000	☐	🔒完全	程序	蜗杆模数
Q	实数	12.000000	☐	🔒完全	程序	直径系数
L	实数	60.000000	☐	🔒完全	程序	蜗杆长度
X2	实数	0.250000	☐	🔒完全	用户定义的	变位修正系数
ALPHA	实数	20.000000	☐	🔒完全	程序	法面压力角
Z1	实数	2.000000	☐	🔒完全	程序	蜗杆头数
Z2	实数	33.000000	☐	🔒完全	程序	配对蜗轮齿数

图 6.36 定义模型参数

2. 添加蜗杆尺寸关系

选择【工具】→【关系】命令，在弹出的【关系】对话框的文本编辑框中输入以下关系式：

GAMMA=ATAN(Z1/Q)
BETA=GAMMA
ALPHA_T=ATAN(TAN(ALPHA)/COS(BETA))
S=PI*M*Z1
TX=CEIL(L/S)
LA=TX*M*Z1*PI

输入完毕后，单击【确定】按钮，完成添加关系式。

3. 创建基准平面

单击特征工具栏中的 ▱ 【基准平面】按钮添加基准平面。选择 TOP 基准平面为参照，在【平移】文本框中输入 -30 后，按 Enter 键，然后在【基准平面】对话框中单击【确定】按钮。然后添加关系式，选择主菜单【工具】→【关系】命令，在弹出的【关系】对话框的文本编辑框中输入关系式：D0=M*Z2/2-M*Q/2，完成基准平面 DTM1 的创建，如图 6.37 所示。最后单击常用工具栏中的 🔄 【再生模型】按钮。

4. 创建基准轴

单击特征工具栏中的 ／【基准轴】按钮添加两个基准轴。单击【基准轴】按钮后，弹出【基准轴】对话框，按住 Ctrl 键，在工作区中选取 TOP 和 FRONT 基准平面，创建穿

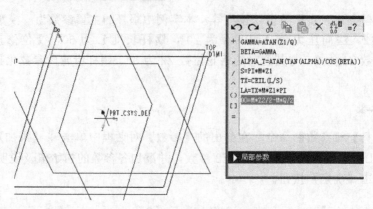

图 6.37 添加基准平面关系式

过 TOP 和 FRONT 基准平面交线的基准轴 A_1。以同样的方法创建穿过 DTM1 和 RIGHT 基准平面交线的基准轴 A_2。基准轴 A_1 和 A_2 如图 6.38 所示。

5. 创建坐标系

单击特征工具栏中的【基准坐标系】按钮,弹出【坐标系】对话框,在工作区中选择 TOP 基准平面,然后按住 Ctrl 键同时选择 FRONT 和 RIGHT 基准平面。单击【坐标系】对话框的【定向】标签,可控制基准坐标系的方向得到图 6.39 所示的坐标系 CS0。用同样的方法分别选择 DTM1、RIGHT 和 FRONT 基准平面创建 CS1 坐标系,如图 6.40 所示。

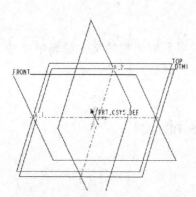

图 6.38 基准轴 A_1 和 A_2

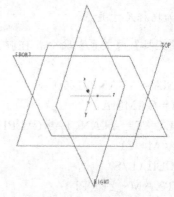

图 6.39 坐标系 CS0

注意:在创建坐标系的时候,一定要按顺序选择基准平面。

6. 复制一个坐标系

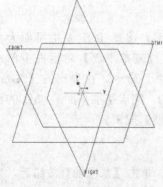

图 6.40 坐标系 CS1

选择【编辑】→【特征操作】命令,在弹出的菜单管理器中依次选择【复制】→【移动】→【选取】→【从属】→【完成】命令。在工作区选择坐标系 CS1,然后在菜单管理器的【选取特征】菜单中选择【完成】命令。在随后弹出的【移动特征】菜单中选择【旋转】→【曲线/边/轴】命令,选取基准轴 A_2 作为复制参照,然后在菜单管理器出现的【方向】菜单中选择【正向】命令,接受系统默认的方向，如图6.41所示。在系统消息区提示的"输入旋转角度："的文本框中输入 -10，单击 ✓ 【确定】按钮。在菜单管理器的【移动特征】菜单中，选择【完成移动】命令。在随后弹出的【组元素】对话框中单击【确定】按钮，单击特征菜单的【完成】按钮完成基准坐标系CS2的创建。选择主菜单【工具】→【关系】命令，为旋转角度添加关系式：D3=360/(4*Z2)+180*TAN(ALPHA_T)/PI-ALPHA_T，如图6.42所示，单击【确定】按钮，完成关系式的创建。最后单击常用工具栏中的 【再生模型】按钮。

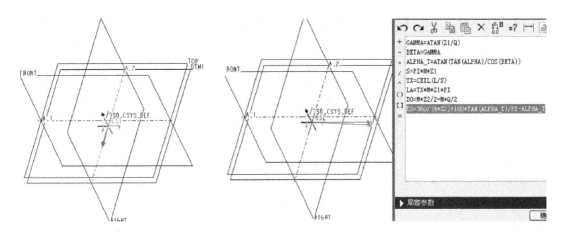

图6.41 系统提供的默认旋转方向　　　图6.42 对CS2坐标系添加关系式

7. 创建螺旋线

单击特征工具栏中的 ～ 【基准曲线】工具，弹出【曲线选项】菜单，选择【从方程】→【完成】命令。此时系统提示选择曲线方程建立的坐标系，然后在工作区选取CS0基准坐标系作为曲线方程使用的坐标系，单击【确定】按钮，在弹出的【设置坐标类型】菜单中，选择【圆柱】命令，随后在弹出的记事本编辑器中输入以下螺旋线方程：

R=M*Q/2
THETA=T*TX*360
Z=T*LA

输入完毕后，在记事本编辑器中选择主菜单【文件】→【保存】命令，再选择【文件】→【退出】命令。最后单击【曲线：从方程】对话框中【确定】按钮，生成图6.43所示的螺旋线。

8. 创建蜗杆基本圆

单击特征工具栏中的 【草绘】按钮，弹出【草绘】对话框。选择FRONT基准平面作为草绘平面，以RIGHT基准平面作为"右"方向参照，单击【草绘】按钮，

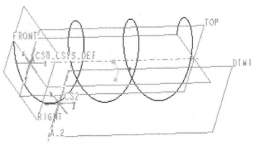

图6.43 创建的螺旋线

进入草绘环境。分别绘制 4 个同心圆，如图 6.44 所示。草绘完成后，单击 ✓【确定】按钮，退出草绘环境。再选择主菜单击【工具】→【关系】命令，分别为基本圆直径尺寸添加关系式：

D5＝M * Z2
D6＝D5＋2 * M
D7＝D5 * COS(ALPHA_T)
D8＝D5－2.4 * M
DB＝D7

输入完毕后，单击【确定】按钮。最后单击常用工具栏中的 【再生模型】按钮。

9. 创建渐开线

单击 ～【基准曲线】按钮，弹出【曲线选项】菜单，选择【从方程】→【完成】命令。弹出【曲线：从方程】对话框和【得到坐标系】菜单，在工作区选取 CS2 基准坐标系，在弹出的【设置坐标类型】菜单中，选择【笛卡尔】命令，然后在弹出的记事本编辑器中输入渐开线方程：

R＝DB/2
THETA＝T * 60
X＝R * COS(THETA)＋R * SIN(THETA) * THETA * PI/180
Y＝R * SIN(THETA)－R * COS(THETA) * THETA * PI/180
Z＝0

输入完毕后，在记事本编辑器中选择主菜单【文件】→【保存】命令，再选择【文件】→【退出】命令。最后单击"曲线：从方程"对话框中【确定】按钮，生成图 6.45 所示的渐开线。

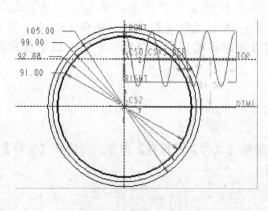

图 6.44　蜗杆基本圆

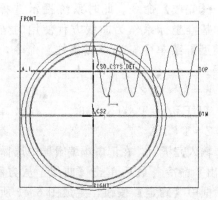

图 6.45　创建的渐开线

10. 创建镜像渐开线

首先，选择图 6.45 所示的渐开线，然后单击特征工具栏中的 【镜像】按钮，弹出【镜像】特征操控面板，选择 RIGHT 基准平面作为镜像平面，最后单击【镜像】特征操控面板中的 【确定】按钮。

11. 创建蜗杆另一侧的基本圆和渐开线

选择主菜单中的【编辑】→【特征操作】命令，弹出【特征】菜单管理器，依次选择【复制】→【移动】→【选取】→【独立】→【完成】命令。系统提示选取需要复制的特征，在工作区中选取创建的基本圆和两条渐开线作为复制对象，最后在【选取特征】菜单中选择【完成】命令。在随后弹出的【移动特征】菜单中选择【平移】→【平面】命令，选择 RIGHT 基准平面作为移动参照。然后选择【正向】命令，接受系统默认的移动方向。此时系统消息区提示"输入偏移距离："，输入 60，单击右侧 ✓【确定】按钮。然后选择【移动特征】菜单中的【完成移动】命令。最后选择【组可变尺寸】菜单中的【完成】命令、【组元素】对话框中的【确定】和【特征】菜单中的【完成】命令，完成另一侧的基本圆和渐开线的创建。然后添加关系式：D9=LA。输入完毕后，单击【确定】按钮，如图 6.46 所示。最后单击常用工具栏中的 【再生模型】按钮。

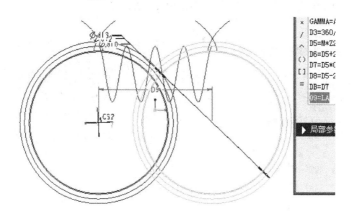

图 6.46 对移动距离尺寸添加关系式

12. 创建蜗杆主体特征

单击特征工具栏中 【拉伸】按钮，在窗口下方弹出的【拉伸】特征操控面板，单击【放置】按钮，在弹出的【放置】上滑面板中单击【定义】按钮，随后弹出【草绘】对话框，在工作区中选取 RIGHT 基准平面作为草绘平面，以 TOP 基准平面作为"左"方向参照，单击【草绘】按钮，进入草绘环境。绘制图 6.47 所示的截面，然后单击 ✓【确定】按钮，退出草绘环境。再选择主菜单【工具】→【关系】命令，为拉伸特征添加关系式：

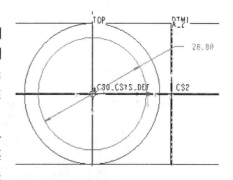

图 6.47 草绘圆截面

$D18 = M * Q - 2.4 * M$

$D17 = 2 * LA$

输入完毕后，如图 6.48 所示，单击【确定】按钮。最后单击常用工具栏中的 【再生模型】按钮。

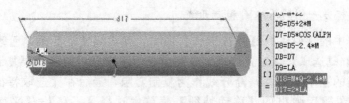

图 6.48　拉伸特征添加关系式

13. 创建蜗杆的一个齿形

选择主菜单中的【插入】→【扫描混合】命令，弹出【扫描混合】特征操控面板。在操控面板中单击 □【实体】按钮。然后单击【参照】按钮，弹出【参照】上滑面板，选择创建的螺旋线作为原始扫描轨迹，将"剖面控制"选项设置为"垂直于投影"选项，然后选择 RIGHT 基准平面作为"方向参照"，如图 6.49 所示。

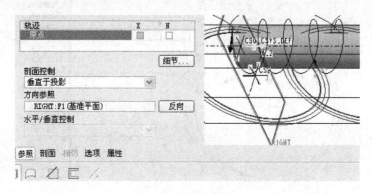

图 6.49　定义参照

在【扫描混合】特征操控面板中单击【剖面】按钮，弹出【剖面】上滑面板。接受默认的【草绘截面】选项，在工作区中选择原始扫描轨迹的链首作为第一个参照点，如图 6.50 所示，然后单击【草绘】按钮，进入草绘环境，绘制图 6.51 所示的截面。然后单击 ✓【确定】按钮，退出草绘环境。接着在【剖面】上滑面板中，单击【插入】按钮，选择原始扫描轨迹的链尾作为第二个参照点，然后单击【草绘】按钮，进入草绘环境，绘制图 6.52 所示的截面。单击操控面板中的 ✓【确定】按钮，完成一个齿形的创建。

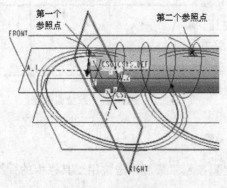

图 6.50　定义参照点

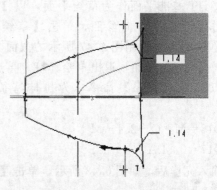

图 6.51　绘制第一个截面

最后选择主菜单【工具】→【关系】命令，为图6.51、图6.52截面中的两个倒角半径添加关系式：

D40=0.38*M

D45=0.38*M

输入完毕后，单击【确定】按钮。最后单击常用工具栏中的 【再生模型】按钮，生成齿形如图6.53所示。

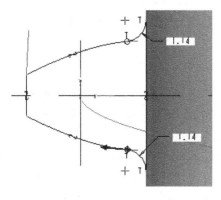
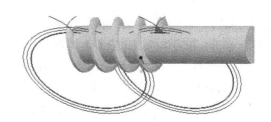

图6.52 绘制第二个截面　　　　　　　图6.53 创建的一个齿形

14. 阵列齿形

首先，选择上一步创建的齿形，单击特征工具栏中的 【阵列】按钮，弹出【阵列】特征操控面板。在操控面板的阵列类型列表框中选择【轴】选项，在工作区中选择A_1基准轴，然后设置"输入第一方向的阵列成员数"为2，"输入阵列成员间的角度"为180，如图6.54所示，单击操控面板中的 【确定】按钮，完成阵列操作。

图6.54 【阵列】特征操控面板

选择主菜单【工具】→【关系】命令，为阵列特征添加关系式：

P128=Z1

D125=360/Z1

输入完毕后，如图6.55所示，单击【确定】按钮。最后单击常用工具栏中的 【再生模型】按钮，生成的蜗杆如图6.56所示。

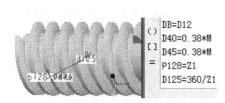
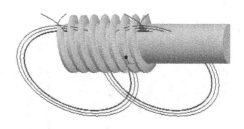

图6.55 设置阵列特征关系式　　　　　图6.56 阵列后的蜗杆模型

15. 创建基准点和基准平面

创建基准点。单击特征工具栏中的 【基准点】按钮,弹出【基准点】对话框。按住 Ctrl 键同时,在工作区中选择图 6.57 所示的渐开线和圆作为放置参照,单击【基准点】对话框中的【确定】按钮,完成 PNT0 基准点的创建。

创建基准平面。单击特征工具栏中的 【基准平面】按钮,弹出【基准平面】对话框。按住 Ctrl 键同时,在工作区中选择上一步创建的 PNT0 基准点和 RIGHT 基准平面作为参照,创建通过 PNT0 基准点且平行于 RIGHT 基准平面的 DTM2 基准平面,然后单击【基准平面】对话框中的【确定】按钮。

16. 切出蜗杆主体

单击特征工具栏中 【旋转】按钮,在窗口下方弹出的【旋转】特征操控面板中单击【位置】按钮,在弹出的【位置】上滑面板中单击【定义】按钮,随后弹出【草绘】对话框,在工作区中选取 FRONT 基准平面作为草绘平面,以 RIGHT 基准平面作为"右"方向参照,单击【草绘】按钮,进入草绘环境。绘制图 6.58 所示的中心线和旋转截面。然后单击 【确定】按钮,退出草绘环境。在操控面板中单击 【去除材料】按钮和 【反向】按钮,然后单击 【确定】按钮。选择主菜单【工具】→【关系】命令,为旋转特征添加关系式:

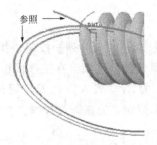
图 6.57 创建基准点 PNT0

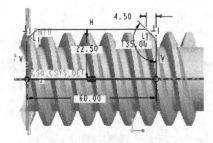
图 6.58 草绘旋转截面

D134＝1.5＊M
D135＝1.5＊M
D136＝M＊(Q＋3)
D137＝L

输入完毕后,如图 6.59 所示,单击【确定】按钮。最后单击常用工具栏中的 【再生模型】按钮,利用蜗轮创建方法中的步骤 18,将其他基准平面、曲线和渐开线隐藏后,生成的蜗杆齿轮段如图 6.60 所示。

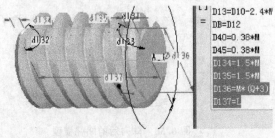
图 6.59 设置旋转特征关系式

图 6.60 生成的蜗杆齿轮段

17. 参数化模型

选择主菜单中的【工具】→【参数】命令，根据需要修改设计参数，模数为4，直径系数为12，法向压力角为20°，蜗杆长度100，变位修正系数为0.25，蜗杆头数为4，与其配对的蜗轮齿数为30，然后单击常用工具栏中的 【再生模型】按钮即可生成新的蜗杆齿轮段模型，最后可以根据实际情况添加其他修饰特征进行简单的渲染，如图6.61所示。

图6.61　蜗杆模型

18. 保存文件

单击【保存】按钮，完成操作。

6.3　创建混合特征

混合特征由一系列的平面截面（至少两个平面截面）构成。Pro/E软件将这些平面截面在其边处用过渡曲面连接形成的一个连续特征就是混合特征。混合特征可以实现多个不同截面柱体模型的建立。混合特征的形状取决于截面的形状、位置和截面之间的连接方式。

6.3.1　混合特征产生方法

图6.62　【混合选项】
菜单管理器

1. 混合特征的产生方式

在使用混合特征时，系统将弹出图6.62所示的【混合选项】菜单管理器。从混合选项菜单管理器可以看到，根据截面的位置关系不同，混合特征的产生有以下3种方式：平行、旋转和一般。下面对这3种方式进行详细说明。

1）平行（Parallel）

采用平行方式建立混合特征时，所有混合截面都位于草绘截面中的多个平行平面上。这时形成混合特征的各个截面都是平行的，各截面的相对位置通过截面坐标系来确定，各截面间的距离可以由用户在对话框中输入数值确定。

2）旋转（Rotational）

采用旋转方式建立混合特征时，所用的混合截面都可以绕Y轴旋转，旋转最大角度可达120°。旋转角度的大小由用户确定，而且每个截面的位置确定后，再单独建立截面时，通过建立截面坐标系来确定。

3）一般（General）

采用一般方式建立混合特征时，各混合截面可以同时绕X轴、Y轴和Z轴旋转，旋转角度的大小可以在−120°～120°范围内变化，系统默认值为0°。一般方式截面位置的确定和旋转方式一样。

2. 混合特征的连接方式

混合特征的连接方式有两种："直的"和"光滑"。"直的"是各截面之间相对应的点以直线段方式连接，截面的边缘和连接处是平直状态；"光滑"是两者之间相对应的点以圆滑曲线段连接，截面的边缘和连接处是平滑状态。以平行方式生成混合特征时，采用"直的"和"光滑"两种连接方式的区别如图 6.63 和图 6.64 所示。

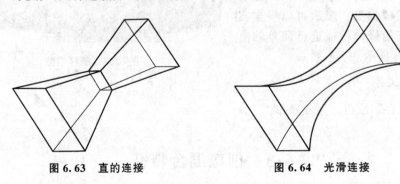

图 6.63　直的连接　　　　　　　图 6.64　光滑连接

3. 混合特征各截面的获得方式

混合特征截面的获得方式有"规则截面"、"投影截面"、"选取截面"和"草绘截面"4 种，如图 6.62 所示。

规则截面：表示剖面是绘制的面或通过现有零件选取的面。该选项是系统默认选项，一般生成混合特征时都采用该项。

投影截面：表示特征使用的是选取平面或草绘平面再投影后的面，一般用于比较复杂的剖面混合特征。

选取截面：表示通过选取现有剖面的方式来获得混合特征的截面，该选项对平行混合无效。

草绘截面：表示由操作者草绘混合特征的截面。该选项为系统默认选项，应用较多。

6.3.2　混合特征创建

混合特征创建的基本步骤如下：

(1) 在菜单栏上，选择【插入】→【混合】命令，将出现混合特征产生类型选项，如图 6.65 所示。

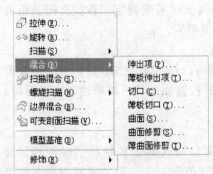

图 6.65　混合特征产生类型

混合产生的类型有如下几种：

伸出项：生成的混合特征将是混合实体特征。

薄板伸出项：生成的混合特征将是混合薄板特征。

切口：生成的混合特征将是去除材料的混合特征。

薄板切口：生成的混合特征是去除材料的混合薄板特征。在创建基本体时，切口和薄板切口为不可选择项。

曲面：生成的混合特征将是混合曲面特征。

选择混合特征的生成类型，系统将会弹出【混合选项】菜单管理器,如图6.62所示。

(2) 在【混合选项】菜单管理器中,单击需要生成混合特征的方式(平行、旋转和一般),然后选择截面的获得方式,选择【完成】命令。这时将会出现混合特征信息对话框(图6.66)和属性菜单(图6.67和图6.68)。

图6.66 混合特征信息对话框

图6.67 属性菜单(一)

图6.68 属性菜单(二)

【直的】和【光滑】是两种不同的属性命令。如果选择以"旋转"方式生成混合特征,其属性菜单将会多出【开放】和【封闭】两个命令,如图6.68所示。如果选择【开放】命令,那么生成的混合特征首尾两个截面将不连接,即混合特征是开放的;如果选择【封闭】命令,那么生成的混合特征首尾两个截面将会以选择好的"直的"或"光滑"方式进行连接,即混合特征是闭合的。图6.69所示为开放的混合特征,图6.70所示为封闭的混合特征。

注意:如果选择【封闭】命令,则必须有3个或3个以上的截面,对于光滑闭合,首尾两个截面的角度无限制,而对于直的闭合,首尾两个截面的角度必须小于120°。

图6.69 开放混合特征

图6.70 封闭的混合特征

(3) 在属性菜单中,选择混合特征的属性后,单击【完成】按钮,将会出现设置草绘平面菜单管理器,如图6.71所示。根据提示,选择截面的草绘平面,然后会出现草绘平面方向设置的菜单,如图6.72所示。这时草绘平面的方向为默认的方向,如果不想更改草绘平面方向,选择【正向】命令;如果想更改草绘平面方向,选择【反向】命令,然后再选择【正向】命令。

图6.71 设置草绘平面菜单

图6.72 草绘平面方向设置菜单

注意:"正向"选项相当于"确定","反向"相当于"更改方向"。

(4)确定好草绘平面方向后,选择【正向】命令,将会出现草绘视图菜单,如图 6.73 所示,该菜单的作用是确定视图方向,默认选项是【缺省】。在生成混合特征时一般都采用默认设置,即选择【缺省】命令。

(5)确定完草绘视图方向后,将进入截面草图绘制界面。

生成混合特征的方式不一样,截面的绘制过程也不一样,下面分别说明:

① 如果选择"平行"方式建立混合特征,在绘制完成第一个截面后,需要通过以下方式进入下一个截面的草绘平面:在绘图区域右击,在弹出的快捷菜单中选择【切换剖面】命令,或者选择主菜单上的【草绘】→【特征工具】→【切换剖面】命令。进入下一个截面的草绘界面后,上一个截面的绘制界面将变成灰色。绘制完成所有的截面后,单击【草绘】工具栏上的✔【确定】按钮,退出截面的绘制。这时将出现图 6.74 所示的对话框,其作用是让用户输入第二个截面与第一个截面之间的距离,用户输入数值后,单击右侧的✔【确定】或按 Enter 键确认。这时系统将会继续出现图 6.74 所示的对话框,只不过新出现的对话框是要求用户输入截面 3 到截面 2 的距离。以此类推,直到用户确定了最后一个截面与倒数第二个截面之间的距离。

图 6.73 草绘视图菜单

输入截面2的深度 47.7230 ✔✘

图 6.74 输入剖面间的距离

② 如果选择以【旋转】方式建立混合特征,在绘制第一个截面时,一定要建立一个参考坐标系。建立方法是单击 ⤴【参考坐标系】按钮,如图 6.75 所示,即可完成参考坐标系的建立。绘制好第一个截面后,单击草绘工具栏上的✔【确认】按钮,系统会在信息栏出现一对话框,提示用户输入第二个截面绕 Y 轴旋转的角度,默认值为 45°,用户可以修改此数值,单击✔【确认】或按 Enter 键确定,如图 6.76 所示。确定完第二个截面绕 Y 轴的旋转角度后,系统自动进入第二个截面的绘制界面。在绘制第二个截面时,首先建立一个参考坐标系,建立方法如上所述。绘制好第二个截面后,单击草绘工具栏上的✔【确认】按钮,系统会提示是否继续下一个截面,如图 6.77 所示。单击【是】按钮,表示还要继续下一个截面的绘制;单击【否】按钮,表示不再进行截面的绘制,并退出截面绘制。单击【是】按钮后,系统会出现类似图 6.76 所示的对话框,提示用户输入第三个截面绕 Y 轴的旋转角度。以次类推,可以绘制多个截面。

图 6.75 选择参考坐标系

为截面2 输入y_axis 旋转角(范围: 0 - 120) 90 ✔✘

继续下一截面吗? (Y/N) 是 否

图 6.76 输入第二个截面绕 Y 轴旋转角度    图 6.77 是否继续下一截面

③ 如果选择"一般"方式建立混合特征,在绘制第一个截面时,一定要先建立参考坐标系,建立方法与"旋转"方式相同。建立完参考坐标系后,绘制第一个截面,完成后单击草绘工具栏上的✔【确认】按钮,系统会提示用户输入第二个截面分别绕 X、Y、Z 轴旋转的角度,如图 6.78 所示。输入完第二个截面绕坐标轴的旋转角度后,系统自动进

入第二个截面的绘制界面,在绘制第二个截面时,首先要建立参考坐标系。绘制完第二个截面后,单击【草绘】工具栏上的 ✓【确认】按钮,系统会提示是否继续下一个截面,如图 6.77 所示。如果单击【是】按钮,系统会出现图 6.78 所示的对话框,提示用户输入第三个截面绕 X、Y、Z 轴的旋转角度。以次类推,可以绘制多个截面。如果单击【否】按钮,系统会出现图 6.74 所示的对话框,要求用户输入第二个截面与第一个截面之间的距离。

(6)剖面绘制完成后,菜单管理器自动消失,将会弹出图 6.79 所示的混合特征信息对话框。单击【预览】按钮,查看建立的混合特征,单击【确定】按钮,完成混合特征的创建。

图 6.78　输入第二个截面绕 X、Y、Z 轴的旋转角度　　图 6.79　混合特征信息对话框

6.3.3　建立混合特征的注意事项

1. 混合特征对剖面的要求

混合特征是由多个截面连接在一起产生的,截面对混合特征的外形具有决定性影响:

(1)各截面之间必须有明确的相对位置。以"平行"方式产生特征时,各截面之间相互平行,它们的相对位置可以直观的看出。以"旋转"和"一般"方式生成混合特征时,各截面之间的相对位置通过建立的参考坐标系确定,即各截面的参考坐标系必须重合。

(2)每个截面的线段数量必须相等,如果某个截面的线段数量较少,可以在绘制该截面时,用草绘工具栏中的 ✄【打断】命令打断。

(3)第一个或最后一个截面可以是一个点。

2. 截面起始点对混合特征的影响

各截面的起始点位置不同,所生成的混合特征形状差别很大。一般截面绘制完成后,系统会自动默认并显示第一个起始点。图 6.80 和图 6.81 所示为两个完全相同的截面,只是起始点位置不同而产生的不同模型。

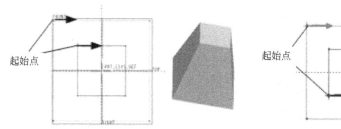
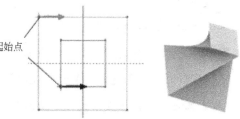

图 6.80　起始点在同一角落产生的混合特征　　图 6.81　起始点在不同角落产生的混合特征

注意：如果截面的起始点位置需要变化，即与系统默认的不一致，可以重新定义起始点位置。其定义方法如下：

（1）单击选中截面上要作为起始点 的点，选中后一般以红色显示，然后右击，在弹出的快捷菜单中，选择【起始点】命令，那么选中的点就变成了起始点。

（2）单击选中截面上要作为起始点的点，选中后一般以红色显示，然后选择菜单栏上的【草绘】→【特征工具】→【起始点】命令。

3．混合顶点

当某个截面的线段数目少于相邻剖面的线段数，并且又不能截断，或者需要产生这样的造型时，可以使用混合顶点，如图6.82所示。另外，一个顶点可以放置多个混合顶点。

放置混合顶点的方法：

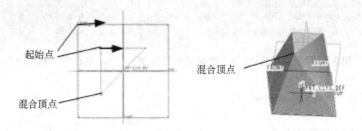

图6.82　放置混合顶点产生的混合特征

（1）单击选中截面上要作为起始点的点，选中后一般以红色显示，然后右击，在弹出的快捷菜单中，选择【混合顶点】命令，那么选中的点就变成了混合顶点。

（2）单击选中截面上要作为起始点的点，选中后一般以红色显示，然后选择菜单栏上的【草绘】→【特征工具】→【混合顶点】命令。

6.4　混合特征设计范例

6.4.1　创建混合实体

混合实体创建步骤如下：

1．新建文件

单击【新建】按钮，新建文件。

2．选取混合实体方式建立混合特征

依次选择【插入】→【混合】→【伸出项】命令。

3．选取混合特征产生方式、剖面的获得方式

在弹出的菜单管理器上选择【平行】→【规则截面】→【草绘截面】命令，如图6.62所示，然后选择【完成】命令。

4. 设置混合特征属性

在弹出的属性菜单管理器中，选择【光滑】，然后选择【完成】命令，如图6.67所示。

5. 设置截面的草绘平面

然后会出现【设置草绘平面】菜单管理器，根据提示选取FRONT基准平面作为草绘平面，系统接着弹出【方向】菜单，采用默认方向（该方向是混合特征生成的方向），即单击【正向】。系统会弹出【草绘视图】菜单，单击【缺省】选项后，系统进入第一个截面的草绘界面。

6. 绘制混合特征截面

（1）绘制第一个截面，如图6.83所示。

（2）绘制第二个截面。绘制完成第一个截面后，右击，在弹出的快捷菜单中选择【切换剖面】命令，或者依次选择菜单栏上的【草绘】→【特征工具】→【切换剖面】命令。这时第一个截面变成灰色，并切换到第二个截面的绘制。在第二个截面的草图绘制界面绘制一个圆，同时通过系统默认的坐标中心和正方形的4个顶点绘制两条中心线，如图6.84所示。

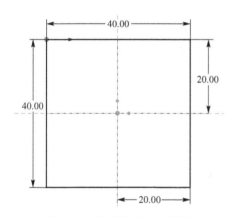

图6.83 绘制的第一个截面

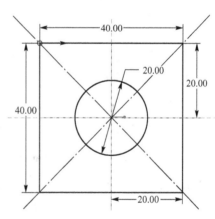

图6.84 绘制的第二个截面

（3）截断圆。在圆与两条中心线的交点处截断圆，把圆分成4段。用【草绘】工具栏上的【分割】命令截断圆。同时让截断后的圆上的起始点位置如图6.85所示，如果不是可以用前面提到的方法对起始点重新进行设置。

（4）单击【草绘】工具栏上的 ✓ 【确定】按钮，完成混合特征两个截面的绘制。

7. 指定两个截面之间的距离

系统在信息区出现一对话框，要求用户输入第二个截面与第一个截面之间的距离，输入

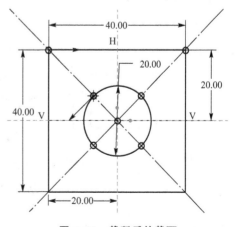

图6.85 截断后的截面

20，如图 6.74 所示，然后单击右侧的 ✓【确定】按钮或按 Enter 键确认。

8. 确认对混合特征所做的定义

这时系统中出现的混合特征信息对话框如图 6.86 所示，单击【预览】按钮，查看所建立的特征，单击 ✓【确定】按钮，完成对混合特征的创建。完成后的混合实体如图 6.87 所示。

图 6.86 混合特征信息对话框

图 6.87 完成的混合实体

9. 保存文件

单击【保存】按钮，完成操作。

6.4.2 创建混合薄板

混合薄板的创建步骤如下：

1. 新建文件

单击【新建】按钮，新建文件。

2. 选取混合薄板方式建立混合特征

依次选择菜单栏上的【插入】→【混合】→【薄板伸出项】命令。

3. 选取混合特征产生方式、剖面的获得方式

在出现的菜单管理器上选择【旋转的】→【规则截面】命令，如图 6.62 所示，然后单击【完成】命令。

4. 设置混合特征属性

在出现的属性菜单管理器中，选择【直的】→【开放】命令，然后选择【完成】命令，如图 6.68 所示。

5. 设置截面的草绘平面

然后会弹出【设置草绘平面】菜单管理器，根据提示选取 FRONT 基准平面作为草绘平面，系统接着弹出【方向】菜单，采用默认方向（该方向是混合特征生成的方向），即选择【正向】命令。系统会弹出【草绘视图】菜单，选择【缺省】命令后系统进入第一个

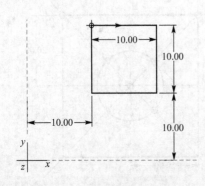

图 6.88 绘制的第一个截面

截面的草绘界面。

6. 绘制第一个截面

首先在系统默认的坐标中心，用草绘工具栏上的【基准坐标系】按钮建立参考坐标系，同时建立一个矩形，如图 6.88 所示。绘制完成后单击草绘工具栏上的【确定】按钮，退出第一个截面的绘制。

7. 指定薄板生成的方向

这时系统会弹出图 6.89 所示的薄板方向设置的菜单管理器，此时系统默认的方向是向外，如图 6.90 所示的向上的箭头。如果想用默认方向作为薄板产生方向，则选择【正向】命令，如果想更改薄板产生的方向，则选择【反向】命令，然后再选择【正向】命令。如果选择【两者】命令，表示生成的特征厚度以绘制的截面为中心向两侧各延伸 1/2 的厚度。选择【正向】命令，完成第一个截面的薄板生成方向设置。

图 6.89　薄板方向菜单

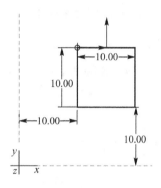

图 6.90　薄板特征产生方向

8. 绘制第二个截面

确定薄板产生的方向后，系统会在信息栏出现图 6.76 所示的对话框，要求用户输入第二个截面绕 Y 轴旋转的角度，输入 90，按 Enter 键或单击【确认】按钮。这时进入第二个截面的草绘界面。首先建立参考坐标系，可以在工作区内随便确定参考坐标系的位置。然后绘制图 6.91 所示的截面，绘制完成后单击草绘工具栏上的【确认】按钮，退出第一个截面的绘制。这时会出现上一步所出现的薄板方向菜单，采用默认设置，即选择【正向】命令，完成第二个截面薄板生成方向设置。

9. 绘制第三个截面

系统在信息栏出现图 6.77 所示的对话框，要求用户确认是否继续下一截面的绘制。单击【是】按钮。系统将出现图 6.76 所示的对话框，要求用户输入第三个截面绕 Y 轴旋转的角度，输入 90，按 Enter 键或单击【确认】按钮。进入第三个截面的草绘界面，绘制图 6.92 所示的截面，绘制完成后单击【草绘】工具栏上的【确认】按钮，退出第三个截面的绘制。这时会出现上一步所出现的薄板生成方向设置菜单，采用默认设置，即选择【正向】命令，完成第三个截面的薄板方向设置。这时系统会出现图 6.77 所示的对话框，单击【否】按钮。

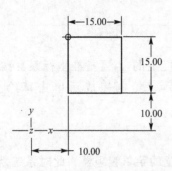
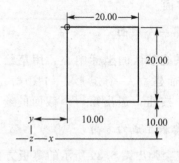

图 6.91 绘制的第二个截面　　　　图 6.92 绘制的第三个截面

10. 设置薄板厚度

图 6.93 输入薄板产生的厚度

系统自动出现图 6.93 所示的对话框，要求用户输入薄板产生的厚度，输入 2，按 Enter 键或单击 【确认】按钮。

11. 确认对混合特征所做的定义

这时系统中弹出的混合特征信息对话框如图 6.94 所示，单击【预览】按钮，查看所建立的实体特征，单击 【确认】按钮，完成对混合薄板的创建。完成后的混合薄板如图 6.95 所示。

图 6.94 混合特征信息对话框　　　　图 6.95 完成的混合薄板

12. 保存文件

单击【保存】按钮，完成操作。

6.4.3 创建混合曲面

混合曲面就是用【边界混合】工具参照若干曲线或点来创建的混合曲面，在每个方向上选定第一个和最后一个图元定义曲面的边界，最终效果如图 6.96 所示。其具体创建步骤如下。

1. 新建文件

单击【新建】按钮，新建文件。

2. 创建辅助基准平面

单击 【基准平面】按钮，弹出【基准平面】对话框，选择 FRONT 基准平面作为偏移参照,在平移文本框中输入平移值50,单击【基准平面】对话框的【确定】按钮,完成基准平面DTM1的创建,利用同样的方法在FRONT基准平面的另一侧完成基准平面DTM2的创建(基准平面DTM2与FRONT基准平面的距离也为50),如图6.97所示。

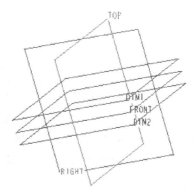

图6.96 混合曲面　　　　　　　　　图6.97 创建辅助基准平面

3. 在基准平面上绘制样条曲线

单击 【草绘】按钮,系统自动弹出【草绘】对话框,在工作区中选取FRONT基准平面作为草绘平面,以RIGHT基准平面作为"右"方向参照,单击【草绘】按钮,进入草绘环境。单击 【样条曲线】按钮,在草绘界面下绘制图6.98所示的样条曲线,单击 【确认】按钮,完成样条曲线的创建。利用同样的方法分别在基准平面DTM1、DTM2上绘制图6.99所示的样条曲线。

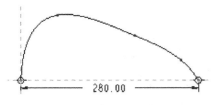

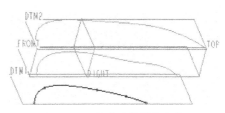

图6.98 草绘样条曲线　　　　　　　图6.99 完成后的样条曲线

4. 扫描样条曲线完成混合曲面的创建

单击基础特征工具栏中的 【边界混合】按钮,在主视区的下侧会弹出【边界混合】特征操控面板。按住Ctrl键在主视区中分别单击图6.99所示3条曲线,在主视区中会出现曲面的几何模型预览,如图6.100所示。在特征操控面板中单击【曲线】按钮,弹出图6.101所示的【曲线】对话框。在【曲线】对话框的【第一方向】列表中显示了选中的3条曲线,系统将这3条曲线以一个方向生成曲面。单击特征操控面板中的 【确认】按钮完成简单混合曲面的创建,结果如图6.96所示。

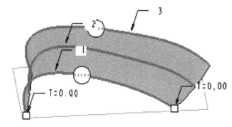

图6.100 混合曲面几何模型预览　　　图6.101 【曲线】对话框

5. 保存文件

单击【保存】按钮，完成操作。

小　结

　　汽车零部件高级特征的创建包括扫描特征和混合特征的创建，通过扫描和混合特征可以创建比较复杂的几何模型，从而完成汽车某些复杂零部件的建模。本章主要讲述了扫描及混合特征的创建方法，通过蜗轮、蜗杆、混合（实体、薄板、曲面）等实体模型的创建，能够使读者对扫描及混合特征的创建有更深地了解。

上机题（尺寸自定）

1. 利用拉伸特征及扫描特征创建图 6.102 所示的扶手零件模型。
2. 利用拉伸特征及平行混合特征创建图 6.103 所示的多头螺杆模型。

图 6.102　扶手零件模型

图 6.103　多头螺杆模型

第 7 章 附加特征的创建

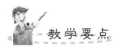
教学要点

能力目标	知识要点	权重	自测分数
掌握圆角、倒角的创建方法	建立圆角、倒角的具体操作步骤及注意事项	20%	
了解筋、拔模、抽壳的创建方法	建立筋、拔模、抽壳特征的具体操作步骤,筋的分类	20%	
掌握孔特征的创建方法	孔的分类及直孔和草绘孔的具体创建步骤	30%	
熟悉汽车油箱具体设计步骤	利用拉伸、倒角、孔、抽壳等特征完成对汽车油箱的创建	30%	

7.1 圆角的创建

圆角特征在零件设计中必不可少，它有助于在模型设计中产生平滑的效果。本节以第 5 章得到的拉伸实体为例介绍倒圆角的创建方法。

建立圆角特征的操作步骤如下：

(1) 打开第 5 章建立的图 5.2 所示的拉伸实体文件 lashen.prt。

(2) 选择【插入】→【倒圆角】命令或单击 【倒圆角】按钮，系统自动显示图 7.1 所示的【圆角】特征操控面板。

(3) 选择要建立圆角的边，在尺寸栏中，直接修改圆角半径，输入圆角半径 5.00，也可以直接拖动圆角尺寸图柄，动态修改圆角半径大小。

(4) 单击特征操控面板中的 【预览】按钮进行预览。如果达到了要求，则可单击 【确定】按钮完成圆角特征的创建，最终得到图 7.2 所示的实体。

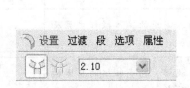

图 7.1 【圆角】特征操控面板　　　图 7.2 【倒圆角】后的实体

(5) 保存文件。单击【保存】按钮，完成操作。

注意：如果想使几条边同时具有一个圆角半径，按下 Ctrl 键，然后单击要加入的边线即可。

建议创建倒圆角时应遵循的规则如下：

(1) 在设计中尽可能晚些增加倒圆角。

(2) 为避免创建从属于倒圆角特征的子项，不要标注由倒圆角创建的边。

7.2 倒角的创建

在零件设计过程中倒角特征也应用的比较多，倒角属于移除材料的特征操作。倒角有两种类型：一种是选择边进行倒角；另一种是选择拐角进行倒角。本节同样以第 5 章得到的拉伸实体为例介绍倒角的创建方法。

1. 边倒角

边倒角是从选定边上去除材料，在该选定边的两个原始平面之间创建斜角平面。建立边倒角特征的操作步骤如下：

(1) 打开第5章建立的图5.2所示的拉伸实体文件 lashen.prt。

(2) 选择【插入】→【倒角】→【边倒角】命令或单击 【倒角】按钮，系统自动显示图7.3所示的边倒角特征操控面板。

(3) 边倒角特征操控面板下拉列表框提供了4种类型的边倒角标注方案，如图7.4所示。

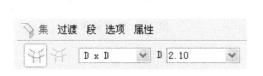

图7.3 边倒角特征操控面板

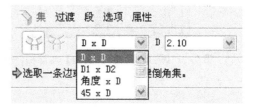

图7.4 标注形式选项

【D×D】：创建的倒角离每个曲面边的距离都为D。如果要修改倒角，则系统显示距离作为唯一尺寸。

【D1×D2】：创建的倒角沿第一个曲面距选定边的距离为D1，沿第二个曲面距选定边的距离为D2。如图7.5所示，当修改倒角时，系统显示沿各自曲面距选定边的距离。

图7.5 【D1×D2】尺寸框

【角度×D】：创建的倒角沿一相邻曲面距选定边的距离为D，并且与该边成一指定夹角。当修改倒角时，系统显示这两项作为尺寸值，只能在两个平面之间使用该选项。

【45×D】：创建的倒角和两个曲面都成45°，并且离每个曲面边的距离都为D。可以修改D，而且只能修改D。只有在两个正交曲面的交线所形成的边上才能创建【45×D】倒角。

(4) 利用【45×D】边倒角标注方案，输入D值5.00。

(5) 选择要倒角的边，单击特征操控面板中的 【预览】按钮进行预览。如果达到了要求，则可单击 【确定】按钮执行边倒角特征的创建，最终得到图7.6所示的实体。

图7.6 边倒角后的实体

(6) 保存文件。单击【保存】按钮，完成操作。

2. 拐角倒角

拐角倒角是从零件的拐角处去除材料。建立拐角倒角特征的操作步骤如下：

(1) 打开第5章建立的图5.2所示的拉伸实体文件 lashen.prt。

(2) 选择【插入】→【倒角】→【拐角倒角】命令，弹出【倒角(拐角)：拐角】对话框，如图7.7所示。单击需要倒角的顶角处的某一边，弹出菜单管理器，如图7.8所示。选择【输入】命令，输入沿加亮边标注的长度10，按Enter键确认输入的数值。按同样的方法，重复输入两次。【倒角(拐角)：拐角】对话框变成图7.9所示的形式，单击【确定】按钮，完成拐角倒角特征的创建，得到图7.10所示的实体。

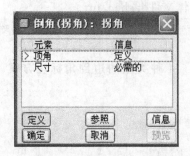

图7.7 【倒角(拐角):拐角】对话框(一)

图7.8 菜单管理器

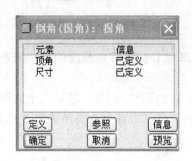

图7.9 【倒角(拐角):拐角】对话框(二)

图7.10 拐角倒角后的实体

(3) 保存文件。单击【保存】按钮,完成操作。

7.3 筋 的 创 建

筋特征是设计中连接到实体曲面的薄翼或腹板伸出项。筋通常用来加固设计中的零件,也常用来防止出现不必要的折弯。利用筋工具可快速建立简单或复杂的筋特征。筋特征属于加材料特征,筋一定是附着于另一特征之上,在生成筋时,其生成特征以草绘平面为中心,成对称状态。按所附着的特征可以分为两种类型的筋:直筋和旋转筋。

直筋:生成直筋时,选取基准平面作为草绘平面,而筋特征将在草绘平面的左右两侧对称地进行拉伸。

旋转筋:生成旋转筋时,旋转的方式不是围绕中心线,而是依照所附着的实体特征而变化,所以必须要有实体特征,而所绘制的剖面必须对齐曲面,这样即可生成旋转造型的筋特征。

本节以直筋为例来学习创建筋特征的具体步骤,操作过程如下:

(1) 打开第5章建立的图5.2所示的拉伸实体文件 lashen.prt。

(2) 单击 【基准平面】按钮,弹出【基准平面】对话框,以 TOP 基准平面作为参照面,在平移文本框中输入50,得到图7.11所示的【基准平面】对话框,单击【确定】按钮,得到一个新的基准平面 DTM1。

(3) 选择【插入】→【筋】命令或单击 【筋工具】按钮,系统会出现图7.12所示的

【筋】特征操控面板。单击【参照】→【定义】按钮,弹出图 7.13 所示的【草绘】对话框,选择 DTM1 基准平面为草绘平面,以 RIGHT 基准平面为"右"方向参照,单击【草绘】按钮,进入草绘环境,绘制图 7.14 所示的草绘图,单击 ✓ 【确定】完成筋特征的草绘。

图 7.11　【基准平面】对话框　　　图 7.12　【筋】特征操控面板

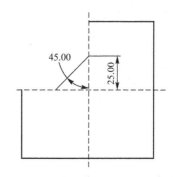

图 7.13　【草绘】对话框　　　　图 7.14　筋特征的草绘图

(4) 如果得到图 7.15 所示的错误的拉伸方向,单击箭头,即可得到正确的拉伸方向。在【筋】特征操控面板文本框中输入筋拉伸厚度值 20。单击 ✓ 【确定】按钮,得到图 7.16 所示的筋特征实体。

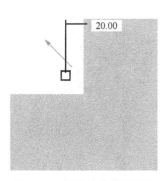

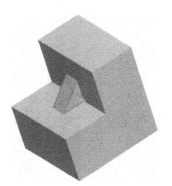

图 7.15　错误的筋拉伸方向　　　　图 7.16　筋特征实体

(5) 保存文件。单击【保存】按钮，完成操作。

7.4 拔模的创建

铸件和注塑件通常需要一个拔模面，才能顺利脱模。Pro/E 提供多个选项创建拔模面，可以创建的最大角度是±30°。拔模时选定的表面沿着一个中性平面（又称枢轴平面）或中性曲线（又称枢轴曲线）转动来创建拔模面，中性平面可以是零件表面或基准平面，中性曲线可以是基准曲线或边线。另外，拔模曲面可沿枢轴平面或曲线进行分割。

本节以创建中性平面拔模为例介绍创建基本拔模的方法，其步骤如下：

(1) 利用【拉伸】命令得到图 7.17 所示的拉伸实体。其长为 30，宽为 24，拉伸深度为 10。

(2) 选择【插入】→【斜度】命令或单击 【拔模工具】按钮，主视区下侧会出现图 7.18 所示的【拔模】特征操控面板。

图 7.17 拉伸实体

图 7.18 【拔模】特征操控面板

(3) 单击【参照】按钮，系统会自动弹出图 7.19 所示的拔模参照上滑面板，单击【选取项目】选项，单击图 7.20 所示的曲面作为拔模曲面，然后以同样的方法设定拔模枢轴和拖动方向此时拔模实体变为图 7.20 所示的效果。

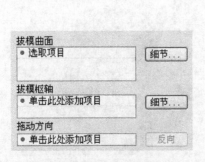

图 7.19 拔模参照菜单

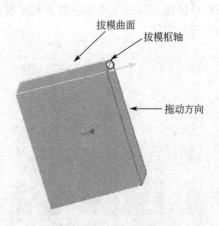

图 7.20 拔模实体

(4) 在图 7.21 所示的【拔模】特征操控面板的角度文本框中输入拔模角度值 5，单击 【确定】按钮，完成基本拔模的创建，得到图 7.22 所示的拔模实体。

图 7.21 【拔模】特征操控面板　　　　　　　图 7.22 拔模实体

(5) 保存文件。单击【保存】按钮，完成操作。

7.5 抽　　壳

对于箱体或薄壳类零件，当需要产生一个外壳时，使用壳特征操作比较方便。壳特征就是通过移除实体内部的材料，使实体形成中空形状，可根据输入的厚度保留实体的外部材料。

本节同样以 7.4 节得到的拉伸实体进行抽壳特征的基本创建，其具体创建步骤如下：

(1) 打开图 7.17 所示的拉伸实体文件。

(2) 选择【插入】→【壳】命令或单击 【壳工具】按钮，主视区下侧会出现图 7.23 所示的壳特征操控面板。

(3) 单击【参照】按钮，系统自动弹出图 7.24 所示的【参照】上滑面板，单击图 7.25 所示的平面作为移除平面，激活"非缺省厚度"一栏后，系统会要求选取要变更厚度的面，并输入指定厚度，重复该步骤可以定义所有的厚度。本节所运用的实例没有特殊厚度要求，只要在厚度文本框中输入 2 即可，单击 【确定】按钮，完成抽壳特征的创建，得到图 7.26 所示的抽壳后的实体。

(4) 保存文件。单击【保存】按钮，完成操作。

图 7.23 壳特征操控面板　　　　　　　图 7.24 【参照】上滑面板

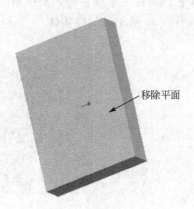
图7.25 选择移除平面

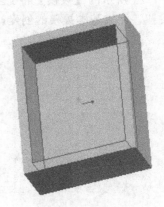
图7.26 抽壳实体

7.6 孔特征创建

创建孔的前提是建立实体特征，只有这样才能创建孔特征，孔可以是直边、用户草绘的定制形状，或是基于工程标准紧固件。孔的类型可以是标准沉孔或埋头孔，可延伸到多种不同的深度范围，还可以带有不同的尖端形状。通过定义放置参照、设置次（偏移）参照及定义孔的具体特征来添加孔。常用的主要有以下几类不同的孔：

（1）直孔：如圆截面的拉伸切削特征，它始于放置曲面并延伸到指定的终止曲面或用户定义的深度。

（2）草绘孔：由草绘界面定义的旋转特征形成。

（3）标准孔：由基于工业标准紧固件的拉伸切口组成。Pro/E 提供选取的紧固件的工业标准孔图表以及螺纹或间隙。

注意：对于标准孔，系统会自动创建螺纹注释。

本节通过实例重点讲解直孔和草绘孔的创建过程。

1. 创建直孔

所有的直孔都是用恒定直径创建的，其创建步骤如下：

（1）打开图7.17所示的拉伸实体文件。

（2）选择【插入】→【孔】命令或单击 【孔工具】按钮，主视区下侧会出现图7.27所示的【孔】特征操控面板。

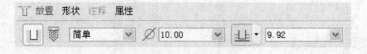
图7.27 【孔】特征操控面板

（3）单击 【直孔】按钮，在孔轮廓下拉列表框选择【简单】选项，在 【直径】组合框中输入直径值8，然后选择【侧1】及【侧2】的深度选项，默认情况下只需要在操控面板上设置图 7.28 所示的【侧 1】的深度选项，【侧 2】默认为无，如果想设置【侧 2】深度选项需要单击【形状】按钮弹出图 7.29 所示的【形状】上滑面板。本例【侧 1】选择 【穿透】命令，【侧 2】默认为无。

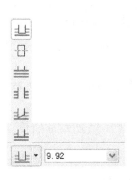
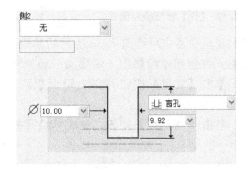

图 7.28 【侧 1】的深度选项板　　　　　图 7.29 【形状】上滑面板

对于【侧 1】的深度选项列表，各选项的意义如下：
　【可变】：在第一方向上从放置参照钻孔到指定深度。
　【对称】：在放置参照两侧的每一方向上，以指定深度值的一半进行钻孔。
　【到下一个】：在第一方向上钻孔直至下一曲面。
　【穿透】：在第一方向钻孔直到与所有曲面相交。
　【穿至】：在第一方向上钻孔，钻到与选定曲面相交。
　【至选定项】：在第一方向上钻孔至选定点、曲线、平面或曲面。

（4）单击【放置】按钮弹出上滑面板，单击【主参照】列表框，选择顶面为主放置参照。然后单击【次参照】列表框，选择两相邻的侧面为次参照，并且输入偏移数值 10，如图 7.30 所示。

（5）单击【确定】按钮，完成直孔的创建，得到图 7.31 所示的实体。

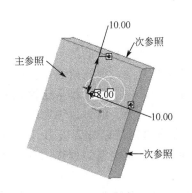

图 7.30 主、次参照的选择　　　　　图 7.31 直孔创建后的实体

2．创建草绘孔

草绘孔是在草绘界面下通过草绘—旋转截面而创建的，接下来将该孔放置到零件上，草绘孔通常是盲孔或单侧孔。利用图 7.31 所示的实体，继续进行草绘孔的创建，其创建步骤如下：

图 7.32 【孔】特征操控面板

(1) 选择【插入】→【孔】命令或单击【孔工具】按钮。

(2) 单击【直孔】按钮,在孔轮廓列表框中选择【草绘】选项,得到图7.32所示的【孔】特征操控面板。单击【草绘】按钮,进入草绘器。

(3) 在草绘器中草绘图7.33所示的草绘截面。单击【确定】按钮退出草绘器。

注意:在退出草绘器前一定要画一条旋转轴线。

(4) 单击【放置】按钮弹出上滑面板,其主参照和次参照的选取方法与直孔的创建相似。

(5) 单击【确定】按钮,完成草绘孔的创建,得到图7.34所示的实体。

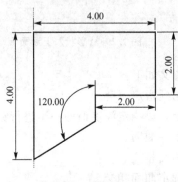

图 7.33 草绘孔截面

图 7.34 草绘孔后的实体

(6) 保存文件。单击【保存】按钮,完成操作。

7.7 附加特征设计范例

例1:汽车油箱三维建模。

汽车油箱是汽车燃油供给系统的关键部件,随着现代轿车的结构布置越来越紧凑,为了能充分利用有限的空间,轿车油箱的外形往往十分复杂,传统的油箱生产厂家采用手工敲制样件—试验—修改—再试制—再试验的设计流程,一个新油箱从定性到批量生产,往往需要多次样件的试制和漫长的设计修改过程,造成人力、财力、物力以及时间的大量消耗。然而利用三维建模软件对汽车油箱进行三维建模则可以节省人力、财力和时间的消耗。本节利用拉伸、倒角、钻孔、抽壳等特征完成对汽车油箱的创建,汽车油箱的创建步骤如下:

(1) 单击【新建】按钮,新建文件,并输入文件名称为youxiang,取消默认的【使用缺省模板】复选框的选中状态,单击【确定】按钮,在弹出的【新文件选项】对话框中,选择【mmns_part_solid】选项,单击【确定】按钮。

(2) 单击【拉伸】按钮,系统自动显示【拉伸】特征操控面板,如图7.35所示,单击

图 7.35 【拉伸】特征操控面板

【放置】按钮,在弹出的【放置】上滑面板中单击【定义】按钮,弹出【草绘】对话框,以 TOP 基准平面作为草绘平面,以 RIGHT 基准平面为右方向参照单击【草绘】按钮,进入草绘环境,绘制图 7.36 所示的截面,然后单击 ✓【确定】按钮。在【拉伸】特征操控面板中,输入深度值 200,然后单击 ✓【确定】按钮,得到图 7.37 所示的拉伸实体。

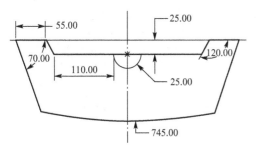
图 7.36 草绘截面

图 7.37 拉伸实体

（3）重复步骤（2）的操作,绘制图 7.38 所示的截面,然后单击 ✓【确定】按钮。在【拉伸】特征操控面板中,输入深度值 30,然后单击 ✓【确定】按钮,得到图 7.39 所示的拉伸实体。

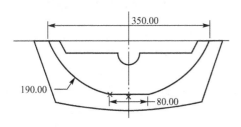
图 7.38 草绘截面

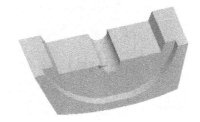
图 7.39 第二次拉伸后的实体

（4）单击 【基准平面】按钮,系统弹出图 7.40 所示的【基准平面】对话框,选择 RIGHT 基准平面作为参照,输入平移值 300,按 Enter 键,然后在【基准平面】对话框中单击【确定】按钮,完成对基准平面 DTM1 的创建。

（5）重复步骤（2）的操作,绘制图 7.41 所示的截面,然后单击 ✓【确定】按钮。在【拉伸】特征操控面板中,选择 【拉伸至下一曲面】选项,然后单击 ✓【确定】按钮,得到图 7.42 所示的拉伸实体。

（6）选择【插入】→【壳】命令或单击 【壳工具】按钮,主视区下侧会出现壳特征操控面板。单击【参照】按钮,选择图 7.43 所示的平面作为移除平面,单击【选项】按钮,选择【延伸内部曲面】选项,输入厚度值 1,单击 ✓【确定】按钮,完成抽壳特征的创建,得到图 7.44 所示的抽壳后的实体。

（7）单击 【基准平面】按钮,弹出【基准平面】对话框,以 TOP 基准平面作为参照面,在平移文本框中输入 100,单击【确定】按钮,得到一个新的基准平面 DTM2。

图 7.40 【基准平面】对话框

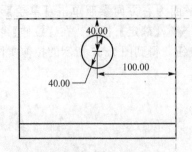

图 7.41 草绘截面

图 7.42 拉伸实体

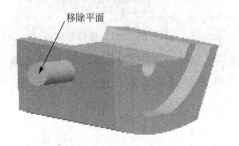

图 7.43 选择的移除平面

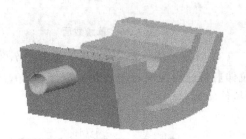

图 7.44 抽壳后的实体

(8) 选择【插入】→【筋】命令或单击 【筋工具】按钮,系统会出现图 7.45 所示的【筋】特征操控面板。单击【参照】→【定义】按钮,选择基准平面 DTM2 为草绘平面,单击【草绘】按钮,进入草绘环境,绘制图 7.46 所示的草绘图,单击 【确认】按钮完成筋特征的草绘。在筋特征操控面板文本框中输入筋厚度值 20。单击 【确定】按钮,得到图 7.47 所示的筋特征实体。

图 7.45 筋特征操控面板

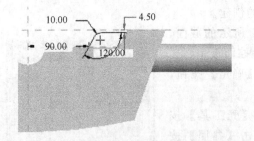

图 7.46 筋特征的草绘图

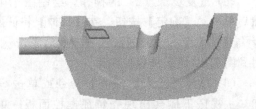

图 7.47 筋特征实体

(9) 选择【插入】→【孔】命令或单击 【孔工具】按钮,系统会出现图 7.48 所示的【孔】特征操控面板。在孔轮廓下拉列表框选择【简单】选项,在 【直径】组合框中输入直径值 50,【侧 1】选择 【可变】命令,输入深度值 5。单击【放置】按钮弹出上滑面板,设置图 7.49 所示的【主参照】和【次参照】。单击 【确定】按钮,完成直孔的创建,得到图 7.50 所示的实体。

附加特征的创建 第7章

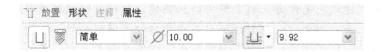

图7.48 【孔】特征操控面板

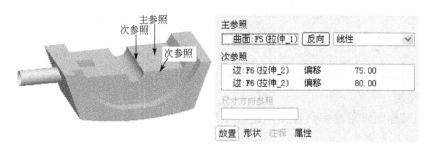

图7.49 主、次参照的设置

（10）选择【插入】→【倒圆角】命令或单击【倒圆角】按钮，系统自动显示图7.51所示的【圆角】特征操控面板。选择要建立圆角的边，在尺寸栏中，直接修改圆角半径，输入圆角半径3.00，单击【确定】按钮完成圆角特征的创建。重复以上的操作对所有的接触处进行倒圆角，最终得到图7.52所示的实体。

（11）保存文件。单击【保存】按钮，完成操作。

图7.50 钻孔后的实体

图7.51 【圆角】特征操控面板

图7.52 汽车油箱实体

小 结

　　附加特征是针对基础特征进一步加工而设计的，主要包括圆角、倒角、筋、拔模、抽壳、孔等。在创建附加特征时，除了确定描述特征自身形状和大小的定形参数外，还必须指定定位参数以确定其在实体特征上的准确放置位置。倒圆角用于消除模型上的棱角，以实现模型表面间的光滑过渡；在模型边线处创建倒角，以方便模型的装配；

筋特征的重要用途之一是作为机械零件中的加强筋，设计时必须使用开放剖面；拔模特征用于模型上加入斜度结构；壳特征用来创建中空的薄壁结构；孔特征是常用的附加特征之一，Pro/E 提供了直孔、草绘孔和标准孔等 3 种孔类型，用户在设计时根据需要选取。本章主要讲述了各个附加特征的创建步骤，然后通过汽车油箱的实例操作使读者加深了对拉伸、倒角、钻孔、抽壳等特征的掌握。

习题

一、填空题

1. 倒角又称倒斜角或去角特征，是处理模型周围棱角的方法之一。按照倒角的形状划分，可以将其分为_____和_____。
2. 本章所介绍的孔特征可以分为_____、_____和_____。
3. Pro/E 建模时允许的拔模角度为_____之间。
4. 筋通常用来加固设计中的零件，也常用来防止出现不需要的折弯。利用筋工具可快速开发简单的或复杂的筋特征。筋特征属于_____特征，按所附着的特征来区分可以分为两种类型的筋：_____和_____。

二、上机题

利用拉伸、抽壳、孔、圆角、倒角等设计方法，创建图 7.53 所示的桶身模型。

图 7.53 桶身模型

第 8 章
特征的编辑

教学要点

能力目标	知识要点	权重	自测分数
掌握特征的复制、镜像及移动的创建方法	特征的复制、镜像及移动的具体创建步骤，镜像方法、移动的适用条件	20%	
掌握阵列的创建方法	阵列的优点及尺寸阵列的具体创建步骤	30%	
掌握特征的隐含、恢复和删除的创建方法	特征的隐含、删除的具体操作步骤及恢复子菜单的使用	20%	
熟悉变速器轴具体设计步骤	利用拉伸、旋转、阵列等特征完成对变速器轴三维建模的创建	30%	

8.1 特征的复制

对某个特征进行复制操作，就是将该特征复制到一个新位置上，从而产生一个形状与原特征相同(或只是大小尺寸发生变化)的新特征，而原特征不发生任何变化。因此特征复制对提高工作效率很有帮助。原特征称为父特征，复制出来的特征称为子特征。通常子特征可以有从属于和独立于父特征两种关系。子特征的尺寸大小可以与父特征的不同，即子特征的尺寸大小可以变化。

为了更好地学习复制特征的创建，应该熟练掌握复制特征菜单的各项功能，如图8.1所示。

(1) 特征复制方式。特征复制方式有以下几种：

【新参考】：通过新选择的参考来替换父特征中原有的参考，从而复制出子特征。

【相同参考】：保留父特征的参考作为子特征的参考，通过改变参考尺寸来进行特征复制。

【镜像】：通过指定镜像平面来镜像父特征，从而产生子特征。

【移动】：通过平移或旋转父特征来进行特征复制。

(2) 特征选取方式。特征选取方式有以下几种：

【选取】：从活动模型中选择要复制的特征。

【所有特征】：选择要复制的所有特征。

【不同模型】：从不同模型中选择要复制的特征。只有使用【新参考】时，该选项有效。

图8.1 【复制特征】菜单

【不同版本】：从当前模型的不同版本中选择要复制的特征。该选项对【新参考】或【相同参考】有效。

(3) 复制特征的依附关系。复制特征的依附关系有以下两种：

【独立】：使已复制特征尺寸独立于父项尺寸，从不同模型或版本中复制的特征自动独立。

【从属】：使已复制特征尺寸从属于父项尺寸。当重定义从属复制的截面时，所有的尺寸都显示在父项上；当修改原始截面时，系统同时更新从属复制。该选项只涉及截面和尺寸，所有其他参照和属性都不是从属的。

本节通过一个简单的实例介绍特征复制的创建，其步骤如下：

(1) 新建一个图8.2所示的拉伸实体。

(2) 选择【编辑】→【特征操作】命令，系统自动弹出图8.3所示的【特征】菜单。选择【复制】命令，弹出图8.1所示的【复制特征】菜单，依次选择【移动】→【选取】→【独立】→【完成】命令。

(3) 系统弹出图8.4所示的【选取特征】菜单，系统提示选取要平移的特征，选取圆柱体，单击【完成】按钮。弹出图8.5所示的【移动特征】菜单，选择移动特征菜单中的【平移】命令，系统提示选取垂直于此方向的平面，选择长方体的右侧面(见图8.2)。弹出图8.6所示的【选取方向】菜单，选择【正向】命令。弹出【输入偏距距离】文本框，输入5，按Enter键，完成水平方向的移动。

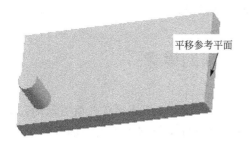
图 8.2 拉伸实体

图 8.3 【特征】菜单

图 8.4 【选取特征】菜单

图 8.5 【移动特征】菜单

图 8.6 【选取方向】菜单

(4) 选择【移动特征】菜单中的【完成移动】命令，弹出图 8.7 所示的【组元素】对话框，同时弹出图 8.8 所示的【组可变尺寸】菜单。其中显示可变尺寸为 4 个，选择可变尺寸后即可修改尺寸，此例直接选择【组可变尺寸】菜单的【完成】命令即可，然后单击【组元素】对话框中的【确定】按钮，选择特征菜单的【完成】命令，完成特征的复制操作，复制特征后的实体如图 8.9 所示。

图 8.7 【组元素】对话框

图 8.8 【组可变尺寸】菜单

图 8.9 特征复制后的实体

(5) 保存文件。单击【保存】按钮，完成操作。

8.2 特征的镜像

镜像是实体对象相对于基准平面产生镜像特征，使用该指定放置方法时，必须指定一个基准平面作为镜像参照，使用此工具将简单零件镜像到较为复杂的零件中可节省时间。可用多种方法创建镜像特征：

(1) 特征镜像。允许采用两种方法镜像特征：

① 所有特征：此方法可复制特征并创建包含模型所有特征几何的合并特征。要使用此方法，必须在模型树中选取所有特征和零件节点。

② 选定的特征：此方法仅复制选定的特征。

(2) 几何镜像。允许镜像诸如基准、面组和曲面等几何项目。也可通过在模型树中选取相应节点来镜像整个零件。

本节利用一个简单的实例来介绍特征镜像的创建，其步骤如下：

(1) 打开 8.1 节创建的图 8.2 所示的拉伸实体文件。

(2) 选取要镜像的特征。本例题选择圆柱体作为镜像特征，Pro/E 在图形窗口中加亮每一特征。

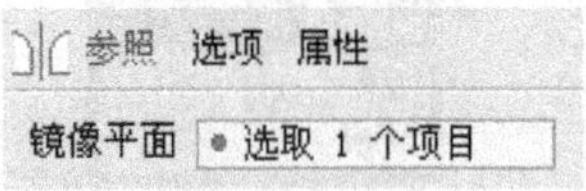

(3) 选择【编辑】→【镜像】命令或单击 【镜像】按钮，系统弹出图 8.10 所示的【镜像】特征操控面板。

(4) 选取 RIGHT 基准平面为镜像平面，如图 8.11 所示，单击 【确定】按钮完成镜像特征的创建，得到图 8.12 所示的实体。

图 8.10 【镜像】特征操控面板

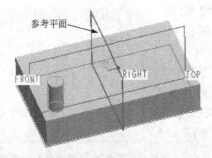

图 8.11 镜像平面的选择

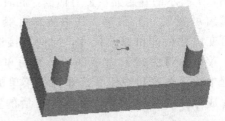

图 8.12 镜像后的实体

(5) 保存文件。单击【保存】按钮，完成操作。

注意：必须先选取要镜像的模型，再调用【镜像】工具。

8.3 特征的移动

只能通过【复制】和【选择性粘贴】命令使用【移动】工具。利用【移动】工具，可进行下列操作：

(1) 沿参照指定的方向平移特征、曲面、基准曲线和轴。
(2) 选定特征绕某个现有轴、线性边、曲线，或绕坐标系的某个轴进行平移。
(3) 在单个移动特征中应用多个平移及旋转变换。

也可使用【移动】工具创建和移动现有曲面或曲线的副本，而非移动原模型。

注意：不能选取某个坐标系或两个基准点或顶点作为方向参照。但是，可直接选取基准坐标系的某个轴作为方向参照，也可创建通过这两个基准点或顶点的基准轴。

本节利用一个简单的实例来介绍特征移动的创建，其创建步骤如下：

(1) 打开8.1节创建的图8.2所示的拉伸实体。
(2) 选择要移动的项目，单击【编辑】→【复制】命令（整个特征会被复制到剪贴板中），单击【编辑】→【选择性粘贴】命令，系统自动弹出图8.13所示的【选择性粘贴】对话框。
(3) 选中【对副本应用移动/旋转变换】复选框，单击【确定】按钮，弹出图8.14所示的【移动】特征操控面板。

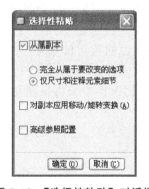

图8.13 【选择性粘贴】对话框

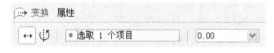

图8.14 【移动】特征操控面板

(4) 单击【沿选定参照平移】按钮，以一条侧边为方向参照，如图8.15所示，然后在【移动】特征操控面板的文本框中输入平移距离5。单击【确定】按钮完成平移特征的创建，得到图8.16所示的实体。

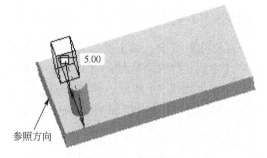

图8.15 参照方向

图8.16 平移后的实体

注意：平移时如果指定一个平面或曲面作为方向参照，方向参照将垂直于所要移动的方向；如果选取的是边、曲线或轴，方向参照将平行于选定的边、曲线或轴。旋转时，方向参照通常是移动模型旋转所围绕的轴或直边。

(5) 保存文件。单击【保存】按钮，完成操作。

8.4 特征的阵列

特征阵列操作在零件设计中比较重要，是一种快速且容易用来复制多个特征的方式，它能够在很大程度上提高操作者的工作效率。在进行零件设计时，有时需要产生多个相同或相似的特征，并且特征分布的相对位置具有一定的规律性。比如在一个底座上要产生许多个相同的螺栓孔，为了减少操作步骤、节约时间、提高效率，需要一次性复制这些相同的特征。为了实现这类操作，Pro/E提供了阵列命令，该命令可以一次阵列许多个特征。

阵列是创建一个特征的多个单元，通过改变或者复制特征的一个或多个参数尺寸的方法得到。在创建阵列时，通过改变某些指定尺寸，可创建选定特征的复制特征。除了描述阵列特征放置的阵列尺寸，阵列中的每个特征都有与阵列原特征相同的尺寸。阵列有如下优点：

(1) 创建阵列是重新生成特征的快捷方式。

(2) 阵列是参数控制的。因此，通过改变阵列参数，比如阵列数、阵列特征之间的间距和原始特征尺寸，可修改阵列。

(3) 修改阵列比分别修改特征更为有效。在阵列中改变原始特征尺寸时，Pro/E自动更新整个阵列。

(4) 对包含在一个阵列中的多个特征同时执行操作，比操作单独特征更为方便和高效。例如，可方便地隐含阵列或将其添加到层。

Pro/E重点提供了两种类型的特征阵列：尺寸阵列和参照阵列。本节通过实例介绍尺寸阵列的创建方法，其步骤如下：

(1) 打开8.1节创建的图8.2所示的拉伸实体。

(2) 选取圆柱体特征，选择【编辑】→【阵列】命令或单击 【阵列】按钮，系统将显示图8.17所示的【阵列】特征操控面板，单击【选项】，选择再生选项中的【相同】命令。

图8.17 【阵列】特征操控面板

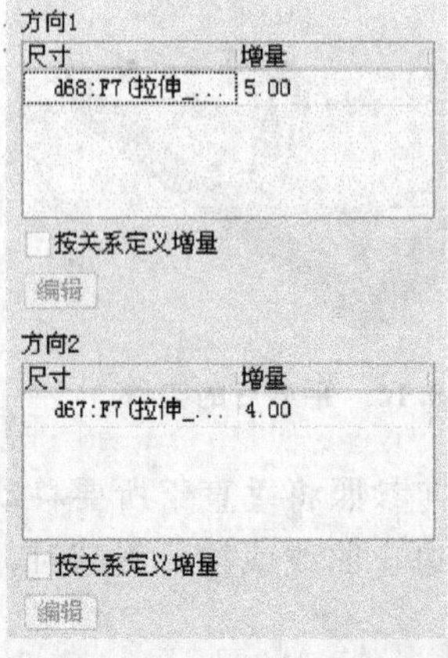

(3) 单击【尺寸】按钮，弹出图8.18所示的【尺寸】上滑面板。在【方向1】选项区域的【尺寸】栏单击，选取第一方向尺寸，如图8.19所示，在【增量】一栏中输入5，接着在【阵列】特征操控面板第一个数据栏中输入2。

(4) 在【方向2】选项区域的【尺寸】栏单击，选取第二方向尺寸，如图8.19所示，在【增量】一栏中输入4，接着在【阵列】特征操控面板第一个数据栏中输入5。单击 【确定】按钮完成特征【阵列】的创建，得到图8.20所示的实体。

(5) 保存文件。单击【保存】按钮，完成操作。

图8.18 【尺寸】上滑面板

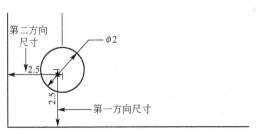

图 8.19　选取阵列方向

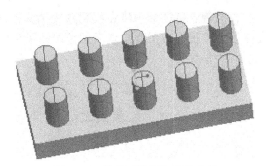

图 8.20　特征【阵列】后的实体

8.5　特征的隐含

隐含特征类似于将其从再生中暂时删除。不过，可以随时恢复已隐含的特征。可以隐含零件上的特征来简化零件模型，并减少再生时间。

1. 隐含特征的作用

(1) 隐含其他区域后可更专注于当前工作区。
(2) 由于更新较少而加速了修改过程。
(3) 由于显示内容较少而加速了显示过程。
(4) 暂时删除特征可尝试不同的设计迭代。

注意：与其他特征不同，基本特征不能隐含。如果对基本特征不满意，可以重定义特征截面，或将其删除并重新定义。

2. 特征隐含的创建常用的两种方法

(1) 在模型树中要隐含的项目上右击，弹出图 8.21 所示的快捷菜单，从中选择【隐含】命令即可。
(2) 先选择要隐含的项目，然后选择【编辑】→【隐含】命令。

完成特征隐含后，隐含的特征将会从模型中消失，如图 8.22 所示，是隐含前后实体模型的变化比较。

图 8.21　快捷菜单

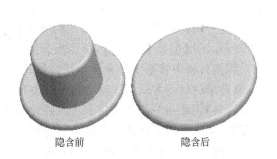

图 8.22　隐含前后实体模型的变化

同时隐含特征标识将在模型树中消失，隐含特征前后的模型树如图 8.23 所示，左图是未隐含情况，右图为隐含后的情况，可以明显地看出，左图的拉伸 2 和倒圆角 1 在右图模型树中消失了。

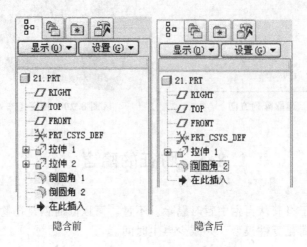

图 8.23　特征隐含前后模型树的变化

8.6　特征的恢复

特征恢复命令对应于特征隐含命令，它位于【编辑】菜单中，用于恢复被隐含的特征。如果当前模型中没有隐含特征，那么【恢复】命令不可用。

选择【编辑】→【恢复】命令，显示图 8.24 所示的【恢复】子菜单。

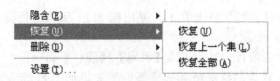

图 8.24　【恢复】子菜单

在【恢复】子菜单中设置了 3 种命令来选择欲恢复的特征，即【恢复】、【恢复上一个集】和【恢复全部】。

【恢复】：此命令用于对选定的已经隐含的特征进行恢复。默认情况下，该命令是不可用的。如果要令其可用，首先选择导航器中的【设置】，选择【树过滤器】命令，系统自动弹出图 8.25 所示的【模型树项目】对话框。从中选中【隐含的对象】复选框，单击【确定】按钮，则模型树中将显示隐含的特征，如图 8.26 所示。

注意：隐含对象的显示方式同未隐含对象的显示方式不同。

【恢复上一个集】：此命令用于选择上一次隐含的特征。

【恢复全部】：此命令用于选择所有隐含的特征。

【恢复】操作的结果与【隐含】操作的结果正好相反，隐含的特征将在恢复操作后重新显示出来，并且隐含特征标识也在模型树中重新显示。

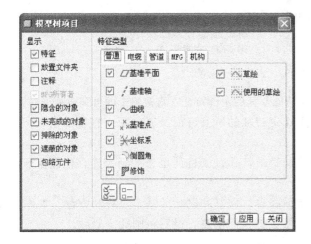

图 8.25 【模型树项目】对话框　　　　图 8.26 隐含特征的恢复

8.7 特征的删除

特征的删除是将一个特征从零件中永久性删除。当选择要删除的特征具有子项时，必须考虑子项。可以删除子项，但 Pro/E 还提供了一种通过重定参照来保存子项的方法。

特征的删除通常有两种方法：

（1）在模型树中右击要删除的项目，弹出图 8.27 所示的快捷菜单，从中选择【删除】命令即可，然后系统自动弹出图 8.28 所示的【删除】信息提示对话框，单击【确定】按钮，完成特征的删除。

图 8.27 【删除】快捷菜单　　　图 8.28 【删除】信息提示对话框

（2）选择【编辑】→【删除】命令，显示图 8.29 所示的【删除】子菜单。

在【删除】子菜单中设置了 3 种命令来选择欲删除的特征，即【删除】、【删除直到模型的终点】和【删除不相关的项目】。

【删除】：删除或隐含选定特征及其所有子项。选择【删除】命令会弹出图 8.28 所示的【删除】信息提示对话框，单击【确定】按钮，完成特征的删除。

图 8.29 【删除】子菜单

【删除直到模型的终点】：删除选定特征及其后全部特征。直接单击即可完成特征的删除。

【删除不相关的项目】：删除不同于选定特征的所有特征及其父项。直接单击即可完成特征的删除。

注意：在删除特征时，如果是删除父特征，那么子特征也将受到牵连，但删除子特征对父特征没有影响。

下面通过一个简单的实例来介绍特征隐含、恢复和删除的基本过程和方法。如图 8.30 所示，首先将模型中的两个圆孔隐含，然后将它们恢复，最后将圆孔 1 删除。

该实例的具体操作步骤如下：

(1) 利用拉伸、倒角、孔等命令完成图 8.30 所示的实体的创建。

(2) 按住 Ctrl 键，选择模型树中圆孔 1 和圆孔 2，右击，弹出图 8.31 所示的快捷菜单，从中选择【隐含】命令，然后系统自动弹出图 8.32 所示的【隐含】信息提示对话框，单击【确定】按钮，完成特征的隐含，得到图 8.33 所示的实体模型。

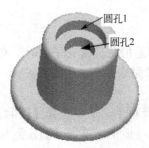

图 8.30 实例操作模型

(3) 选择【编辑】→【恢复】→【恢复全部】命令，得到图 8.30 所示的最初建立的实例操作模型。

(4) 选择模型树中圆孔 1，右击，弹出图 8.27 所示的快捷菜单，从中选择【删除】命令，然后系统自动弹出图 8.28 所示的【删除】信息提示对话框，单击【确定】按钮，完成圆孔 1 的删除，得到图 8.34 所示的实体模型。

图 8.31 快捷菜单

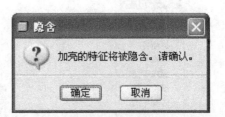

图 8.32 【隐含】信息提示对话框

图 8.33 隐含后的实体模型

图 8.34 删除圆孔 1 后的实体模型

(5) 保存文件。单击【保存】按钮，完成操作。

8.8 特征编辑设计范例

例：变速器轴三维建模。

轴类零件是机械设计中经常用到的零件，像变速器轴这种轴类零件，起到传递运动和动力的作用。为了传递轴向运动和动力，必须有花键或平键来固定齿轮。在建模过程中，使用旋转命令创建阶梯轴，并运用拉伸、阵列等特征工具创建键槽。具体操作步骤如下：

(1) 单击【新建】按钮，新建文件，并输入文件名称为 zhou，取消默认的【使用缺省模板】复选框的选中状态，单击【确定】按钮，在【新文件选项】对话框中，选择【mmns_part_solid】选项，单击【确定】按钮。

(2) 单击【旋转】按钮，系统弹出图 8.35 所示的【旋转】特征操控面板。单击【位置】→【定义】按钮，系统显示【草绘】对话框，选择 TOP 基准平面作为草绘平面，单击【草绘】按钮，进入草绘界面。

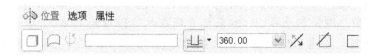

图 8.35 【旋转】特征操控面板

(3) 单击【中心线】按钮，沿着 FRONT 基准平面投影线绘制一条水平线，作为旋转中心。然后绘制图 8.36 所示的草绘图。单击【确定】按钮，退出草绘器，在【旋转】特征操控面板的旋转角文本框中输入 360，单击【确定】按钮，得到图 8.37 所示的旋转实体。

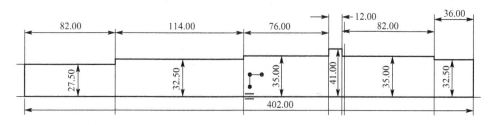

图 8.36 草绘图

(4) 单击【草绘】按钮，选择平面 1 作为草绘平面，单击【草绘】按钮，进入草绘环境。创建图 8.38 所示的草绘截面，从而获得键槽截面下边到圆柱上母线的距离为 7，从而得到键槽底面与 TOP 基准平面之间的距离。单击【确定】按钮，退出草绘界面，右击模型树中的【草绘1】选项，删除所画的草绘图。

(5) 单击【基准平面】按钮，系统弹

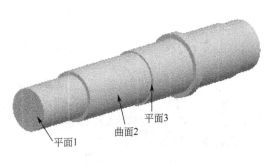

图 8.37 旋转实体

出图 8.39 所示的【基准平面】对话框。选择 TOP 基准平面为参照，输入平移值 25.5，单击【确定】按钮，得到新的基准平面 DTM1。

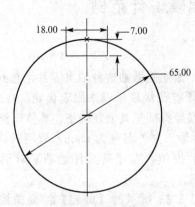

图 8.38 草绘截面

图 8.39 【基准平面】对话框

(6) 单击【拉伸】按钮，弹出图 8.40 所示的【拉伸】特征操控面板。依次单击【放置】→【定义】按钮，系统弹出【草绘】对话框，选择 DTM1 基准平面作为草绘平面，单击【草绘】按钮，进入草绘界面。在曲面 2 所在的轴段草绘图 8.41 所示的草绘图，单击 ✓【确定】按钮，退出草绘界面，输入拉伸深度 15，单击【去除材料】按钮，单击 ✓【确定】按钮，得到图 8.42 所示的带键槽的实体。

(7) 单击【拉伸】按钮，依次单击【放置】→【定义】按钮，系统弹出【草绘】对话框，选择平面 3 作为草绘平面，单击【草绘】按钮，进入草绘界面，草绘图 8.43 所示的

图 8.40 【拉伸】特征操控面板

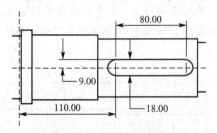

图 8.41 草绘图

图 8.42 带键槽的实体

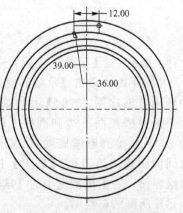

图 8.43 花键槽草绘截面

花键槽截面。单击 ✔【确定】按钮,退出草绘界面,输入拉伸深度 70,单击 ✔【确定】按钮,完成单个花键槽的创建。单击【阵列】按钮,弹出图 8.17 所示的【阵列】特征操控面板,选择轴 A_2 进行轴阵列,输入阵列个数 6,阵列成员间的角度 60,单击 ✔【确定】按钮,完成图 8.44 所示的花键槽的创建。

(8) 单击【倒圆角】按钮,输入圆角半径 2,对阶梯轴、花键槽、平键槽倒圆角。最后完成图 8.45 所示的变速器中间轴实体的创建。

(9) 保存文件。单击【保存】按钮,完成操作。

图 8.44 带有花键槽的实体

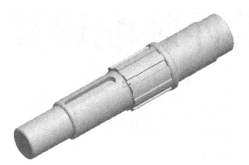
图 8.45 变速器中间轴三维模型

小　　结

在机械零件中,常包含多个相同或相似的特征,并且特征分布的相对位置具有一定的规律性,为提高建模效率,可以对某一特征进行复制、镜像、阵列等。本章重点讲解如何正确使用特征编辑方法,创建零部件中的多个特征。读者应该重点掌握复制、镜像、阵列的编辑,最后利用旋转、拉伸、阵列等特征对变速器轴进行实体建模,能够使读者熟悉特征编辑的具体创建方法。

填空题

1. 对某个特征进行复制操作,就是将该特征复制到一个新位置上,而原特征不发生任何变化。原特征称为_____,复制出来的特征称为_____。通常子特征可以有_____或_____父特征两种关系。

2. _____是将实体对象以一个平面为对称中心的复制过程,即以参照面或者对称中心创建出一个源对象的副本。

3. _____阵列是借助已有阵列实现新阵列的方法,它的操作对象必须与已有阵列的源实例之间具有定位的尺寸关系。

4. 在 Pro/E 中,阵列有_____、可变和一般 3 种再生选项,用户可以在【阵列】特征操控面板的【选项】上滑面板中进行设置。

第9章 零件装配设计

教学要点

能力目标	知识要点	权重	自测分数
了解装配的概念和基本知识	组件以及元件的封装和包括的概念	10%	
掌握装配体基本设计方法	装配体装配界面、元件放置用户界面、约束放置方法以及如何移动装配件等	35%	
掌握对装配体中元件的操作方法	零件的复制、重复放置、阵列以及打开和删除等操作	35%	
掌握装配体设计流程	装配体设计的步骤和原则	20%	

9.1 装配的概念和基本知识

零件装配的功能是 Pro/E 的重要功能之一。Pro/E 提供了基本的装配工具，可以通过多种方法添加元件并定义其装配约束，使各个零件或子组件构成一个有机整体。下面介绍在装配过程中需要了解的概念和基本知识。

9.1.1 组件的概念

组件就是将创建好的多个零件按照一定的配合关系和位置约束组合在一起而形成的一个整体。通过指定零件之间的相互关系，确定零件之间的相对位置，从而将零件组装在一起，成为一个组件。

多个零件经过装配后形成的相对位置固定的组件，它可以作为另一个组件的部件进行新的装配，从而形成更为复杂的装配体；在这个过程中，子组件可以当作一个零件进行装配。在实际装配过程中，对于比较复杂的组件，往往是按照功能或者结构分为若干个子组件，先进行子组件的装配，最后将这些子组件装配在一起，形成最终的装配体。

9.1.2 元件的封装

元件的封装是用来放置元件的一种临时措施，插入到组件中的元件处于部分约束或不约束的状态。一般来说，将一个元件或组件放置到一个装配体中的确定位置，最少需要对元件或组件配置一个装配约束，也有可能配置多个装置约束。如果放置一个元件需要两个装配约束，但在装配过程只配置一个装配约束，则元件处于部分约束状态；不设置装配约束，则元件处于不约束状态。只有完全设置装配所需要的约束，才能使元件或组件处于完全约束状态。

元件封装是一种不精确的装配技术，也可以理解为约束不足，其在模型树中显示为装配约束不足的图标，即零件名称前面有一个四方形。

在装配菜单栏中选择【插入】→【元件】→【封装】命令，将弹出图 9.1 所示的【包装】菜单管理器，应用菜单管理器可以对元件进行封装。

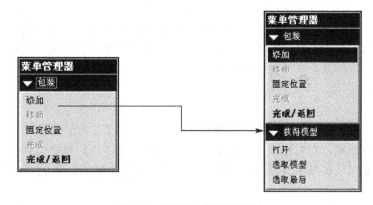

图 9.1 【包装】菜单管理器

在菜单管理器中选择【添加】命令可以添加新元件到装配体中，系统会打开【获得模型】菜单，在菜单中有3种方法可以创建封装零件。

【打开】：选取新的零件添加到装配体中；打开新文件后，可以根据需要在【移动】菜单中确定零件的放置位置。

【选取模型】：在模型中选取封装的零件或部件。

【选取最后】：选取模型中最后操作的零部件进行封装。

【包装】菜单中的其他命令的含义如下：

(1)【移动】：移动以前封装的元件的位置。

(2)【固定位置】：固定已封装的元件，使其不可移动。

(3)【完成】：按照约束或连接关系装配以前封装的元件。这一般用在装配的最后阶段，能够完全确定零件的位置和装配关系时，利用此命令使零部件完全装配到理想位置。

注意：封装的元件不能作为装配体的第一个装配元件。

9.1.3 元件的包括

包括也是一种装配方法，与采用【取消放置】方法装配零部件的效果完全一样，它们的区别仅在于：包括方法适用于已经存在的文件，而【取消放置】方法适用于新建零部件的装配。

包括命令的使用方法：选择【插入】→【元件】→【包括】命令，在打开的对话框中选择需要包括的零部件，单击【打开】按钮完成包括。

注意：零部件被装入装配体后，模型树中有此文件，但是模型窗口不显示此文件。

9.2 装配体基本设计方法

零件装配的装配方法主要有两种：基本方法和高级方法。本章主要介绍零件装配的基本方法。装配的基本方法即约束法，它是通过设置元件间的安装关系来进行零件装配的一种方法。在开始进行装配时，需要合理地选择一个元件作为"起始元件"，起始元件应为整个装配体中最重要的一个零部件。在装配过程中，各个零部件以一定的装配约束与起始元件组装在一起，各个零部件就和起始元件之间形成了"父子关系"。起始元件是整个装配体的父元件，在装配过程中绝不可以删除起始元件，否则整个装配体将会被删除。在指定了起始元件后，再选取其余需要装配的零部件，使其按照一定的装配约束关系与起始元件组合在一起，这样就形成了完整的装配体。

9.2.1 装配界面

进入 Pro/E Wildfire 3.0 系统后，选择系统菜单栏中【文件】→【新建】命令，系统会弹出【新建】对话框，在对话框【类型】选项组中选择【组件】单选按钮，然后指定文件的名称，系统的默认扩展名为.asm，然后取消【使用缺省模板】复选框的选中状态，如图9.2所示。

单击【新建】对话框中的【确定】按钮，系统进入【新文件选项】对话框，并在对话框中选择 mmns_asm_design 作为新文件的模板，如图9.3所示。

零件装配设计 第9章

图 9.2 【新建】对话框　　　　　　　图 9.3 【新文件选项】对话框

单击【新文件选项】对话框中的【确定】按钮，系统会创建新文件并进入装配环境，如图 9.4 所示，在绘图区自动创建 3 个基准面(ASM_RIGHT、ASM_TOP、ASM_FRONT)和一个坐标系(ASM_DEF_CSYS)。装配模式下的系统菜单栏与零件模式下的大体相同，在常用工具栏中增加了有关特征或元件再生的按钮，在绘图区右侧添加了几个常用的图标按钮，如【将元件添加到组件】按钮 、【在组件模式下创建元件】按钮 等。

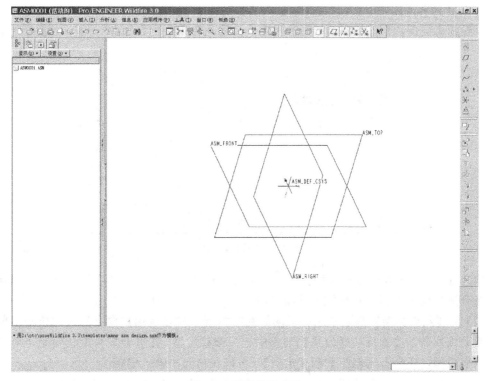

图 9.4 新建装配文件

201

9.2.2 元件放置用户界面

创建新文件并进入装配环境后，选择系统菜单栏中的【插入】→【元件】→【装配】命令，或直接单击绘图区右侧的【将元件添加到组件】按钮，系统打开当前工作目录下所有的零件及装配件，选取起始元件或其他零部件后，系统会在绘图区显示此文件，并打开【元件放置】用户界面，如图9.5所示。

图9.5 【元件放置】用户界面

【元件放置】用户界面由下列项目组成：
(1) 特征图标：指示正在放入组件的元件。
(2) 上滑面板：包括【放置】面板、【移动】面板、【挠性】面板和【属性】面板。
(3) 元件放置参数设置选项：【预定义集】列表、【约束类型】列表和【偏移】类型输入框。
(4) 快捷菜单：要访问快捷菜单，请右击用户界面。

9.2.3 放置约束

1. 建立装配约束

【元件放置】用户界面中的【放置】面板主要用于建立装配约束，如图9.6所示。当元件放置到装配体中时，【预定义集】列表中将默认选择【用户定义】连接类型和【自动】放置约束类型，【用户定义】用于创建一个用户自定义的约束集，用于一般的装配体设计。

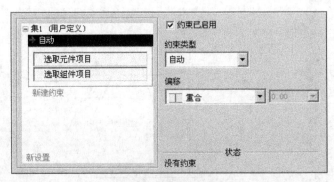

图9.6 【放置】面板

(1) 为元件和装配体选择参照，定义放置约束，选择一对有效的参照之后，系统将自动选择合适的约束类型，并且约束已经启动。
(2) 从【约束类型】列表中选择不同的约束类型，或在【用户定义】区域单击当前约束，启动该列表，接着可从【偏移】列表中选择偏移类型，【重合】为默认偏距，对应不同的约束类型，还会有【偏距】和【定向】，可以在单元中输入偏距值。

定义约束后，可以激活图9.6中【新建约束】按钮，单击它可以定义新的约束。可以根据需要设置约束的数量,系统最多可设置 50 个约束。在定义约束时,每个约束都在【用户定义】区域中列出,而每个元件的当前约束在选取参照时会显示在【放置状态】区域中。【元件参照】和【装配参照】用来显示参照的名称。用户可以在任何时候选择【用户定义】区域中列出的某个约束,并修改约束的类型。

【元件放置】用户界面中的【状态】显示栏用来显示需要装配的元件和组件的约束状态。当界面的【状态】显示栏中显示为"完全约束"时,单击【元件放置】用户界面中的 ☑【确定】按钮,系统就在当前约束状态下放置文件;当显示为"部分约束"或"无约束"时,单击【确定】按钮可以封装元件;当显示为"约束无效",则要重新定义约束,才能正确放置元件。

2. 放置约束的类型

【预定义集】列表中选取默认项【用户定义】时,【约束类型】下拉列表中有下列放置约束类型:自动、匹配、对齐、插入、坐标系、相切、线上点、曲面上的点、曲面上的边、固定和默认。

(1) 自动:系统自动随机放置元件。

(2) 匹配:此约束使两个平面共面且法线方向相反,或使两个圆柱面同轴,如图 9.7 所示。在【匹配】模式下,【偏移】下拉列表中有【重合】、【定向】和【偏距】3 个选项,系统默认为【重合】选项,即其偏距为零;若匹配有偏距时,此约束使两个平面平行且偏移一段距离,法线方向相反;【定向】选项能与约束类型配合使用,对两个参照定向。

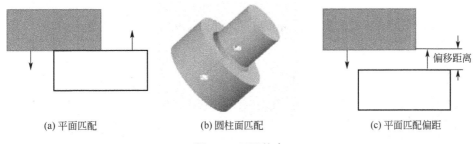

(a) 平面匹配　　　　(b) 圆柱面匹配　　　　(c) 平面匹配偏距

图 9.7　匹配约束

(3) 对齐:此约束使两个平面共面且法线方向相同,也可以使两个旋转面或旋转轴同轴,还可以对齐两个基准点、顶点、曲线端点,但是点的性质必须相同,即基准点对基准点,如图 9.8 所示。在【对齐】模式下,【偏移】列表中的选项与在【匹配】模式下的功能相同。

(a) 平面对齐　　　　(b) 轴线对齐　　　　(c) 平面对齐偏距

图 9.8　对齐约束

(4) 📎插入：此约束使两个旋转面同轴，如图 9.9 所示。
(5) 🧭坐标系：此约束使两个坐标系重合，X、Y、Z 轴分别对应重合。
(6) 🔘相切：此约束使两个曲面在切点处点接触，也可能是线接触，如图 9.10 所示。

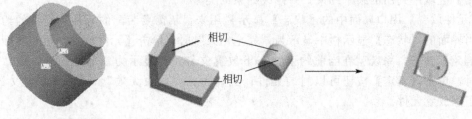

图 9.9　插入约束　　　　　　　　　图 9.10　相切约束

(7) ✏️线上点：此约束控制边、轴线或基准曲线与点之间的接触，如图 9.11 所示。

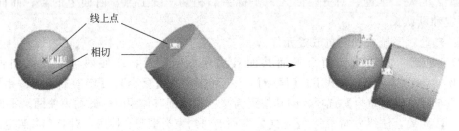

图 9.11　线上点约束

(8) 🔘曲面上的点：此约束控制曲面与点之间的接触，如图 9.12 所示。

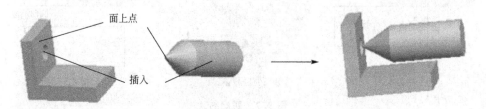

图 9.12　曲面上的点约束

(9) 📎曲面上的边：此约束控制曲面与平面边界之间的接触，如图 9.13 所示。

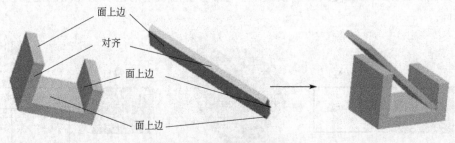

图 9.13　曲面上的边约束

(10) 🔧固定：将被移动或封装固定在元件固定在当前所在位置。

零件装配设计 第9章

(11) 默认：在默认位置装配元件按钮，即系统将元件的默认坐标系与组件的默认坐标系对齐来放置元件。

3. 放置约束的使用原则

放置约束是指定一对参照的相对位置，也是整个装配操作的灵魂。因此，在放置约束时，一般遵循以下原则：

（1）使用【匹配】和【对齐】时，两个参照必须是属于同一类型的参照，即平面对平面、旋转面对旋转面、点对点或轴对轴。

（2）使用【匹配】和【对齐】并输入偏移值后，系统会显示偏移方向，如果方向相反，要输入负偏移值。

（3）系统一次只能添加一个约束。

（4）可以组合使用放置约束，以便完整地指定位置和定向。例如，可以将一对曲面约束为对齐重合，另一个则约束为插入，还有一个约束为匹配。

（5）只有在创建轴对齐或边对齐约束后，才能使用角度偏移约束。

9.2.4 移动装配件

系统调入元件或组件后，会将其放在一个默认位置来显示，用户可以使用【元件放置】用户界面的【移动】面板来调节待装配件的位置，以方便添加装配约束，如图9.14所示，一共有4种移动类型：【定向模式】、【平移】、【旋转】和【调整】。选择移动类型后，必须选择参照来移动元件或组件。

1. 移动类型

【定向模式】：使用定向模式来移动元件或组件。
【平移】：根据所选的移动参照来移动元件或组件。
【旋转】：沿着所选的移动参照来旋转元件或组件。
【调整】：根据所选的移动参照，定义要移动的元件或组件与已装配件的对齐或配合，一般会有匹配、匹配偏距、对齐、对齐偏距等约束功能。

2. 参照

参照的默认选项为【在视图平面中相对】，如图9.14所示，也可以选择【运动参照】单选按钮，当选中后，其下面的选取参照将被激活，可以选择需要的面作为参照，如图9.15所示。

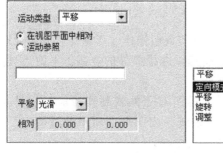

图9.14 【移动】面板

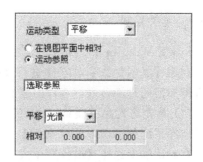

图9.15 运动参照设置

3. 运动增量

系统提供了两种运动增量方式：

1）平移

光滑：实现连续的平移；

1、5、10：以 1、5 或 10 为单位实现跳跃式移动，是一种不连续的平移。

2）旋转

光滑：实现连续的旋转；

5、10、30、45、90：以 5、10、30、45 或 90 为单位实现跳跃式旋转。

9.2.5 装配流程

在装配操作之前，必须了解装配的操作流程。

(1) 通过 9.2.1 的介绍，当进入新建文件的装配环境后，选择系统菜单栏中的【插入】→【元件】→【装配】命令，或直接单击绘图区右侧的【将元件添加到组件】按钮，系统打开当前工作目录下所有的零件及装配件，选取起始元件或其他零部件后，该元件将出现在主窗口内。

(2) 如果在设计过程中选择的模板为系统默认模板，则将以 3 个正交的基准平面作为第一特征。此时，系统将出现【元件放置】用户界面，设置用户界面中的各选项，将该元件定位于 3 个正交的基准平面内。接着，单击【将元件添加到组件】按钮，调入其他需要装配的元件或组件进行装配，同样设置【元件放置】用户界面中的各个选项，进行该元件与已有元件之间的装配。当所有元件装配完毕后，单击【确定】按钮，完成装配。

(3) 如果在设计过程中没有选择基准特征作为起始元件，则选取第一个装配元件作为起始元件。单击【将元件添加到组件】按钮，调入另一个需要装配的元件或组件进行装配，随后设置【元件放置】用户界面中的各个选项，进行该元件与起始元件之间的装配，生成一个组件。再单击【将元件添加到组件】按钮，调入其他需要装配的元件或组件进行装配，同样设置【元件放置】用户界面中的各个选项，进行该元件与已有元件之间的装配。当所有元件装配完毕后，单击【确定】按钮，完成装配。

9.3 装配元件操作方法

通过对装配元件的操作，可以快速、准确地完成装配工作，建立用户需要的装配体。

9.3.1 零件复制

Pro/E Wildfire 3.0 提供了【复制】命令用于零件的复制操作。当零件完成装配以后，可以利用【复制】命令对零件进行【平移】或【旋转】，进行零件的复制。下面通过实例来讲解如何通过旋转进行零件的复制。

(1) 首先将光盘源文件\CH09\PART01 目录下的所有零件复制到当前工作目录下，接着选择系统菜单栏中的【文件】→【新建】命令，系统弹出图 9.2 所示的【新建】对话框，在对话框中选择【组件】模式，然后指定文件名为 asm1。

(2) 在完成设置后，单击【确定】按钮，系统将自动进入装配模式，并且将在绘图区中自动创建出 3 个基准平面(ASM_RIGHT、ASM_TOP、ASM_FRONT),以及一个坐标系(ASM_DEF_CSYS)。

(3) 选择系统菜单栏中的【插入】→【元件】→【装配】命令,或直接单击绘图区右侧的 【将元件添加到组件】按钮,系统弹出【打开】对话框,打开零件 PART1.PRT,接着系统打开【元件放置】用户界面,【约束类型】列表中单击 【缺省】图标,表示将在默认位置装配零件 PART1,即系统通过将 PART1 的默认坐标系与组件的默认坐标系对齐来放置零件。放置效果如图 9.16 所示。

(4) 选择系统菜单栏中的【插入】→【元件】→【装配】命令,或直接单击绘图区右侧的 【将元件添加到组件】按钮,系统弹出【打开】对话框,打开零件 PART2.PRT,在【移动】面板下选择合适的操作,将零件 PART2.PRT 移动到便于观察的位置,切换到【放置】面板,在【约束类型】列表中依次选择【插入】与【匹配】进行装配,如图 9.17 所示,在这两种约束下需要选取的特征表面如图 9.18 所示。

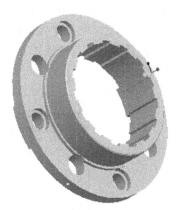

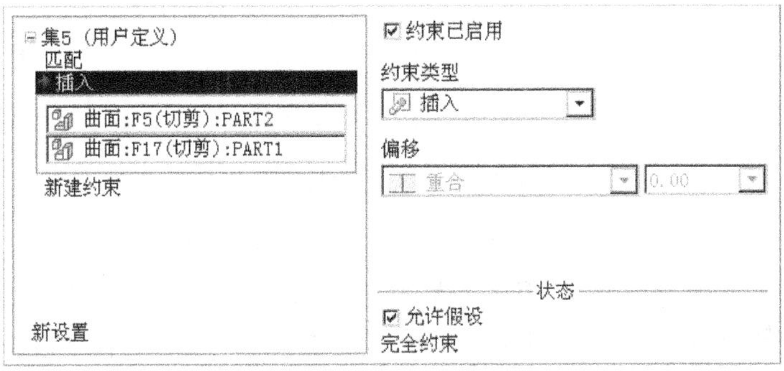

图 9.16　零件放置效果图

图 9.17　约束类型设置

(5) 设置完毕,【放置】面板状态栏中将提示"完全约束"和"允许假设",单击 【确定】按钮,完成装配件的创建,完成效果如图 9.19 所示。

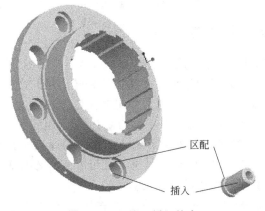

图 9.18　匹配、插入约束

图 9.19　装配效果图

(6) 选择系统菜单栏中的【编辑】→【元件操作】命令，系统弹出【元件】菜单，选择图 9.20(a)中的【复制】命令。系统接着提示选取坐标系，选取坐标系 ASM_DEF_CSYS，系统弹出【选取】对话框，根据提示选取 PART1.PRT 的坐标系和复制零件 PART2.PRT，单击【选取】对话框上的【确定】按钮以结束选取复制零件。系统弹出【退出】菜单，然后选取图 9.20(b)所示【旋转】完成复制零件的操作，并选取 X 轴作为旋转轴。

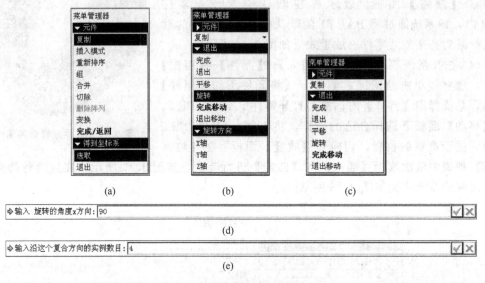

图 9.20 零件复制设置

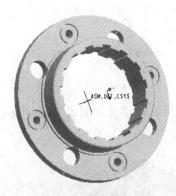

图 9.21 复制效果图

(7) 系统提示输入旋转角度，在图 9.20(d)所示系统绘图区下侧输入旋转角度：90，单击鼠标中键或【确定】按钮，在【退出】菜单中选择【完成移动】命令，如图 9.20(c)所示。然后系统提示【输入沿这个复合方向的实例数目】，输入复制零件的个数：4(包括原始零件)，如图 9.20(e)所示，单击鼠标中键或【确定】按钮，最后选择菜单管理器中【完成】命令以结束复制，完成效果如图 9.21 所示，保存组件 asm1.asm。

9.3.2 零件重复放置

(1) 首先，将光盘源文件\CH09\PART01 目录下的所有零件复制到当前工作目录下，接着选择系统菜单栏中的【文件】→【新建】命令，系统弹出【新建】对话框，在对话框中选择【组件】模式，然后指定文件名为 asm2。

(2) 接下来重复 9.3.1 节中的步骤(2)~(5)，完成零件 PART2.PRT 的装配。

(3) 在装配模型树中选取零件 PART2.PRT，再选择系统菜单栏中的【编辑】→【重复】命令，系统弹出【重复元件】对话框，如图 9.22 所示，选取【可变组件参照】列表框中的【插入】选项，再单击【重复元件】对话框中的【添加】按钮。

(4) 按住鼠标中键拖动鼠标，将模型旋转到适当位置。依次单击图 9.23 中标注所指的 2 个孔内壁，则【重复元件】对话框中显示所选取曲面的信息，如图 9.24 所示，单击【确认】按钮，完成效果如图 9.25 所示。

图 9.22　【重复元件】对话框

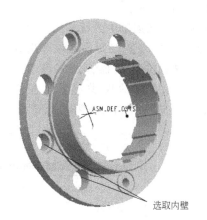

图 9.23　内壁选取

图 9.24　曲面信息

图 9.25　重复放置效果图

9.3.3　零件阵列

Pro/E 提供了一个【阵列】命令用于零件的阵列操作。当零件完成装配后，可以利用【阵列】命令进行零件的阵列操作。

根据零件的装配特点，可以实现 4 种不同的阵列方式：尺寸、表、参照、填充。如果零件是通过【匹配偏距】或【对齐偏距】关系而装配的，可以取偏距值为参照，通过"尺寸"或"表"的方式来实现阵列；如果选取的零件是装配在一个以阵列方式产生的特征时，可以通过"参照"的方式来实现阵列；"填充"方式是通过草绘布局来实现零件的阵列。下面通过实例来分别介绍这几种阵列操作。

1. 参照阵列

（1）将系统的工作目录设置成与上一步零件复制时相同的工作目录，打开 9.3.1 节创建的组件 asm1.asm。

（2）选择系统菜单中的【插入】→【元件】→【装配】命令，或直接单击绘图区右侧的【将元件添加到组件】按钮，系统弹出【打开】对话框，打开零件 PART3.PRT，在【移动】面板下选择合适的操作将零件 PART3.PRT 移动到便于观察的位置，然后切换到【放置】面板，在【约束类型】下拉列表中依次选择【插入】与【匹配】进行装配（图 9.26），在这两种约束下需要选取图 9.27 中适当的特征表面。

图 9.26 约束类型设置

（3）设置完毕，【放置】面板状态显示栏中将提示"完全约束"和"允许假设"，此时可单击【元件放置】用户界面中的【确定】按钮来完成装配件的创建，完成效果如图 9.28 所示。

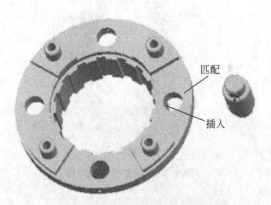

图 9.27 插入、匹配约束特征表面

图 9.28 效果图

（4）在模型树中选取零件 PART3.PRT 后，直接单击绘图区右侧的【阵列】按钮。

（5）系统将自动在绘图区下侧打开【阵列】特征操控面板，如图 9.29 所示，接受系统默认的【参照】阵列方式，直接单击右侧的【确认】按钮。系统将根据阵列的圆孔自动完成阵列装配。阵列装配完成效果如图 9.30 所示，保存为 asm3.asm。

图 9.29 【阵列】特征操控面板

2. 尺寸阵列

（1）首先，将光盘源文件\CH09\PART02 目录下的所有零件和组件复制到当前工作目录下，打开文件 asm1.asm。

（2）单尺寸单方向阵列：在模型树中选取零件 PART2.PRT 并右击，从弹出的快捷菜单中选择【阵列】命令，或选取零件 PART2.PRT 后，直接单击绘图区右侧的 【阵列工具】按钮，系统在绘图区显示零件的装配尺寸，如图 9.31 所示，并打开【阵列】特征操控面板，单击【尺寸】按钮，系统弹出【尺寸】面板，接受系统自动设置的【尺寸】阵列方式，接着单击数值为 500 的尺寸，输入 1000 作为该方向的尺寸增量，如图 9.32 所示阵列 4 个零件 PART2，单击右侧的 【确认】按钮或单击中键，完成阵列，效果如图 9.33 所示。

图 9.30 阵列效果图

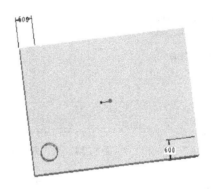

图 9.31 约束尺寸

图 9.32 单尺寸单方向【阵列特征】操控面板

图 9.33 尺寸阵列效果图

（3）两尺寸双方向阵列：在模型树中选取阵列（PART2.PRT）并右击，从弹出的快捷菜单中选择【编辑定义】命令，系统弹出【阵列】对话框。然后，在【阵列】特征操控面板增加一个阵列方向：在【方向2】列表框中的空白区单击一下，接着在绘图区单击数值为 600 的尺寸，输入 1000 作为该方向的尺寸增量并输入 3 作为阵列数量，如图 9.34 所示，单击右侧的 ☑【确认】按钮或直接单击鼠标中键完成阵列创建，图 9.35 为阵列后的装配图。阵列完成后，保存组件 asm1.asm。

图 9.34 两尺寸双方向【阵列】特征操控面板

3. 表阵列

（1）将系统的工作目录设置成与上一步尺寸阵列时相同的工作目录，打开上一步创建的组件 asm1.asm。

（2）在模型树中选取阵列（PART2.PRT）并右击，从弹出的快捷菜单中选择【删除阵列】命令，如图 9.36 所示，删除前面创建的阵列。然后在模型树中再次选取零件 PART2.PRT 并右击，从弹出的快捷菜单中选择【阵列】命令，或选取零件 PART2.PRT 后，直接单击绘图区右侧的【阵列工具】按钮，系统弹出【阵列】特征操控面板，在特征操控面板中将阵列方式设置为【表】，如图 9.37 所示。

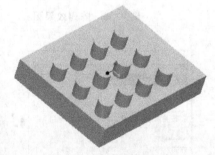

图 9.35 尺寸阵列效果图

（3）按住 Ctrl 键，在绘图区分别单击数值 500 和 600 的尺寸，表示选取两个尺寸来驱动阵列，单击绘图区下侧的【编辑】按钮，打开编辑阵列表，设置如图 9.38 所示的表。

（4）设置完成后保存"表"，然后退出表设置，单击【确认】按钮或直接单击中键完成阵列创建，效果如图 9.39 所示。

零件装配设计 第9章

图9.36 删除阵列设置

图9.37 阵列设置

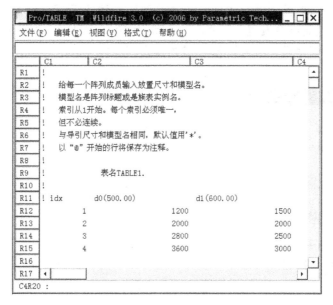

图9.38 表设置

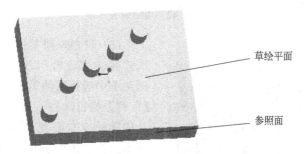

图9.39 表阵列效果图

4. 填充阵列

（1）将系统的工作目录设置成与上一步表阵列时相同的工作目录，打开上一步创建的组件 asm1.asm。

（2）在模型树中选取阵列（PART2.PRR）并右击，从弹出的快捷菜单中选择【删除阵列】命令，删除前面创建的阵列，再在模型树中选取零件 PART2.PRT 并右击，从弹出的快捷菜单中选择【阵列】命令，或选取零件 PART2.PRT 后，直接单击绘图区右侧的【阵列】按钮，系统弹出【阵列】特征操控面板，在特征操控面板中将阵列方式设置为【填充】，单击【阵列】特征操控面板的【参照】按钮，系统弹出【参照】面板，单击【定义】按钮进入草绘界面。

（3）系统弹出【草绘】对话框，选取零件 PART1.PRT 的顶面作为草绘平面，即图 9.39 中零件的上表面，选择图 9.39 中零件的侧面作为参照面，结果如图 9.40 所示，单击【草绘】按钮，关闭系统打开的【参照】面板，系统打开【缺省参照】界面，单击界面上的【是】按钮，进入草绘界面。

（4）绘制如图 9.41 所示的草绘图，单击绘图区右侧的【确认】按钮，结束草绘。在【阵列】特征操控面板中设置阵列单元的间距为 800，如图 9.42 所示。单击右下侧【确认】按钮完成阵列创建。效果如图 9.43 所示。

图 9.40 【草绘】对话框

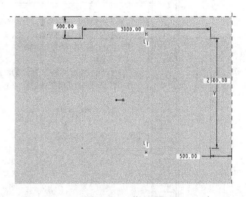

图 9.41 草绘图

图 9.42 填充设置

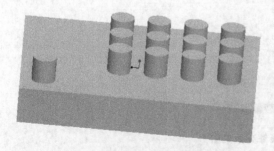

图 9.43 填充阵列效果图

（5）改变阵列零件布局：在模型树中选取阵列（PART2.PRT）并右击，从弹出的快捷菜单中选择【编辑定义】命令，系统弹出【阵列】特征操控面板。单击阵列区域正中心的零件，实心变成空心圆圈，如图 9.44 所示，再单击绘图区下侧【确认】按钮，或直接单击鼠标中键完成阵列的重新定义，阵列效果如图 9.45 所示。

零件装配设计 第9章

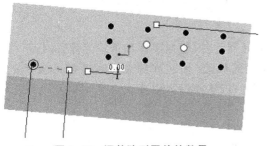

图9.44 调整阵列零件的数量

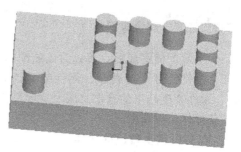

图9.45 阵列重新定义效果图

9.3.4 零件镜像

镜像操作可以在组合模式下进行零件的复制，系统会自动地将复制的零件或组件保存为新的文件。步骤如下：

（1）将光盘源文件\CH09\PART03目录下的所有零件和组件复制到当前工作目录下，打开文件asm1.asm，如图9.46所示。

（2）选择系统菜单栏中的【插入】→【元件】→【创建】命令，或直接单击绘图区右侧的 【在组件模式下创建元件】按钮，系统弹出【元件创建】对话框，在对话框中选择【零件】和【镜像】单选按钮，输入所要创建零件的名称mirror，如图9.47所示，单击【确定】按钮完成设置。

图9.46 原始文件图

图9.47 【元件创建】对话框

（3）系统弹出【镜像零件】对话框，在对话框中选择零件参照面PART2.PRT，选择平面参照为TOP基准平面，如图9.48所示。单击【确定】按钮完成零件镜像，效果如图9.49所示。

图9.48 【镜像零件】对话框

图9.49 镜像零件效果图

215

9.3.5 打开、删除等操作

一个装配体完成后，可以对该装配体中的任何元件（包括零件和子装配件）进行下面的操作：元件的打开与删除、元件装配约束偏距的修改（如匹配约束和对齐约束偏距的修改）、元件装配约束的重定义等。这些操作命令一般从模型树中获取。

装配体修改步骤：

(1) 打开需要修改的文件。

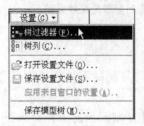

图 9.50 树过滤器

(2) 如图 9.50 所示，在装配模型树界面中单击【设置】按钮，在弹出的下拉菜单中选择【树过滤器】命令，系统会弹出图 9.51 所示的【模型树项目】对话框，然后选中【特征】复选框。这样每个零件中的特征都将在模型树中显示。

(3) 在模型树中，右击要修改的特征，系统弹出图 9.52 所示的快捷菜单，从该菜单中即可选择所需的编辑、编辑定义等命令，对所选取的特征进行相应的操作。

图 9.51 【模型树项目】对话框　　图 9.52 快捷菜单

9.3.6 修改尺寸

在装配体中，如果要修改零件的尺寸，操作方法如下：

(1) 显示要修改的尺寸：在零件模型树中，单击选择需要修改的零件特征，然后右击，选择【编辑】命令，系统即显示所有该特征的尺寸。

(2) 双击要修改的尺寸，输入新尺寸数值，然后按 Enter 键。

(3) 装配模型的再生：右击修改的零件，在弹出的快捷菜单中选择【再生】命令。

注意：修改装配模型后，必须进行【再生】操作，否则模型不能按修改的要求更新。

9.4 装配体实例

下面通过建立变速箱的装配体来介绍零部件的装配方法和装配过程。

(1) 首先将光盘源文件\CH09\PART04 目录下的所有零件复制到当前工作目录下，然后创建装配轴装配文件，单击工具栏中的 按钮，建立名称为 zhuangpeizhou 的装配文件，并取消【使用缺省模板】复选框的选中状态，如图 9.53 所示，然后再选择 mmns_asm_design 为新建文件的模板。

图 9.53 【新建】对话框

(2) 选择系统菜单栏中的【插入】→【元件】→【装配】命令，或直接单击绘图区右侧的 【将元件添加到组件】按钮，系统将弹出【打开】对话框，在\CH09\PART04 目录中选取文件 jietizhou.prt，如图 9.54 所示。

图 9.54 【打开】对话框

(3) 单击【打开】对话框的【打开】按钮，将该元件添加到当前的装配模型中，在【约束类型】下拉列表中选择【坐标系】选项，然后分别选择阶梯轴和装配模型的坐标系，完成如图9.55所示的约束类型设置,单击【元件放置】用户界面上的 【确认】按钮完成第一个零件的装配,零件坐标系和模型坐标系将重合,结果如图9.56所示。

图 9.55 约束类型设置

图 9.56 建立坐标系约束后的组件

(4)选择系统菜单栏中的【插入】→【元件】→【装配】命令,或直接单击绘图区右侧的【将元件添加到组件】按钮,然后打开并插入 \CH09\PART04 目录中的 jian.prt 文件。

(5)在【约束类型】下拉列表中选择【匹配】选项,然后分别选择子组件键的底面与阶梯轴上键槽的底面,如图9.57所示。

图 9.57 键与阶梯轴的第一个匹配约束的参照

(6)单击【新建约束】按钮,建立一个新约束,约束类型选择【匹配】选项,然后选择子组件键的端头曲面与阶梯轴上键槽的端头曲面,完成如图9.58所示的约束类型设置。单击【元件放置】用户界面上的【确认】按钮,完成第二个组件的装配,效果如图9.59所示。

图 9.58 约束类型设置

图 9.59　完成第二个组件装配后的模型

(7) 选择系统菜单栏中的【插入】→【元件】→【装配】命令，或直接单击绘图区右侧的【将元件添加到组件】按钮，然后打开并插入 \ CH09 \ PART04 目录中的 yuanzhuchilun.prt 文件。

(8) 在【约束类型】下拉列表中选择【匹配】选项，然后分别选择键的顶面与圆柱齿轮键槽的底面作为匹配约束参照。

(9) 然后新建第二个【匹配】约束，选择子组件圆柱齿轮凸台端面与阶梯轴凸台端面作为匹配约束参照。接着新建第三个【匹配】约束，选择子组件圆柱齿轮的侧面与键的侧面作为匹配约束参照，单击【确定】按钮，完成第三个组件的装配，效果如图 9.60 所示。

(10) 选择系统菜单栏中的【插入】→【元件】→【装配】命令，或直接单击绘图区右侧的【将元件添加到组件】按钮，然后打开并插入 \ CH09 \ PART04 目录中的 taotong.prt 文件。

(11) 在【约束类型】下拉列表中选择【对齐】选项，然后分别选择套筒的轴线与阶梯轴的轴线作为对齐约束参照；然后新建第二个约束【匹配】，分别选择子组件套筒的端面与圆柱齿轮凸台端面作为匹配约束参照，单击【确定】按钮，完成第四个组件的装配，效果如图 9.61 所示。

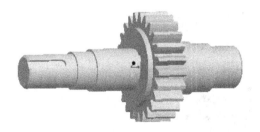
图 9.60　完成第三个组件装配后的模型

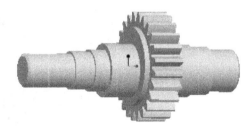
图 9.61　完成第四个组件装配后的模型

(12) 单击工具栏中的【保存】按钮，完成装配轴的创建。

(13) 单击工具栏中的按钮，建立名称为 biansuxiang 的装配文件，并取消【使用缺省模板】复选框选中状态，选择 mmns_asm_design 为新建文件的模板。

(14) 选择系统菜单栏中的【插入】→【元件】→【装配】命令，或单击绘图区右侧的【将元件添加到组件】按钮，打开并插入\CH09\PART04 目录中的 yuanzhuchilunjiansuxiang2.prt 文件。

(15) 在【约束类型】下拉列表中选择【坐标系】选项，然后分别选择组件和装配模型的坐标系，单击用户界面上的【确定】按钮，完成第一个零件的装配，零件坐标系和模型坐标系将重合。

(16) 选择系统菜单栏中的【插入】→【元件】→【装配】命令，或单击绘图区右侧的

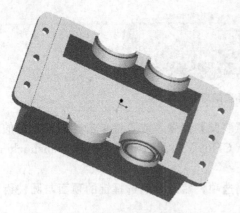

【将元件添加到组件】按钮,打开并插入\CH09\PART04 目录中的 shengouqiuzhoucheng.prt 文件。

(17)利用【对齐】约束创建组件 1 变速箱底座轴承台阶孔的轴线和组件 2 深沟球轴承轴线的对齐;利用【匹配】约束创建组件 1 变速箱底座轴承台阶孔的台阶面和组件 2 深沟球轴承外圈端面的匹配;单击用户界面上的 ☑【确定】按钮,完成深沟球轴承的装配,结果如图 9.62 所示。

(18)选择装配体中装配好的单个深沟球轴承作为阵列的对象。然后单击 ▦【阵列】按钮,系统弹出图 9.63 所示的【阵列】特征操控面板。

图 9.62 完成第二个组件装配后的模型

图 9.63 【阵列】特征操控面板

(19)将阵列类型设置为【方向】类型,然后选取组件 1 的两条边作为参考方向,并设置两个方向的偏移增量为 3175 和 2108,在两个方向的数量都是 2,单击 ✗【反向】按钮可以使阵列方向反向,设置结果如图 9.64 所示。

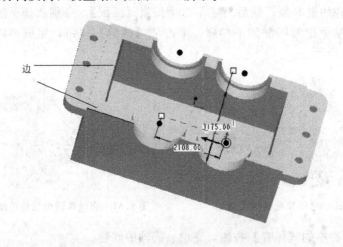

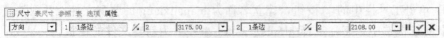

图 9.64 阵列参照和偏移量设置

(20)单击特征操控面板上的 ☑【确定】按钮,完成深沟球轴承的方向阵列,结果如图 9.65 所示。

(21)选择系统菜单栏中的【插入】→【元件】→【装配】命令,或单击绘图区右侧的 【将元件添加到组件】按钮,打开并插入\CH09\PART04 目录中先前创建的 zhuangpeizhou.asm 文件。

(22) 利用【对齐】约束创建组件 3 装配轴的轴线和组件 2 深沟球轴承轴线的对齐,如图 9.66 所示;利用【匹配】约束创建组件 3 装配轴台阶端面和组件 2 深沟球轴承内圈端面的匹配,如图 9.67 所示;单击【元件放置】用户界面上的 【确定】按钮,完成组件 3 的装配,结果如图 9.68 所示。

图 9.65 轴承阵列效果

图 9.66 对齐约束

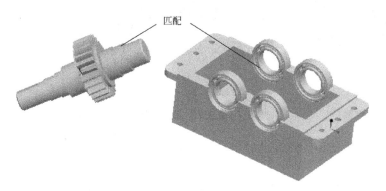

图 9.67 选取匹配参照

图 9.68 添加组件 3 后的模型

(23) 选择系统菜单栏中的【插入】→【元件】→【装配】命令,或单击绘图区右侧的 【将元件添加到组件】按钮,打开并插入 \CH09\PART04 目录中的 yuanzhuxingchilunzhou.prt 文件作为组件 4。

(24) 利用【对齐】约束创建组件 4 轴线和组件 2 深沟球轴承轴线的对齐;利用【匹配】约束创建组件 4 的台阶轴台阶端面和组件 2 深沟球轴承内圈端面的匹配;单击用户界面上的 【确定】按钮,完成组件 4 的装配,结果如图 9.69 所示。

(25) 选择系统菜单栏中的【插入】→【元件】→【装配】命令,或单击绘图区右侧的 【将元件添加到组件】按钮,打开并插入 \CH09\PART04 目录中的 yuanzhuchilunjiansuxiang1.prt 文件作为组件 5。

(26) 利用【对齐】约束创建组件 5 变速

图 9.69 添加组件 4 后的模型

箱上盖前面与变速箱底座前面的对齐；利用【匹配】约束创建组件 5 变速箱上盖底面与变速箱底座上面的匹配；利用第二个【匹配】约束创建组件 5 变速箱上盖底面凹槽侧面与变速箱底座上面凸槽侧面的匹配；单击用户界面上的 ☑【确定】按钮，完成组件 5 的装配，结果如图 9.70 所示。

（27）选择系统菜单栏中的【插入】→【元件】→【装配】命令，或单击绘图区右侧的 【将元件添加到组件】按钮，然后打开并插入\CH09\PART04 目录中的 luoshuan.prt 文件作为组件 6。

（28）利用【对齐】约束创建组件 6 螺栓轴线和变速箱上盖安装孔轴线的对齐；利用【匹配】约束创建组件 6 螺栓六角头的下表面和变速箱上盖的上安装边所在面的匹配。单击用户界面上的 ☑【确定】按钮，完成组件 6 的装配，结果如图 9.71 所示。

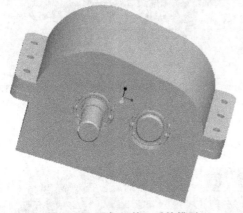
图 9.70　添加组件 5 后的模型

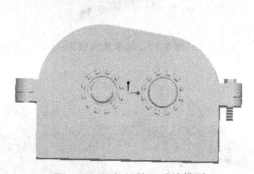
图 9.71　添加组件 6 后的模型

（29）选择装配体中装配好的螺栓作为阵列的对象，然后单击 【阵列】按钮，系统弹出阵列特征操控面板。

（30）将阵列类型设置为【方向】类型，然后选取变速箱上盖的两条边作为参考方向，并设置两个方向的偏移增量为 7112 和 1143，在两个方向的数量分别为 2 和 3，单击 【反向】按钮可以使阵列方向反向，设置结果如图 9.72 所示。

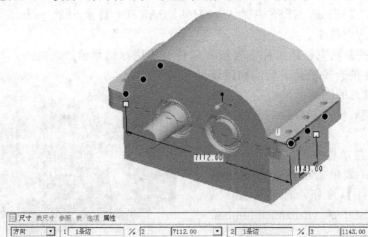
图 9.72　阵列参照和偏移量设置

(31) 单击特征操控面板上的 ☑【确定】按钮，完成螺栓的方向阵列，结果如图 9.73 所示。

(32) 选择系统菜单栏中的【插入】→【元件】→【装配】命令，或单击绘图区右侧的【将元件添加到组件】按钮，然后打开并插入 \CH09\PART04 目录中的 luomu.prt 文件作为组件 7。

(33) 利用【对齐】约束创建组件 7 螺母轴线和螺栓轴线的对齐；利用【匹配】约束创建组件 7 螺母安装面和变速箱底座的下安装边所在面的匹配。单击用户界面上的 ☑【确定】按钮，完成组件 7 的装配，结果如图 9.74 所示。

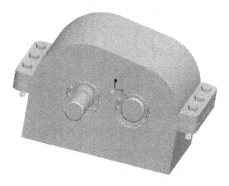

图 9.73　螺栓方向阵列后的模型

(34) 选择装配体中装配好的螺母作为阵列的对象。阵列方法与螺栓阵列方法相同。

(35) 单击特征操控面板上的 ☑【确定】按钮，完成螺母的阵列，结果如图 9.75 所示。

图 9.74　添加组件 7 后的模型

图 9.75　螺母阵列

(36) 至此，整个变速箱的装配完成，单击工具栏中的【保存】按钮保存此文件。

小　　结

　　零部件只有通过装配才能构成机器，才能发挥其所应有的作用。零件装配的功能是 Pro/E 提供的重要功能之一。本章首先介绍了装配的概念和基本知识，使读者对装配有了初步的掌握；然后对装配界面、元件放置用户界面、约束设置和元件的操作方法等进行了详细的讲述，使读者对装配约束的设置有了清晰的认识，为读者进行实际的装配体设计打下了良好的基础；最后本章通过实例讲述了装配体的创建过程和方法，为读者提供了实例参考。

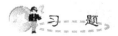

一、填空题

1. _____ 是通过相互的定位关系将多个零件约束在一起。在 _____ 环境下，元件之间的位置关系可以进行设定、修改或者重新定向。

2. 约束的类型有自动、_____、对齐、_____、坐标系、相切、线上点、曲面上的点、曲面上的边、固定和默认。

3. 在移动装配件时，可以采用4种移动类型：_____、_____、旋转和调整，选择移动类型后，必须选择参照来移动元件或组件。

二、判断题

1. 使用匹配约束和对齐约束时，两个参照必须是属于同一类型的参照，即平面对平面、旋转面对旋转面、点对点或轴对轴。（　　）

2. 在放置装配约束时，系统一次可以添加多个约束。（　　）

3. 在装配过程中，添加新元件有两种方式：装配元件以及创建元件。（　　）

三、选择题

1. 在Pro/E Wildfire 3.0中，保存组件文件的格式为（　　）。
   A. *.prt　　　B. *.sec　　　C. *.asm　　　D. *.igs

2. 零件阵列的形式有（　　），依装配时的约束可进行不同型式的阵列复制。
   A. 尺寸型　　　　　　　　B. 表格型
   C. 参照型和填充型　　　　D. 以上都正确

3. 匹配约束和对齐约束的主要区别是相接触的两个平面法线方向（　　）。
   A. 匹配约束的法线方向相同，对齐约束的法线方向相同。
   B. 匹配约束的法线方向相同，对齐约束的法线方向相反。
   C. 匹配约束的法线方向相反，对齐约束的法线方向相同。
   D. 匹配约束的法线方向相反，对齐约束的法线方向相反。

四、简答题

1. 简述零件装配的基本过程。
2. 简述放置约束的使用原则。

五、上机题

1. 根据源文件\CH09\exercise\exe01\unfinished中提供的零件，创建图9.76所示的行程开关装配模型。

2. 根据源文件\CH09\exercise\exe02\unfinished中提供的零件，创建图9.77所示的联轴器装配模型。

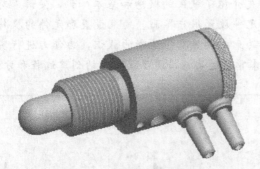
图9.76　行程开关装配模型

图9.77　联轴器装配模型

第10章 工程图设计

教学要点

能力目标	知识要点	权重	自测分数
了解工程图设计模块的特点和掌握工程图文件的设置方法	工程图模式界面特点和工程图设置文件	10%	
掌握使用模板创建工程图的方法	默认模板和指定模板	5%	
掌握创建各种视图的方法	一般视图、投影视图、辅助视图、详细视图以及剖视图等创建方法	35%	
掌握对视图添加各种标注、注释和符号的方法	尺寸标注、公差标注、注释和特殊符号等	35%	
掌握创建工程图的流程	工程图设计步骤和方法	15%	

10.1 Pro/E 工程图概述

Pro/E 工程图设计是在 Pro/DETAIL 模块中进行的，下面介绍该模块的要点。

10.1.1 Pro/DETAIL 模块

Pro/DETAIL 模块用于扩展 Pro/E 提供的工程图功能，它支持附加视图和多页面，提供可操作工程图中项目的大量命令，并允许操作者增减或修改不同种类的文字和符号信息。此外，还可以定义带有草绘几何的工程图，建立自定义工程图格式，并修改工程图。

工程图模式的界面如图 10.1 所示，在工程图模式中，除了常用工具栏外，还有【绘制】、【绘图草绘器】和【绘图草绘器工具】工具栏，以及各种与工程图创建和编辑相关的命令，工具栏上有的按钮还带有下拉列表。

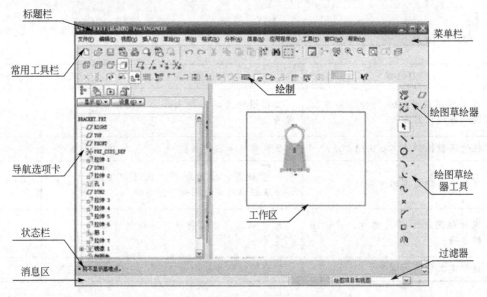

图 10.1 Pro/E 工程图工作界面

10.1.2 工程图设置文件

工程图是一种标准化的图纸，国家标准对工程图的图纸规格和标注样式等均有严格的规定。在 Pro/E 工程图模块中，工程图的标准样式是由工程图配置文件中的选项所控制的，设计者可以根据需要重新设置这些选项。

config.pro 配置文件包括了使用环境、使用单位和文件交换等影响 Pro/E 整个工作环境的系统变量和工程图设置选项。通过选择【工具】→【选项】命令，可以在弹出的【选项】对话框中设置工程图的相关选项。

dtl(Draw Setup File)工程图配置文件包含了如箭头样式、剖面样式、标注样式、BOM 样式等设置项目。由于工程图配置文件中的默认选项并不完全符合国家标准要求，所以应先对这些值进行重新设置。

进入工程图环境后，选择【文件】→【属性】命令，在【文件属性】菜单中选择【绘图选项】命令，系统将弹出图 10.2 所示的【选项】对话框。单击需要修改的项目，该项目的名称及其对应值将分别显示在图中【选项】和【值】下面的空白栏中。单击要修改的值如 0.156250，并添加或选择需要的值后，【添加/更改】按钮将会被激活，单击【添加/更改】按钮修改需要的值，且激活【确定】和【应用】按钮，单击【应用】按钮完成相应更改。与此相同，完成其他更改，单击【确定】按钮完成所有的更改，最后单击【关闭】按钮退出。

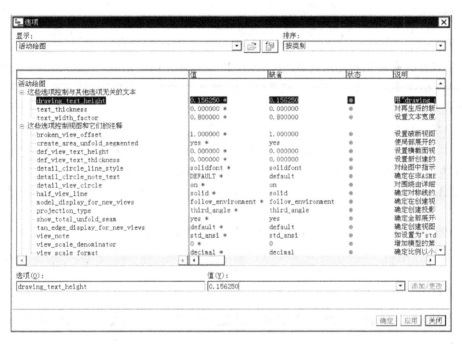

图 10.2 【选项】对话框

在【选项】对话框中可以修改表 10-1 所列项目，其余选项值一般可用默认值。

表 10-1 工程图设计需要修改的一些主要选项

配置选项名称	配置选项意义	默认值	修改值
drawing_units	设置所有绘图参数的单位	inch	mm
axis_line_offset	设置轴线延伸超出相关特征的距离	0.1	3
circle_axis_offset	设置圆十字叉丝轴超出圆轮廓的距离	0.1	3
circle_arrow_length	设置横截面剖切线箭头长度	0.1875	3
circle_arrow_width	设置横截面剖切线箭头宽度	0.0625	1
dim_leader_length	箭头在尺寸界线外侧时的尺寸线长度	0.5	10
draw_arrow_length	设置导引线箭头的长度	0.1875	3
draw_arrow_style	控制所有箭头的样式	closed	filled
draw_arrow_width	设置导引线箭头的宽度	0.0625	1

（续表）

配置选项名称	配置选项意义	默认值	修改值
drawing_text_height	文本高度	0.15625	3.5
text_orientation	控制尺寸文本方向	horizontal	parallel_diam_horiz
witness_line_area	尺寸界线在尺寸导引线箭头的延伸量	0.125	3
tol_display	控制公差显示	no	Yes
projection_type	控制投影为第一角或第三角	third_angle	first_angle

为了方便大家在工程图设计时的设置，本书提供的 proewf3_system_file 文件夹提供了一些 Pro/E 软件的系统文件，在系统中配置这些文件可以使用户建立基本符合我国国家标准的工程图。

要为系统设置 config.pro 文件，先将 proewf3_system_file 文件夹中的 config.pro 文件复制到 Pro/E 的安装目录下的 text 文件夹中，如果 Pro/E 野火 3.0 安装在 C:\Program Files 目录下，则把 config.pro 文件复制到 C:\Program Files\proeWildfire 3.0\text 中。

注意：如果在 Pro/E 启动之后进行了如上配置，则必须重新启动 Pro/E，配置才能生效。

要为系统设置 config.pro 中的相关选项值，通过选择【工具】→【选项】命令，系统将显示图 10.3 所示的对话框，取消选中【仅显示从文件载入的选项】复选框，系统将显示图 10.4 所示的对话框，通过对弹出的【选项】对话框中有关工程图选项的设置，可以得到所需要的工程图格式。

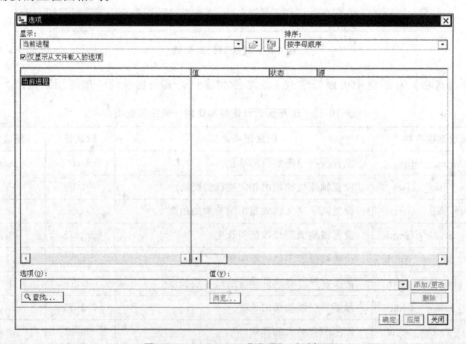

图 10.3　config.pro【选项】对话框

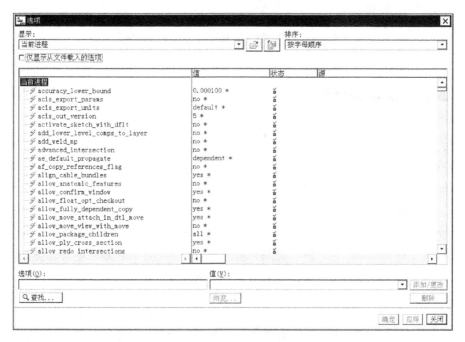

图 10.4　更改后的 config.pro【选项】对话框

下面以 drawing_setup_file 为例说明其设置方法，首先在【选项】对话框中找到 drawing_setup_file，系统将会激活【选项】对话框下方【浏览】按钮，单击【浏览】按钮，系统会弹出【寻找文件】对话框，选择 proewf3_system_file 文件夹中的 drawing.dtl 文件，单击【打开】按钮，然后单击【选项】对话框中【添加/更改】按钮，接着依次单击【应用】、【保存】和【确定】按钮，最后必须重新启动 Pro/E，配置才能生效。

按照以上方法设置表 10-2 所示的 config.pro 相关选项，可使工程图符合国家标准。

表 10-2　config.pro 相关选项

config.pro 相关选项	设置目标
drawing_setup_file	proewf3_system_file \ drawing.dtl
format_setup_file	proewf3_system_file \ format.dtl
pro_format_dir	proewf3_system_file \ GB_format
template_designasm	proewf3_system_file \ template \ asm_start.asm
template_drawing	proewf3_system_file \ template \ draw.drw
template_mfgcast	proewf3_system_file \ template \ cast.mfg
template_mfgmold	proewf3_system_file \ template \ mole.mfg
template_sheetmetalpart	proewf3_system_file \ template \ sheetstart.prt
template_solidpart	proewf3_system_file \ template \ start.prt

10.2 使用模板创建工程图

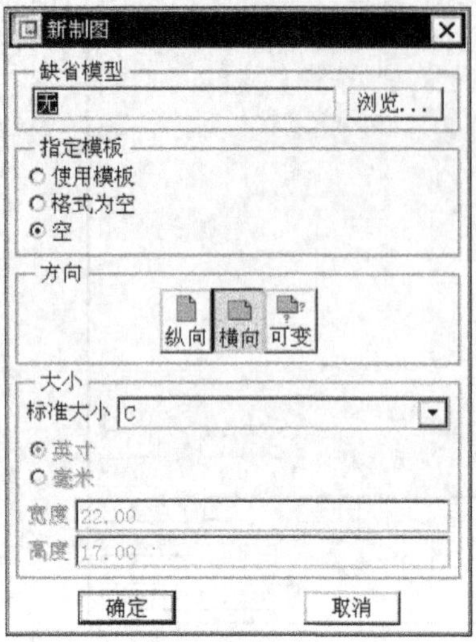

开始新建工程图后,系统将弹出【新制图】对话框,用来设置工程图模板,对话框由3部分组成,【缺省模型】和【指定模板】两部分位于上部,是固定不变的,如图10.5所示,下面的部分会随着【指定模板】的不同而不同,下面分别对各个部分进行详细介绍。

10.2.1 缺省模型

缺省模型用来设置工程图参照的3D模型文件,当系统已经打开一个零部件时,系统会自动获得这个模型文件作为默认值;如果在建立工程图前没有打开任何零部件,用户则需要通过单击【浏览】按钮来寻找要创建工程图的零部件文件;如果同时打开了多个零部件,系统则会以当前激活的零部件作为工程图的参照;如果用户不选择任何文件,系统则会产生一张空白的工程图。

图10.5 【新制图】对话框

10.2.2 指定模板

【指定模板】栏共有3个选项:

(1)【使用模板】:选用本选项后,会出现图10.6所示的对话框,其下方有【模板】选项,用户可以根据需要选取模板的类型,单击【确定】按钮,系统会自动创建工程图。

(2)【格式为空】:选用本选项后,会出现图10.7所示的对话框,其下方有【格式】选项,用来在工程图上加入图框,包括工程图的图框、标题栏等项目,但是系统不会创建任何视图。用户也可通过单击【浏览】按钮来寻找其他格式的文件,完成后单击【确定】按钮。

图10.6 【使用模板】选项

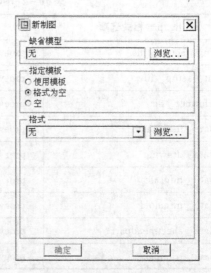

图10.7 【格式为空】选项

(3)【空】：选用本选项后，会出现图 10.5 所示的对话框，其下方有两个选项：

【方向】：纵向、横向、可变（自定义图纸的长度和宽度）。

【大小】：设置图纸大小，包括标准大小和自定义大小，只有当【方向】选项设置为可变时，才可以自定义图纸的大小。

完成后单击【确定】按钮，系统会创建一张没有图框和视图的空白工程图。

10.3 创建视图

在工程图模式下，除了可以使用【使用模板】方式创建工程视图外，还有多种不同的视图创建方法。【使用模板】方式只能创建简单的视图，对于剖视图、局部视图、旋转视图等，则需要使用其他方法来创建。视图的创建是工程图设计的重要组成部分。

10.3.1 一般视图

一般视图通常是放置在页面上的第一个视图。可以根据需要将一般视图进行缩放或旋转。完成一般视图的定向后，可以将它作为基础，在适当的位置建立投影视图、剖视图、辅助视图和局部放大视图等，它是唯一可以单独存在的视图类型。

1. 创建全视图

全视图是最常见的视图，是视图中的基本类型，可以通过多种投影方式来创建，常用来作为主视图。下面通过实例来介绍其创建方法。

(1) 打开源文件\CH10\PART01\spindle.prt 文件，新建名称为 spindle.drw 的工程图，并取消【使用缺省模板】复选框的选中状态，在【指定模板】选项中选择【空】单选按钮，其他为默认选项，如图 10.5 所示，单击【确定】按钮。

(2) 选择菜单栏中的【插入】→【绘图视图】→【一般】命令，或单击 【创建一般视图】按钮，系统会提示"选取绘制视图的中心点"，在绘图区，单击以确定视图放置位置，系统弹出【绘图视图】对话框，即系统会默认选择【类别】列表框中的【视图类型】选项，如图 10.8 所示。

图 10.8 【绘图视图】对话框

在【视图类型】对话框的【视图名】文本框中可以修改视图名称,在【类型】列表中显示了可以更改的视图类型,如果列表框显示灰色,则表示该视图的类型不能修改。在【视图方向】选项组中,可以根据工程图的设计意图,选择【选取定向方法】栏中 3 种定向方法的一种方法,以此来设置或修改视图方向,如果该视图有子视图,那么重新设置视图方向将影响其所有子视图的显示。

(3) 在默认【视图方向】选项组中,在其【模型视图名】列表中选择 LEFT,在【缺省方向】列表中选择【等轴测】,单击【应用】按钮,视图将如图 10.9 所示。

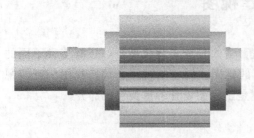

(4) 单击【类别】列表框中的【比例】选项,进入【比例和透视图选项】对话框,如图 10.10 所示。其中,【页面的缺省比例(1.000)】为默认选项,如果要修改工程图的比例,选择【定制比例】单选按钮,输入比例值,例如 2.000,单击【应用】按钮为视图设置比例。视图将以新比例显示,并在视图下方显示当前比例数值文本。

图 10.9 【视图方向】设置

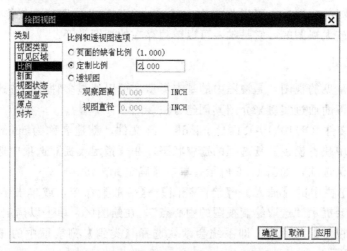

图 10.10 【比例和透视图选项】对话框

(5) 单击【类别】列表框中的【视图显示】选项,进入【视图显示选项】对话框,在【显示线型】列表中选择【无隐藏线】,如图 10.11 所示。

对视图显示的控制还可以通过以下两种方式进行:

修改所有模型或视图的隐藏线及相切线的显示模式。选择【工具】→【环境】命令,在弹出的【环境】对话框中,设置【显示线型】和【相切边】列表中的选项。

修改视图指定边显示。Pro/E 提供对视图指定边显示进行设置的功能,选择【视图】→【绘图显示】→【边显示】命令,系统将弹出【边显示】菜单。通过【隐藏线】和【拭除直线】命令,即可对指定的边进行隐藏或拭除。

(6) 单击【应用】按钮,结果如图 10.12 所示。

2. 创建半视图

半视图是沿着分离参照面显示一半的视图,需要指定分离参照,并选择要显示侧的方

工程图设计 第10章

图 10.11 【视图显示选项】对话框

向。下面介绍半视图的创建方法。

(1) 单击 【创建一般视图】按钮,单击右侧一点作为视图插入点。

(2) 在【视图类型】对话框的【模型视图名】列表中选择 BACK,设置视图的显示比例为 2.000,单击【应用】按钮。

(3) 单击【类别】列表框中的【视图显示】选项,进入【视图显示选项】对话框,在【显示线型】列表中选择【无隐藏线】,单击【应用】按钮,结果如图 10.13 所示。

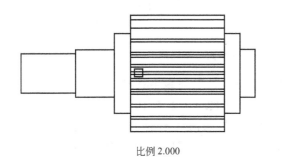

比例 2.000

图 10.12 设置视图显示线型

比例 2.000

图 10.13 选择视图方向

(4) 选择【可见区域】选项,在【视图可见性】列表中选择【半视图】,在随后出现的【半视图参照平面】中选择 RIGHT 基准平面,如图 10.14 所示。

(5) 单击 【保持侧】按钮,出现要保留零件部分的箭头,单击【应用】按钮,视图将如图 10.15 所示。

3. 创建局部视图

将零部件的某一部分向基本投影面投射所得的视图称为局部视图,局部视图是一种基本视图。下面介绍局部视图的创建方法。

(1) 单击 【创建一般视图】按钮,单击右侧一点作为视图插入点。

(2) 在【视图类型】对话框的【模型视图名】列表中选择 LEFT,设置视图的显示比例为 2.000,单击【应用】按钮。

233

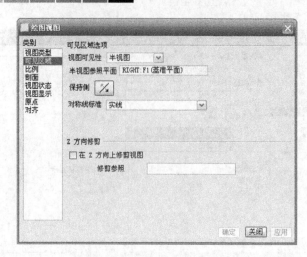

图 10.14 【可见区域】选项

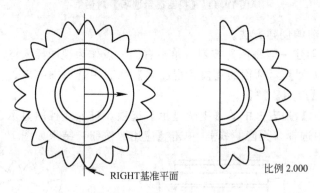

图 10.15 切换保持侧与半视图

（3）选择【可见区域】选项，在【视图可见性】列表中选择【局部视图】，在随后出现的【几何上的参照点】选项，捕捉某一特征上的点，如图 10.16 所示。

（4）绘制样条曲线作为局部视图的边界，样条曲线不应使用样条曲线工具绘制，而是应当直接单击绘图来进行草绘，样条曲线不一定要封闭，但一定要包含参考点，结果如图 10.16 所示。

（5）在【绘图视图】对话框中依次单击【应用】和【关闭】按钮，创建的局部视图将如图 10.17 所示。

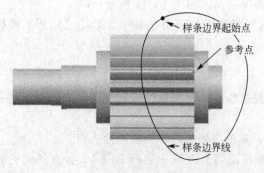

图 10.16 选择参照点和绘制样条边界

图 10.17 局部视图

10.3.2 投影视图

投影视图是对已有视图沿水平或垂直方向的正交投影,位于父视图的上方、下方或其右方或者左方,投影视图需要指定一个一般视图作为父视图。此外,投影视图不能设置视图比例,也不能设置投影视图下面介绍投影视图的创建方法。

(1) 打开源文件\CH10\PART02\connectingrod.prt 文件,新建名称 connectingrod.drw 的工程图文档,并取消【使用缺省模板】复选框的选中状态,在【指定模板】栏中选择【空】单选按钮,其他为默认选项,单击【确定】按钮。

(2) 选择菜单栏中的【插入】→【绘图视图】→【一般】命令,或单击 创建一般视图】按钮,系统会提示"选取绘制视图的中心点",在绘图区单击以确定视图放置位置,系统弹出【绘图视图】对话框,即系统会默认打开【类别】列表框中的【视图类型】选项,在默认的【视图方向】选项组中,在其【模型视图名】列表中选择 BACK,在【缺省方向】列表中选择【等轴测】,单击【应用】按钮,并设置比例为 2.000,依次单击【应用】和【关闭】按钮,结果如图 10.18 所示。

(3) 选择【插入】→【绘图视图】→【投影】命令,并单击鼠标确定视图中心点。

(4) 弹出投影视图的【绘图视图】对话框,切换到【视图显示】选项,在【显示线型】列表中选择【无隐藏线】,依次单击【应用】和【关闭】按钮,结果如图 10.19 所示。

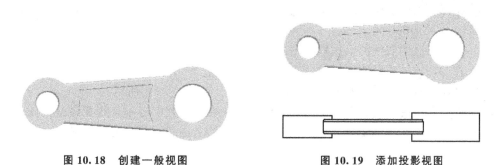

图 10.18　创建一般视图　　　　图 10.19　添加投影视图

10.3.3 辅助视图

辅助视图是非固定角度上的投影,它与某个斜曲面、基准平面垂直,或者沿着某个轴放置,当选择不同的投影参照时,情况会有所不同。

当选择边作为参考时,辅助视图为零部件在通过该边且垂直于屏幕的曲面上的投影。

选择基准平面作为参考,视图将平行于屏幕显示基准平面(选取的基准平面,必须垂直于屏幕)。

选择基准轴作为参照,将沿着基准轴显示视图,这对于查看模型上的孔非常方便。

(1) 选择【插入】→【绘图视图】→【辅助】命令,系统会弹出【选取】对话框。

(2) 在弹出【选取】对话框的同时,信息提示区会显示"在主视图上选取穿过前侧曲面的轴或作为基准曲面的前侧曲面的基准平面",然后选择 RIGHT 基准面,在父视图上会出现一个方框,代表辅助视图。

(3) 将辅助视图拖到一个合适的位置,然后单击确定要放置的辅助视图,如图 10.20 所示。

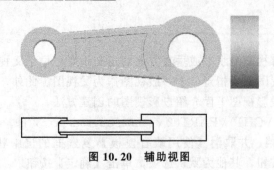

图 10.20 辅助视图

10.3.4 详细视图

详细视图是以较大的比例显示已有视图的一部分,以便查看几何尺寸。详细视图与其父视图相关联,但是它可以独立于父视图移动,创建详细视图需要指定 4 个属性:

(1) 模型上参照点,用于定义要放大的区域;
(2) 视图边界,用草绘样条曲线将要放大显示的区域包围起来;
(3) 详细视图的位置;
(4) 标注注释的位置。

创建详细视图的步骤如下:

(1) 选择【插入】→【绘图视图】→【详细】命令,系统会弹出【选取】对话框,要求确定要局部放大结构的中心点。
(2) 在绘图区的父视图上选取绘图参照点。
(3) 在参照点的周围使用样条曲线绘制视图边界。
(4) 系统会自动在样条曲线周围区域添加注释,如图 10.21 所示。
(5) 同时,系统会提示选择视图放置位置,在绘图区上单击一点放置详细视图,将会显示样条曲线包围的父视图区域,并注有详细视图的名称和缩放比例,如图 10.22 所示。

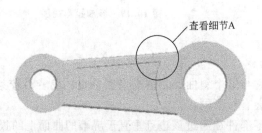
图 10.21 选择参照点和绘制样条曲线

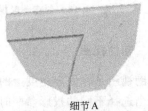
图 10.22 详细视图

10.3.5 旋转视图

旋转视图实际上是现有视图的一个剖面,它是沿切割平面的法线方向投影而形成的一个单独视图。下面介绍旋转视图的创建方法:

(1) 选择【插入】→【绘图视图】→【旋转】命令,并选择其父视图。
(2) 在【剖截面创建】菜单中选择【平面】→【单一】→【完成】命令,输入剖截面名称,如 A。
(3) 选择基准平面 FRONT 面作为截面,依次单击【应用】和【关闭】按钮,结果如

图 10.23 所示。

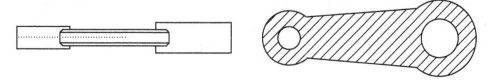

图 10.23 旋转视图

10.3.6 剖视图

剖视图经常在工程图中用来显示零件的不同部分，剖面是一个假想的平面，它穿过零件，并带有剖面线图案。下面介绍几种常用的剖视图。

1. 全剖视图

全剖视图是用剖切面完全剖开零件所获得的剖视图。由于全剖视图是将零件完全剖开，零件外形的投影受影响，因此，全剖视图一般用于外形简单、内部形状较复杂的零件。

(1) 打开源文件\CH10\PART03\cover.prt 文件，新建名称为 cover.drw 的工程图，并建立如图 10.24 所示的主视图和右视图。

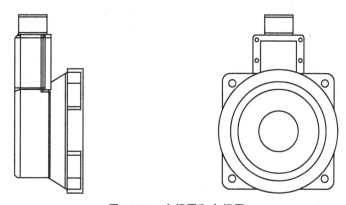

图 10.24 主视图和右视图

(2) 在【绘图视图】对话框中，选择【剖面】选项，选择【2D 截面】单选按钮，下面的灰色区域将会被激活，在【模型边可见性】右侧选择【全部】单选按钮，再单击【将横截面添加到视图】按钮，添加一个剖切平面用来剖切零件，在【名称】列表中选择【创建新…】选项，在随后出现的【剖截面创建】的菜单中选择【平面】→【单一】→【完成】命令，在消息区输入剖截面名称，然后单击【完成】按钮。

(3) 系统会提示选取剖截面的剖切位置，在主视图上选中 RIGHT 基准平面，建立剖切面 B。

(4) 在【名称】列表中将显示新建剖截面 B，其前面如果带有对号符号，说明该平面平行于屏幕，如果带有错号符号，表示该平面不平行于屏幕，该剖截面将不能用于此次剖视图的创建。选择带有对号符号的截面 B，并在【剖切区域】列表中选择【完全】，单击【确定】按钮，完成全剖视图的创建，且剖视图标有剖面名称，结果如图 10.25 所示。

2. 半剖视图

半剖视图是使用剖切面将零件半剖开的视图，下面介绍半剖视图的创建方法。

(1) 选择【插入】→【绘图视图】→【投影】命令，单击第一个视图为父视图，在左侧单击确定视图中心点，切换到【视图显示】选项，在【隐藏线型】列表中选择【无隐藏线】，单击【应用】按钮，建立如图10.26所示的投影视图。

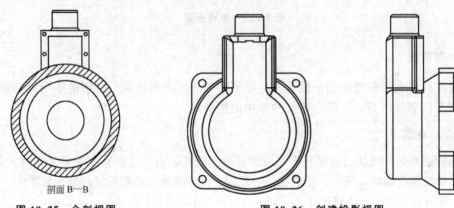

图10.25　全剖视图　　　　　　　　图10.26　创建投影视图

(2) 在【绘图视图】对话框中，选择【剖面】选项，选择【2D截面】单选按钮，下面的灰色区域将会被激活，在【模型边可见性】右侧选择【全部】选项，再单击【将横截面添加到视图】按钮，添加一个剖截面用来剖切零件，选择带有"对号"的截面B，并在【剖切区域】列表中选择【一半】，系统会提示"为半剖截面创建参照平面"，此参照平面用来分割零件成两部分，单击屏幕上用于确定半剖视图显示侧的箭头的根部，可以改变视图的显示部位。

(3) 最后单击【应用】和【关闭】按钮，结果如图10.27所示。

3. 局部剖视图

用剖切面局部剖开零件所得到的视图，称为局部剖视图。局部剖视图应用比较灵活，应用范围也比较广，下面介绍局部剖视图的创建方法。

(1) 选择【插入】→【绘图视图】→【投影】命令，单击第一个视图为父视图，在其下方单击确定视图中心点，切换到【视图显示】选项，在【隐藏线型】列表中选择【无隐藏线】，单击【应用】和【关闭】按钮，建立图10.28所示的俯视图。

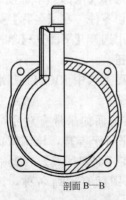
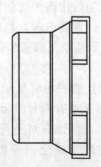

图10.27　半剖视图　　　　　　　　图10.28　俯视图

（2）在【绘图视图】对话框中，选择【剖面】选项，选择【2D截面】选项，在【模型边可见性】右侧选择【全部】选项，再单击【将横截面添加到视图】按钮，添加一个剖截面用来剖切零件，在【名称】列表中选择【创建新…】选项，在随后出现的【剖截面创建】的菜单中选择【平面】→【单一】→【完成】命令，在消息区输入剖截面名称，如C，单击【完成】按钮。

（3）系统会提示选取剖截面的剖切位置，在主视图上选中TOP基准平面，建立剖切面C。

（4）在【剖切区域】列表中选择【局部】，系统会提示选择截面间断的中心点，选择零件上一点确定局部剖视图显示中心，然后绘制样条曲线作为视图的边界，结果如图10.29所示。

（5）在【绘图视图】对话框中，依次单击【应用】和【关闭】按钮，局部剖视图如图10.30所示。

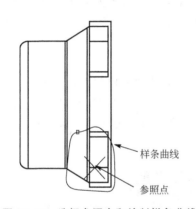

图10.29 选择参照点和绘制样条曲线

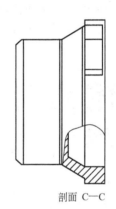

图10.30 局部剖视图

10.4 工程图汇总

完整的工程图在各种视图创建完以后，还需要给视图添加诸如尺寸、公差、注释、明细表等项目。本节将介绍工程图的主要标注项目的生成方法，包括：标注尺寸、标注注释、标注线性公差和标准几何公差等项目，这些项目可以帮助设计者更好地表达设计意图，这关系到零件的加工、检测和应用等各个环节。

10.4.1 尺寸标注

1. 尺寸分类

在Pro/E工程图中，根据尺寸与三维模型之间的链接关系，可以将尺寸分为驱动尺寸和从动尺寸两大类。

1）驱动尺寸

驱动尺寸是在创建三维模型时存储在模型自身中的信息，在默认状态情况下，将模型或组件输入到二维绘图时，所有尺寸和存储的模型信息最初是不可见（或已拭除）的，如果需要可以将它们显示出来。这些尺寸与三维模型是相互关联的，通过修改二维绘图的尺寸能改变三维模型，反之亦然。

2）从动尺寸

从动尺寸是指在绘图区中创建的新尺寸。这些插入的尺寸称为添加尺寸或从动尺寸，它们与三维模型的链接关系是单向的，即从模型到绘图。如果在三维模型中修改尺寸，则已编辑的尺寸值和其绘图均会随之更新，反之则不能。从动尺寸包括：附加尺寸、参照尺寸和坐标尺寸。

2. 显示/拭除驱动尺寸

在创建绘图视图过程时，不显示从三维模型转入到工程图的尺寸，可以通过下列两种方式来显示尺寸。

1）模型树

通过模型树可以快速简便地显示尺寸：在模型树中，右击要显示尺寸的特征、零件或组件，在弹出的快捷菜单中选择【显示尺寸】或者【按视图显示尺寸】命令即可，如图 10.31 所示。

2）【显示/拭除】对话框

【显示/拭除】对话框提供了更多有关视图显示的选项和控制方式，选择系统菜单【视图】→【显示及拭除】命令，或单击工具栏中的 【显示/拭除】按钮，系统会弹出【显示/拭除】对话框，该对话框分为【显示】和【拭除】两个选项对话框，如图 10.32 所示。下面介绍各个选项的具体功能。

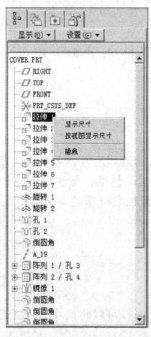

图 10.31 【显示尺寸】命令

图 10.32 【显示/拭除】对话框

【类型】选项组中提供的各类功能见表 10-3。

表 10 - 3　类型功能

按钮	功能描述	按钮	功能描述
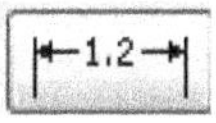 ⊢1.2⊣	显示/拭除尺寸	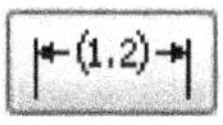 ⊢(1.2)⊣	显示/拭除参照尺寸
 ⌖Ø1Ⓜ	显示/拭除几何公差	 ABCD	显示/拭除注释
 ⑤	显示/拭除球标	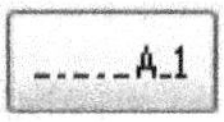 ……A_1	显示/拭除轴线
 焊接	显示/拭除焊接符号	 32√	显示/拭除表面粗糙度
 A	显示/拭除基准平面	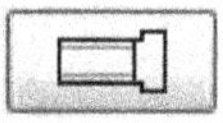	显示/拭除装饰特征
 A1	显示/拭除基准目标		

【显示方式】选项组中提供的各类功能如下：

特征：显示某一特征的尺寸；

特征和视图：在指定的视图上显示指定的特征尺寸；

零件：显示指定零件的尺寸；

零件和视图：在指定的视图上显示指定的零件尺寸；

视图：在指定视图中显示尺寸；

显示全部：显示全部尺寸。

【拭除方式】选项组中提供的各类功能如下：

所选项目：拭除用户选取项目上的尺寸；

特征：拭除某一特征的尺寸；

特征和视图：在指定的视图上拭除指定的特征尺寸；

零件：拭除指定零件的尺寸；

零件和视图：在指定的视图上拭除指定的零件尺寸；

视图：拭除指定视图中的尺寸；

拭除全部：拭除全部尺寸。

【选项】选项卡中提供的各类功能如下：

拭除的：仅显示在前面操作中从工程图中拭除的项目，不显示那些在先前操作中从未显示过的项目；

从不显示：显示从未在工程图中显示过的项目；

切换到纵坐标：使用现有基线使尺寸显示为纵坐标尺寸，选用此项后，【拾取基线】按钮被激活。

【预览】选项组：选择完要显示的尺寸后，如果不需要预览尺寸标注，取消选中"带预览"复选框；如果选中"带预览"复选框，则尺寸会以乳白色的方式做预览，这时可以应用以下四个按钮接受或删除尺寸。

选取保留：单击此按钮，再到绘图区选择要保留的尺寸；
选取移除：单击此按钮，再到绘图区选择要删除的尺寸；
接受全部：接受并保留预览所看到的所有尺寸；
拭除全部：拭除所有预览的尺寸。

3. 手动创建尺寸

选择菜单栏中【插入】菜单中的【尺寸】、【参照尺寸】和【坐标尺寸】命令，可以向工程图手动添加尺寸。如果要删除手动添加的尺寸，选中后按 Delete 键即可。

【尺寸】命令用于在两个选定几何对象间添加尺寸。在公共基准和与其平行对象间添加系列尺寸；将现有标准尺寸转换为纵坐标尺寸；或将纵坐标尺寸自动应用到平整钣金零件中。

【参照尺寸】命令创建的尺寸，除了具有符合 ISO 标准所要求的符号 REF 外，其他方面和使用【尺寸】命令创建的尺寸都相同。

【坐标尺寸】命令能将一个确定的纵向尺寸和横向尺寸指定给标签和引导线，通过坐标的形式显示尺寸。

选择【插入】→【尺寸】→【新参照】命令，或单击 【使用新参照创建标准尺寸】按钮，可以手工添加尺寸，系统将弹出【依附类型】菜单，在菜单中选择尺寸与图元的依附关系，并要求选取对应的项目，如图 10.33 所示。其意义如下：

图元上：直接选择一个或两个图元进行尺寸标注。选择的图元可以是视图，也可以是二维草绘中的图元。

中点：通过获取对象的中点来标注尺寸，要求选择两个图元来确定两点。

中心：用于将尺寸附着到圆边的圆心，圆边包括圆几何和圆形草绘图元，如果选择的是非圆形图元，该选项和【图元上】的方式相同。

求交：用于将引导线连接到两个图元的最近交点上，交点可以是两个图元的延长线的交点。

做线：通过【两点】、【水平方向】和【垂直方向】3 种方式来创建导引线。

下面分别介绍各种类型尺寸的标注方法。

标注线性尺寸：单击 【使用新参照】按钮，再根据需要选择尺寸和图元的依附类型，依次选择图元，再单击中键确定尺寸数字放置位置，即可创建尺寸标注。如图 10.34 所示为线性标注示例。按照相同的方法也可完成创建线性对齐标注。

图 10.33 【依附类型】菜单

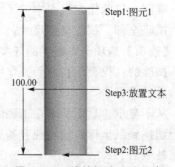

图 10.34 线性标注尺寸示意

标注半径/直径尺寸：选择圆或圆弧即可添加半径标注。与在建模时截面中半径/直径标注的操作方法相同，双击选择圆和圆弧可以添加直径标注。

标注角度尺寸：分别单击选择两条线段，再单击中键确定尺寸数字放置位置，系统会根据尺寸放置的位置自行判断是以锐角、补角或对角的方式显示标注的角度。

标注公共参照尺寸：选择【插入】→【尺寸】→【公共参照】命令后，首先选择公共参照项目，然后依次放置尺寸。

标注纵坐标尺寸：创建纵坐标尺寸前，必须在使用的基线参照上定义标准线性尺寸，然后将线性尺寸转换至纵坐标尺寸，定义一个线性尺寸的尺寸界线作为处理中的纵坐标基线。

自动标注纵坐标尺寸：选择【插入】→【尺寸】→【自动标注纵坐标】命令，可以自动为处于平整状态的钣金件创建坐标尺寸。

标注参照尺寸：选择【插入】→【参照尺寸】→【新参照】命令可以创建参照尺寸，参照尺寸的标注同尺寸的标注方法和步骤完全相同，只是标注的结果会带有 REF 或以括号表示参照尺寸值。

标注坐标尺寸：选择【插入】→【坐标尺寸】命令，再选择附着坐标尺寸的边、图元或轴，单击中键确定尺寸的放置位置，然后从线性尺寸中选取要放入到尺寸符号中的对应的水平尺寸和垂直尺寸，系统将会用这些值创建坐标尺寸。

4. 尺寸编辑与修改

自动标注比较杂乱，应当对其进行整理。使用工程图的尺寸整理功能可以简单、快捷和整齐地显示视图中的尺寸。选择【编辑】→【整理】→【尺寸】命令，系统会弹出图 10.35 所示的【整理尺寸】对话框用于对尺寸进行整理，并提示选取要修改的一个或多个尺寸。

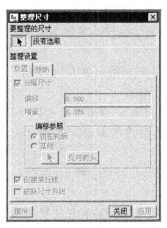 

图 10.35　【整理尺寸】对话框

选择多个需要修改的尺寸时，要和 Ctrl 键组合使用，选取 3 个尺寸后单击鼠标中键完成选取，【整理尺寸】对话框将如图 10.35 所示，其下部的【整理设置】选项卡被激活。【放置】→【偏移】选项用于设定第一个尺寸相对于偏移参考的距离；【增量】用来指定要调整的多个尺寸之间的距离；【偏移参照】用来定义偏移距离所参照的图元；在整理的尺寸时，选中 创建捕捉线 复选框即可创建捕捉线。【修饰】选项卡用于调整尺寸线箭头的显示方式和尺寸数字的位置。

在工作区中单击要修改的尺寸后，尺寸值、尺寸界线和尺寸线都会加亮显示，分别在尺寸标注的不同地点右击，系统会弹出不同的快捷菜单，如图 10.36 所示，其中，快捷菜单左上角顶点为每次右击的鼠标位置。

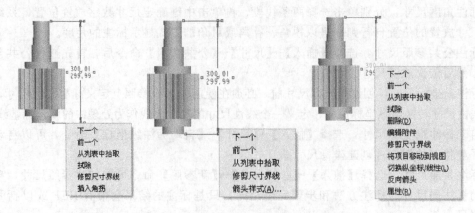

图 10.36　修改尺寸标注的不同快捷菜单

利用菜单中的选项，可以对尺寸标注进行修改，下面介绍菜单中各选项的功能和具体操作方法。

【下一个】、【前一个】、【从列表中拾取】：用于选取可见或不可见的几何项目。

【拭除】：对选取的尺寸进行拭除。

【修剪尺寸界线】：对尺寸线进行修改，以调整尺寸界线的长度。选择该命令后，系统提示选取一个或者多个要修改的尺寸界线，选择项目后单击中键确定，然后移动鼠标位置就可以调整尺寸界线的长度。

【将项目移动到视图】：将选定的尺寸从一个视图转移到另一个视图的对应位置上。

【切换纵坐标/线性】：用于进行标注尺寸在纵坐标尺寸显示方式和线性尺寸显示方式之间转换。转换方式可参照纵坐标尺寸的创建方法。

【反向箭头】：将尺寸标注的箭头反转。如果原来箭头在尺寸线的外侧，使用该命令后，箭头将转到尺寸线的内侧，同时箭头方向反转。

【插入角拐】：用于在尺寸线上产生角拐。其步骤是选择【插入】→【角拐】命令后，单击尺寸线上任意一点，将其拖到适当的位置，然后再单击确定放置位置，就可生成角拐，最后单击中键退出命令。

【箭头样式】：用于改变尺寸标注上箭头的形状，可以在弹出的【箭头样式】菜单中选择各种形状的箭头。

【属性】：在快捷菜单中选择【属性】命令，系统会弹出【尺寸属性】对话框，如图 10.37 所示，可以对尺寸的数值和外观进行修改。

(1)【尺寸属性】对话框的【属性】选项卡的功能和意义如图 10.37 所示。

(2)【尺寸属性】对话框的【尺寸文本】选项卡用于在尺寸数字前面或后面添加额外标注的文字或符号，如图 10.38 所示。

【名称】：文本框用于修改尺寸的文本符号。

【前缀】和【后缀】文本框：输入文字可以增加尺寸的前后缀词，如果在文本框中有指定文字，那么系统会在主窗口中显示出来，单击【文本符号】按钮可以为尺寸数字添加修饰。此外，也可以在文本框中直接对尺寸文本进行修改。

(3)【尺寸属性】对话框的【文本样式】选项卡用于设置文本的大小、颜色、对齐方式等格式，如图 10.39 所示。

工程图设计 第10章

图 10.37 【尺寸属性】对话框

图 10.38 【尺寸文本】选项卡

图 10.39 【文本样式】选项卡

10.4.2 公差标注

公差、配合、几何公差是重要的互换性标准，为了保证零件的互换性，应当严格控制零件的尺寸、形状和位置变化的极限。尺寸公差是用来表示加工时所允许的尺寸变动量。

1. 设置系统公差变量

在 Pro/E 中标注公差，需要设置 dtl 文件中的一些变量，见表 10-4。

表 10-4 【显示/拭除】项目设置

选项名称	功　能
tol_display	显示不具有公差的尺寸(config.pro)
tol_display	打开或者关闭公差显示(dtl)
tol_mold	设置尺寸公差的默认选项
maintain_limit_tol_nominal	保留默认值 no，则无论如何更改公差值，尺寸的名义值保持不变；如果设置为 yes，当设置格式为 limits 或者修改上下公差值时，系统将不修改带有极限公差格式的名义值
display_dwg_tol_tags	打开或关闭公差标签的显示
blank_zero_tolerance	设置为 yes 时，系统便不会显示零件公差的正负值

2. 尺寸公差标注

选择【视图】→【显示设置】→【模型显示】命令，在弹出的【模型显示】对话框中选中【±0.1 尺寸公差】复选框，能使尺寸公差显示在工程图中。再将 config.pro 和 dtl 设置文件中的 tol_display 都设置为 yes，然后弹出【显示/拭除】对话框，显示尺寸即可显示尺寸公差。但要显示用户需要的尺寸公差，还需要设置公差标准和公差的表示方法，下面将分别介绍。

公差标准设置：

选择【文件】→【属性】命令，在弹出的菜单管理器中选择【公差标准】命令，然后在【公差设置】菜单中选择【标准】命令，接着在【公差标准】菜单中选择【ANSI 标准】或者【ISO/DIN 标准】命令，如图 10.40 所示。

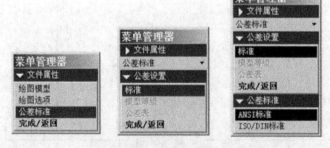

图 10.40 选择公差标准

由于 Pro/E 的相关性，如果在零部件或工程图任何一种模式中，修改尺寸的公差格式或数值，系统都会将该项的改变反映到 Pro/E 的所有模式中。

公差表示方法：

在【尺寸属性】对话框的【属性】选项卡的【值和公差】选项区域中可以设置公差类型和公差值，如图 10.41 所示。【值和公差】选项区域的【公差模式】下拉列表中提供了 5 种公差显示模式选项，其中各个选项的功能如下：

图 10.41 公差显示

【象征】：显示公称尺寸，即不带公差的尺寸。
【限制】：显示极限尺寸，即尺寸以最大极限偏差和最小极限偏差显示。
【加-减】：显示正负公差，尺寸以公称尺寸并带有一个上偏差和一个下偏差形式显示。
【＋－对称】：显示对称公差。
【（照原样）】：显示原来的公差。

3．几何公差标注

为了保证零件的性能，除对尺寸提出尺寸公差要求外，还应对形状和位置公差提出要求，从而使零件能正常使用。形状公差是指单一实际要素的形状所允许的变动全量。位置公差是指关联实际要素的位置相对基准所允许的变动全量。

在工程图模式下，选择【插入】→【几何公差】命令，系统会弹出【几何公差】对话框，如图 10.42 所示，其中各选项是按照常用的几何公差标注规则来设计的，下面介绍各个选项卡的功能。

图 10.42 【几何公差】对话框

【模型参照】：用来指定要添加几何公差的参照模型、参照图元和几何公差的放置位置。

【基准参照】：用来指定几何公差的参照基准。

【公差值】：用来指定公差值和材料条件。

【符号】：用于指定几何公差符号和投影公差区域或轮廓边界。

【几何公差】对话框中还有一些独立的选项。

在工程图模式下创建几何公差时，必须先要建立公差基准。选择【插入】→【模型基准】→【轴】或【平面】命令，系统会弹出相对应的如图 10.43 所示的对话框设置模型基准。

图 10.43 【轴】和【基准】对话框

10.4.3 注释标注

在工程图中添加注释，可以更完善地表达产品的细节，下面介绍注释的创建、显示、拭除、删除和编辑方法。

1. 创建一般注释

选择【插入】→【注释】命令，或者单击【创建注释】按钮，系统会弹出图 10.44 所示的【注释类型】菜单，各个选项的功能如下：

【无方向指引】：注释不带指引线。

【带引线】：注释带指引线。

【ISO 导引】：注释或球标带指引线。

【在项目上】：将注释连接在曲线、边等图元上。

【偏距】：将注释放置在某一偏距位置上。

【输入】：直接从键盘输入文字文本。

【文件】：从 txt 格式的文件中读取文字内容。

【水平】：注释水平放置。

【竖直】：注释竖直放置。

【角度】：注释倾斜放置。

【标准】：注释的指引线为标准样式。

【法向引线】：注释的指引线垂直于参考对象。

图 10.44 【注释类型】菜单

【切向引线】：注释的指引线相切于参考对象。
【左】：注释文字以左对齐方式设置。
【居中】：注释文字以居中方式设置。
【右】：注释文字以右对齐方式设置。
【缺省】：注释文字以默认方式设置。
【样式库】：自定义文字的样式。
【当前样式】：指定当前使用文字的样式。

完成设置后，选择【制作注释】命令，系统会弹出图 10.45 所示的【获得点】菜单，用于通过选择不同的注释放置方式，确定注释的放置位置。选择某一位置作为注释的放置位置后，系统会提示输入注释的内容，输入内容后连续单击鼠标中键两次，即可完成创建此次注释，最后选择【完成/返回】命令退出【注释类型】对话框。

图 10.45 【获得点】菜单

2．创建特殊注释

输入一些特定的字符串，Pro/E 会将其解释为特定的注释，下面介绍几种特殊注释的创建方法。

创建空文本：要在注释文本中输入一行空文本，可以先按 Space 键，然后按 Enter 键，即可完成空行文本的建立。

创建具有上、下标的文本：若要在注释中添加上标文本 text，可以在需要添加的位置输入"@＋text@♯"；若要在注释中添加下标文本 text，可以在需要添加的位置输入"@－text@♯"；若要在注释中同时添加上标 text1 和下标文本 text2，可以在需要添加的位置输入"{1：@＋text1@♯} {2：@－text2@♯}"。

创建文本外框：如要为创建的注释建立一个外框，可以输入字符串"@［text"，其中 text 为要包括的注释文本。

显示文本符号：如果在注释中显示模型的某个尺寸的数值，而且该数值与模型相关联，当模型的尺寸数值修改时，注释中的尺寸数值也会发生变化。方法是在要显示数值的地方输入一个"&"和该数值对应的尺寸符号，例如，一个数值的尺寸符号是"ab10"，则要在注释中输入"&ab10"。

创建特殊注释文本：在某些特殊文本前加入符号"&"，可以建立特殊的注释文本。这些符号标签在创建参数化的框图中非常有用，特殊符号的功能见表 10－5。

表 10－5 特殊符号标签

符号标签	功　　能
&todays_date	增加注释创建日期
&model_name	增加绘图中所使用模型的名称
&dwg_name	增加绘图名称
&scale	增加绘图比例
&type	增加模型类型（组件或零件）

(续表)

符号标签	功　能
&format	增加格式尺寸
&linear_tol_0_0 到 &linear_tol_0_000000	增加1～6位小数的线性公差值
&angular_tol_0_0 到 &angular_tol_0_000000	增加1～6位小数的角度公差值
&current_sheet	增加当前页码
&total_sheets	在绘图中增加总页数
&dtm_name	增加基准平面的名称
&sym(symbol_name)	增加如电子符号或焊接符号等用户自定义符号。如注释中包括符号delete，可以输入 &sym(delete)

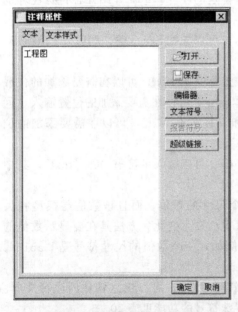

图10.46 【注释属性】对话框

3. 编辑注释

对注释的编辑包括剪切、复制和粘贴注释，移动、修改注释文本，将注释引导线连接到指定的文本行，修改注释文本格式等。

剪切、复制和粘贴注释：选中某一注释后，选择【编辑】→【剪切】、【复制】和【粘贴】命令，或者直接右击，选择快捷菜单中的对应命令，可以操作文本注释到同一页面、不同页面或不同工程图。

移动注释：选中某一注释后，鼠标将会变成拖动柄并随加亮的注释而出现，按住鼠标左键不放，移动拖动柄可将注释放置到适当的位置，也可选择注释快捷菜单中的相关命令进行注释的移动任务。

修改注释内容：双击要修改的注释，或者选择注释快捷菜单中的【属性】命令，系统会弹出【注释属性】对话框，如图10.46所示，通过对话框可以进行注释内容和字体的设置。

修改注释引导线：注释引导线一般情况下会连接到注释文本的首行，如果要将注释引导线连接到指定文本行，可以在指定文本行开头添加字符串"@O"（字母O），引导线将会自动连接到该行。此字符串可在任何时候添加。如果在一个注释中出现多个"@O"，系统将以第一行的"@O"为准。

10.4.4　特殊符号

特殊符号标注包括球标标注、表面粗糙度标注和焊接符号标注等，下面主要介绍前两种标注的创建方法。

Pro/E 球标注释可以随意将其添加到图中的任何位置，或将它们与任意数目的边相关。下面介绍球标的标注方法。

（1）选择【插入】→【球标】命令，系统会弹出【注释类型】菜单，在显示的菜单中选择【带引线】→【输入】→【水平】→【标准】→【缺省】→【制作注释】命令。

（2）在随后出现的【依附类型】菜单中选择【图元上】→【箭头】命令，在图元上选取一目标，在需要放置球标的地方单击中键，退出选择项目。

（3）输入注释文本"零件"，双击 Enter 键，结果如图 10.47 所示。

（4）单击【文件】→【保存】命令，保存文件并退出。

零件表面加工时，会形成由细小间距和峰谷所组成的微观几何形状表面特征，称为表面粗糙度。下面介绍表面粗糙度创建方法。

（1）选择【插入】→【表面光洁度】命令，系统会弹出图 10.48 所示的【得到符号】菜单。

图 10.47 特殊符号标注示意

图 10.48 【得到符号】菜单

图 10.49 【打开】对话框

（2）选择菜单中的【检索】命令，系统会弹出图 10.49 所示的【打开】对话框，在【打开】对话框中显示了 3 个文件夹，文件夹中共放置了 6 种不同形式的表面粗糙度符号，见表 10-6。

表 10-6　表面粗糙度符号

文件夹名称	文件名称	符号	参数	示例
generic	no_value.sym	√	无	√
generic	standard.sym	√	有	32/
machined	no_value1.sym	√	无	√
machined	standard1.sym	√	有	16/
unmachined	no_value2.sym	√	无	√
unmachined	standard2.sym	√	有	8/

（3）选择 machined 文件夹中的 standerd1.sym 文件，单击【打开】按钮，系统会弹出图 10.50 所示的【实例依附】菜单，选择【法向】命令，然后系统提示选择项目，系统将会在该图元的法向上显示表面粗糙度符号。

（4）选定某一项目后，在系统提示区输入表面粗糙度的数值 32，单击中键完成表面粗糙度的创建，结果如图 10.51 所示。

图 10.50　【实例依附】菜单

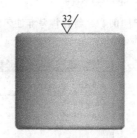
图 10.51　表面粗糙度示意

10.5　工程图实例

下面通过创建图 10.52 所示的零件工程图，来介绍工程图的创建方法和步骤。

（1）选择【文件】→【新建】命令，或者单击 按钮，打开【新建】对话框，然后在该对话框中的【类型】选项组中选择【绘图】单选按钮，输入名称"ZHIJIA"，并取消选中【使用缺省模板】复选框，如图 10.53 所示。

（2）单击【新建】对话框中【确定】按钮，弹出【新制图】对话框，然后在【缺省模型】栏中单击【浏览】按钮，选择源文件\CH10\PART04\ZHIJIA.prt 文件作为缺省模型。

（3）在【新制图】对话框的【指定模板】选项组中选择【空】单选按钮，在【方向】选项组中单击【纵向】按钮，并在【标准大小】下拉列表中选择【A4】选项，结果如图 10.54 所示。单击【新制图】对话框的【确定】按钮进入工程图创建界面，图纸格式如图 10.55 所示。

工程图设计 第10章

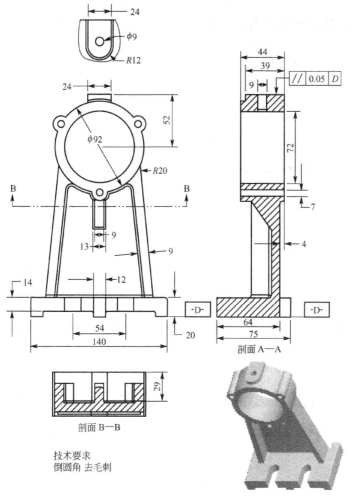

技术要求
倒圆角 去毛刺

图 10.52 零件工程图

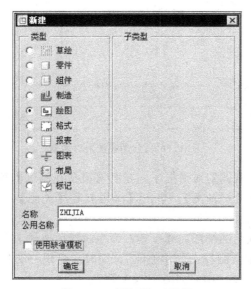

图 10.53 【新建】对话框

图10.54 【新制图】对话框

图10.55 图纸格式

（4）选择【插入】→【绘图视图】→【一般】命令，或单击 【创建一般视图】按钮，系统会提示"选取绘制视图的中心点"，在绘图区单击以确定视图放置位置，系统弹出【绘图视图】对话框，则系统缺省选择【类别】列表框中的【视图类型】选项，如图10.56所示。

图10.56 【绘图视图】对话框

（5）在默认的【绘图视图】对话框中，在其【模型视图名】列表中选择 FRONT，在【缺省方向】列表中选择【斜轴测】，单击【应用】和【关闭】按钮，视图将如图10.57所示。

（6）选择【插入】→【绘图视图】→【投影】命令，然后选择上面创建的一般视图作为父视图，系统会提示"选取绘制视图的中心点"，同时会出现一个代表投影的矩形框。在适当的位置单击以放置左视图，结果如图10.58所示。

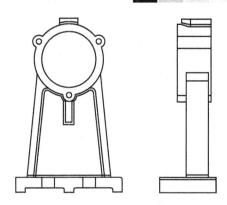

图 10.57　创建一般视图　　　　　　图 10.58　创建左视图

（7）双击创建的左视图，系统会弹出【绘图视图】对话框，并在该对话框的【剖面】选项类别中选择【2D 截面】单选按钮，下面的灰色区域将会被激活，在【模型边可见性】右侧选择【全部】单选按钮，再单击【将横截面添加到视图】按钮，添加一个剖截面用来剖切零件，在【名称】列表中选择【创建新…】选项，在随后弹出的【剖截面创建】的菜单中选择【平面】→【单一】→【完成】命令，在消息区输入剖截面名称 A，单击【完成】按钮，系统会提示选取剖截面的剖切位置，选中 RIGHT 基准平面作为剖切面，建立剖切面 A，结果如图 10.59 所示。

图 10.59　创建剖面后的对话框

（8）单击【绘图视图】对话框的【确定】按钮，左视图将如图 10.60 所示。

（9）再次选择【插入】→【绘图视图】→【投影】命令，然后选择主视图作为父视图，系统会提示"选取绘制视图的中心点"，同时会出现一个代表投影的矩形框。在适当的位置单击放置俯视图，结果如图 10.61 所示。

（10）双击创建的俯视图，系统会弹出【绘图视图】对话框，并在该对话框的【剖面】选项中选择【2D 截面】单选按钮，在【模型边可见性】右侧选择【全部】单选按钮，再单击【将横截面添加到视图】按钮创建一个新的剖面，在系统弹出的【剖截面创建】菜单

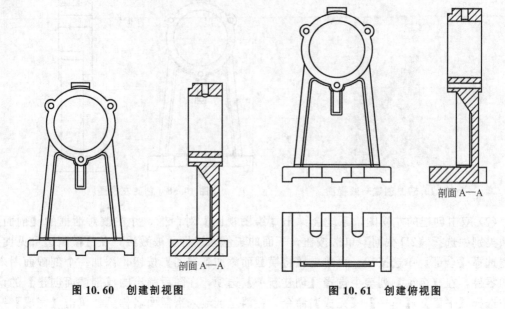

图 10.60　创建剖视图　　　　　　　图 10.61　创建俯视图

中选择【平面】→【单一】→【完成】命令，在消息区输入剖截面名称 B，单击 【完成】按钮，系统将会弹出【设置平面】菜单，如图 10.62 所示。

（11）选择【设置平面】菜单中的【产生基准】命令，系统会弹出【基准平面】菜单，选中【偏距】命令，其他选项接受默认，如图 10.63 所示。

图 10.62　菜单管理器　　　　　　　图 10.63　【基准平面】菜单

（12）选择 TOP 基准平面作为参考，并从菜单下方弹出的【偏距】选项组中选取【输入值】选项，系统会提示输入偏距值。

（13）在其中输入偏距值 60，新建的基准平面将在 TOP 面的下方，如果反向可以输入值-60，单击【完成】按钮，完成基准平面的创建。

（14）单击【绘图视图】对话框中的【应用】按钮，并在该对话框的左侧选择【视图类型】选项，然后在该对话框中修改【视图名】为 B，并选中【添加投影箭头】复选框，如图 10.64 所示。

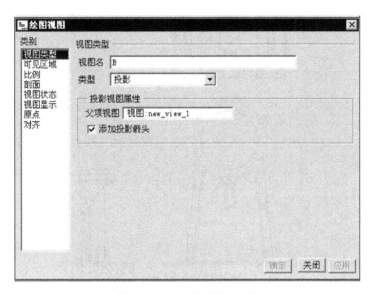

图 10.64 【视图类型】选项

（15）单击【绘图视图】对话框中的【确定】按钮，完成俯视图的剖面创建，结果如图 10.65 所示。

（16）选中剖切线，将其拖到与建好的基准面重合的位置，结果如图 10.66 所示。

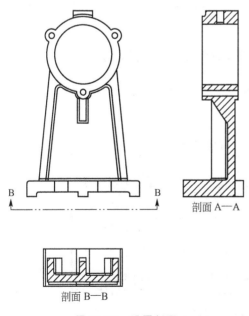

图 10.65 设置剖面

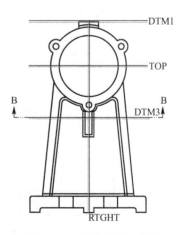

图 10.66 调整剖切线位置

(17)选择【插入】→【绘图视图】→【辅助】命令,系统会弹出【选取】对话框,然后选择主视图上的一条水平边,信息提示区会显示"在主视图上选取穿过前侧曲面的轴或作为基准曲面的前侧曲面的基准平面",同时出现一个代表投影视图的矩形框。在主视图上方适当位置单击放置辅助视图,结果如图 10.67 所示。

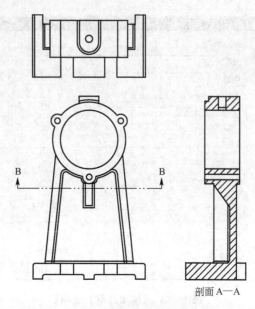

图 10.67 创建辅助视图

(18)双击新创建的辅助视图,弹出【绘图视图】对话框,首先在【视图类型】选项组中修改视图名称为C,并选中【添加投影箭头】复选框。

(19)切换到【可见区域】选项,在【视图可见性】下拉列表框中选择【局部视图】选项,如图 10.68 所示。

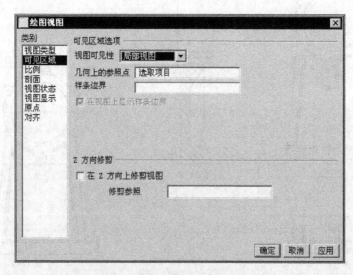

图 10.68 修改视图可见性

(20) 单击【几何上的参照点】后面的收集器，系统会提示"选取新的参照点"，然后选取辅助视图小圆上一点，系统将在当前位置出现一个"×"号，如图 10.69 所示。

(21) 以参照点为中心绘制一个包含局部显示区域的样条曲线，如图 10.70 所示。

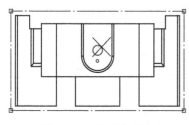
图 10.69　选取参照点

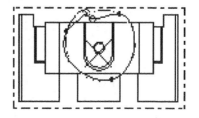
图 10.70　绘制样条曲线

(22) 单击【绘图视图】对话框中的【确定】按钮，则辅助视图会变为局部视图状态，如图 10.71 所示。

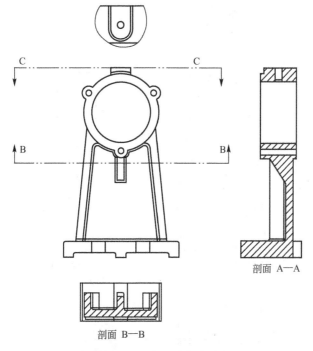
图 10.71　创建局部视图

(23) 选择菜单栏中的【插入】→【绘图视图】→【一般】命令，或单击 【创建一般视图】按钮，系统会提示"选取绘制视图的中心点"，在绘图区单击以确定视图放置位置，同时系统弹出【绘图视图】对话框，则系统会选择【类别】列表框中的【视图类型】选项，如图 10.72 所示。

(24) 从该对话框的【模型视图名】下拉列表框中选择【缺省方向】选项作为模型视图方向，单击【应用】按钮，然后切换到【视图显示】选项，从【显示线型】下拉列表框中选择【着色】选项，单击【确定】按钮，系统会生成图 10.73 所示的一般视图。

(25) 由于这个零件比较复杂，通过【显示/拭除】工具显示尺寸比较混乱，可以通过

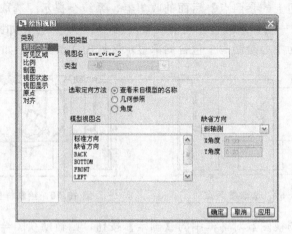

图 10.72 【视图类型】对话框

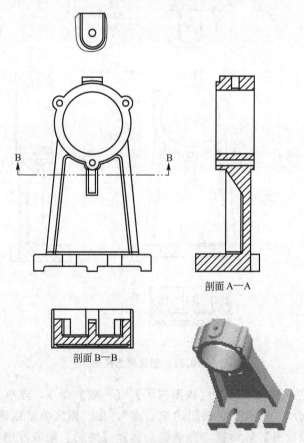

图 10.73 创建着色一般视图

手动标注尺寸。选择【插入】→【尺寸】→【新参照】命令,系统弹出图 10.74 所示的【依附类型】菜单。

(26) 在该菜单中选择【图元上】命令,然后在主视图上选择支架底座的两侧轮廓线,用鼠标中键单击放置尺寸的位置,该尺寸的标注过程如图 10.75 所示。

图 10.74 【依附类型】菜单

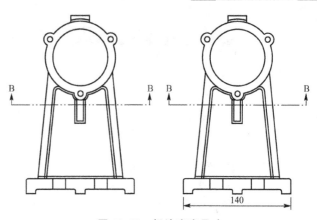

图 10.75 标注宽度尺寸

（27）使用类似的方法标注其他尺寸，标注完后如图 10.76 所示。

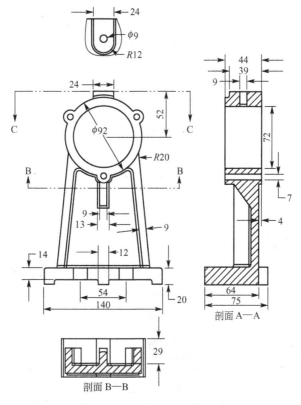

图 10.76 标注尺寸后的图形

（28）对尺寸进行修改操作，中间间距较宽的，尺寸数字可以放在中间，将尺寸箭头反向，具体操作是双击该尺寸弹出【尺寸属性】对话框，如图 10.77 所示。

（29）从中单击【反向箭头】按钮即可将所选择箭头反向，也可以一次选取所有需要反向的箭头，并从快捷菜单中选择【反向箭头】命令，结果如图 10.78 所示。

（30）对于尺寸线之间的空间较小的情况，可以选中该尺寸的箭头，右击并从弹出的快捷菜单中选择【箭头样式】命令，弹出如图 10.79 所示的【箭头样式】菜单。

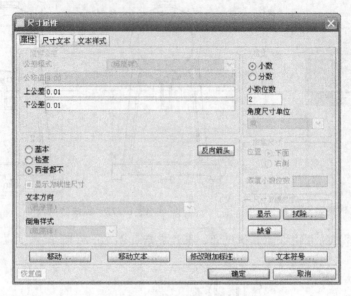

图 10.77 【尺寸属性】对话框

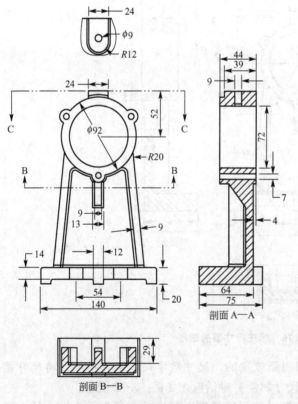

图 10.78 修改箭头方向

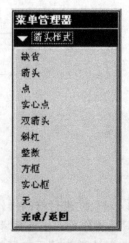

图 10.79 【箭头样式】菜单

（31）从【箭头样式】菜单中选择【实心点】命令即可将箭头修改为实心点，修改后的工程图如图 10.80 所示。

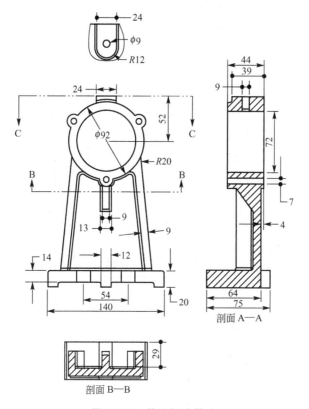

图 10.80　修改标注箭头

（32）单击绘图区右侧的 【基准平面工具】按钮，系统会弹出图 10.81 所示的【基准】对话框。在对话框的【名称】文本框中填写要创建基准平面的名称，输入"D"。

（33）在【类型】选项组中单击【-A-】按钮，选择基准平面 D 的显示样式。

（34）在【定义】选项组中单击【在曲面上】按钮，确定基准平面 D 的参考基准，选取剖视图 A-A 的底面作为参考基准，单击【确定】按钮完成基准平面 D 的创建，结果如图 10.82 所示。

（35）选择菜单栏中的【插入】→【几何公差】命令，系统会弹出图 10.83 所示的【几何公差】对话框。

图 10.81　【基准】对话框

（36）在对话框中单击 【平行度】按钮，表示创建平行度公差。

（37）在【几何公差】对话框，【模型参照】选项卡的【参照】选项组的下拉列表框中，选择【曲面】选项，然后在绘图区选取要创建几何公差的平面。

（38）在【放置】选项组的下拉列表框中选择【法向引线】选项，然后在绘图区选择几何公差的放置位置。

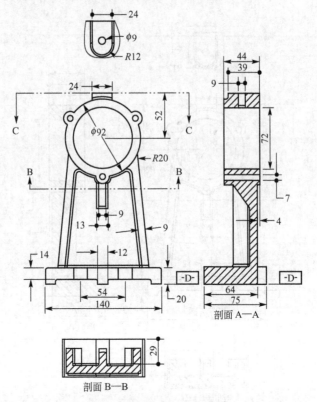

图 10.82 基准平面 D 显示

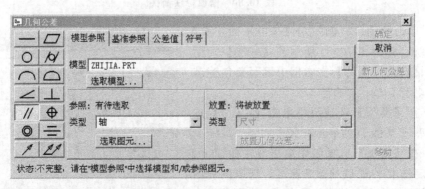

图 10.83 【几何公差】对话框

(39) 选择【基准参照】选项卡,在【首要】→【基本】下拉列表框中选择创建好的基准平面 D,如图 10.84 所示。

(40) 选择【公差值】选项卡,选中【总公差】复选框并且输入"0.05"作为公差值,如图 10.85 所示。

(41) 单击【确定】按钮,完成平行度公差的创建,结果如图 10.86 所示。

(42) 选择【插入】→【注释】命令,系统会弹出【注释类型】对话框,在对话框中选择【无方向指引】→【输入】→【水平】→【标准】→【缺省】→【制作注释】命令。

(43) 在系统弹出的【获得点】菜单中选择【选出点】命令,单击绘图区的下部放置注释。

工程图设计 第10章

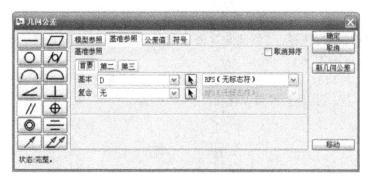

图 10.84　设置基准参考

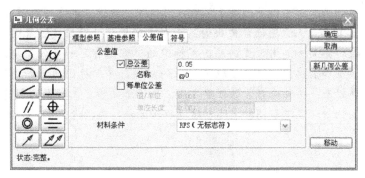

图 10.85　设置公差值

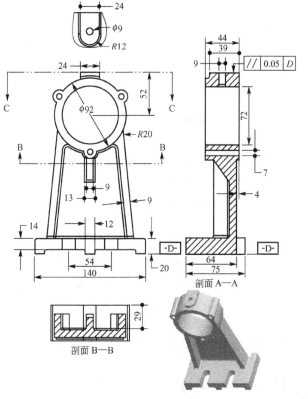

图 10.86　创建平行度公差

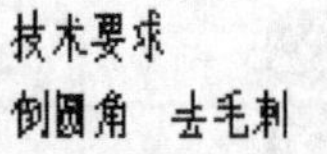

(44) 输入第一行注释："技术要求"，单击确定按钮；输入第二行注释："倒圆角，去毛刺"。双击 Enter 键完成注释创建，结果如图 10.87 所示。

图 10.87 添加技术要求

(45) 至此，支架的工程图创建完成，如图 10.52 所示，单击【保存】按钮保存文件。

小　　结

工程图设计作为零部件设计的最后环节，它体现了设计者的意图，是工程师的语言。本章首先介绍了 Pro/E 工程图设计模块的界面和工程图设计时需要设置的系统文件，使读者对工程图设计界面和如何设置满足国家标准的工程图有了一定的了解；然后本章对工程图的视图类型和创建方法进行了较为详细的描述，并以视图为基础介绍了工程图尺寸、公差、注释以及一些特殊符号的创建方法，使读者熟悉了工程图的创建过程和方法；最后本章通过实例讲述了工程图的实际创建过程和方法，为读者提供了实例参考。

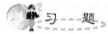

一、填空题

1. _____ 是整个设计的最后环节，是设计意图的表现和工程师与制造师等沟通的桥梁。
2. _____ 是一般视图或已有视图在垂直或水平方向的正交投影。
3. Pro/E 采用了同一数据库，_____ 成为三维模型与平面图纸之间交换信息的重要渠道。这使得三维模型中的改动可以直接反应在 _____ 中，而平面图纸中的尺寸变化也可对 _____ 产生影响。
4. 在创建工程图时，首先要创建的是 _____ 。

二、判断题

1. 旋转视图可以是全视图也可以是部分视图。　　　　　　　　　　　　　　（　　）
2. 局部放大视图的显示不随父视图的改变而改变。　　　　　　　　　　　　（　　）
3. 详细视图会与其父视图相关联，但是它可以独立于父视图而移动。　　　　（　　）

三、选择题

1. 在 Pro/E 中，在工程图中可以创建的视图类型包括（　　）。
　　A. 一般视图　　　　B. 投影视图　　　　C. 辅助视图　　　　D. 以上都正确
2. （　　）是帮助设计者更好地表达其设计意图的重要环节，它关系到零件的加工、检验和使用等各个环节。
　　A. 注释标注　　　　B. 尺寸标注　　　　C. 公差标注　　　　D. 以上都正确
3. 几何公差的标注通常写在"长方形框格"内，框格分为数个小格，由左到右的顺序是（　　）。
　　A. 公差值|几何公差|基准面/线符号　　　B. 几何公差|公差值|基准面/线符号
　　C. 基准面/线符号|公差值|几何公差　　　D. 基准面/线符号|几何公差|公差值

四、简答题

1. 简述创建辅助视图的一般步骤。
2. 简述自动显示尺寸和手动标注的尺寸的差别。

五、上机题

1．根据源文件\CH10\exercise\exe01\unfinished 中提供的零件，创建图 10.88 所示的连接筒工程图。

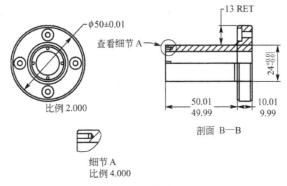

图 10.88　连接筒工程图

2．根据源文件\CH10\exercise\exe02\unfinished 中提供的零件，创建图 10.89 所示的外壳体工程图。

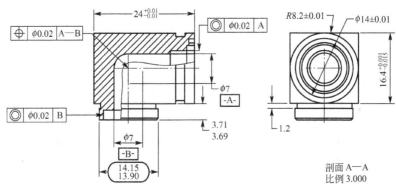

图 10.89　外壳体工程图

3．根据源文件\CH10\exercise\exe03\unfinished 中提供的零件，创建图 10.90 所示的千斤顶工程图。

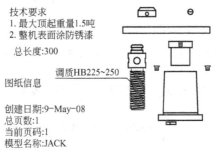

图 10.90　jack 工程图

参 考 文 献

[1] 吴光强，张曙. 汽车数字化开发技术 [M]. 北京：机械工业出版社，2010.
[2] 童秉枢，吴志军，李学志，冯涓. 机械 CAD 技术基础 [M]. 3 版. 北京：清华大学出版社，2008.
[3] 杜平安，范树迁，葛森，刘建涛. CAD/CAE/CAM 方法与技术 [M]. 北京：清华大学出版社，2010.
[4] 朱新涛. Pro/ENGINEER Wildfire 3.0 中文版在工程中的应用——汽车变速器设计 [M]. 北京：机械工业出版社，2008.
[5] 何雪明，吴晓光，王宗才. 机械 CAD/CAM 基础 [M]. 武汉：华中科技大学出版社，2008.
[6] 谭光宇，隋天中，于凤琴. 机械 CAD 技术基础 [M]. 哈尔滨：哈尔滨工业大学出版社，2005.
[7] 刘惟信. 汽车设计 [M]. 北京：清华大学出版社，2001.
[8] 张启明，关家午. 汽车 CAD 技术 [M]. 北京：人民交通出版社，2005.
[9] 王隆太. 机械 CAD/CAM 技术 [M]. 2 版. 北京：机械工业出版社，2008.
[10] 陈鑫. 车身 CAD 技术 [M]. 北京：人民交通出版社，2005.
[11] 过学迅，邓亚东. 汽车设计 [M]. 北京：人民交通出版社，2005.
[12] 蔡汉明，陈清奎. 机械 CAD/CAM 技术 [M]. 北京：机械工业出版社，2007.
[13] 陈国聪，杜静. 机械 CAD/CAE 应用技术基础 [M]. 北京：机械工业出版社，2002.
[14] 刘锡锋. 机械 CAD/CAM 技术及应用 [M]. 北京：机械工业出版社，2006.
[15] 王霄，尹必峰. Pro/Engineer Wildfire 3.0 高级设计实例教程 [M]. 北京：化学工业出版社，2007.
[16] 张幼军，王世杰. UG CAD/CAM 基础教程 [M]. 北京：清华大学出版社，2006.
[17] 葛友华. CAD/CAM 技术 [M]. 北京：机械工业出版社，2004.
[18] 张英杰. CAD/CAM 原理及应用 [M]. 北京：高等教育出版社，2007.
[19] 郭启全. CAD/CAM 基础教程 [M]. 北京：电子工业出版社，1997.
[20] 潘云鹤，董金祥，陈德人. 计算机图形学——原理、方法及应用（修订版）[M]. 北京：高等教育出版社，2003.
[21] 张选民. Pro/ENGINEER Wildfire 3.0 实例教程 [M]. 北京：北京大学出版社，2008.
[22] 金磊. 中文 Pro/Engineer Wildfire 基础与实例教程 [M]. 北京：红旗出版社，2005.
[23] 周四新，和青芳. Pro/ENGINEER Wildfire 基础设计 [M]. 北京：机械工业出版社，2003.
[24] 东方人华. Pro/ENGINEER Wildfire 野火版入门与提高 [M]. 北京：清华大学出版社，2005.
[25] ［美］David S. Kelley. Pro/ENGINEER Wildfire 机械设计教程 [M]. 北京：清华大学出版社 2005.
[26] 文熙. Pro/ENGINEER 野火版 3.0 宝典 [M]. 北京：电子工业出版社，2007.
[27] 宁松，黄小龙. 计算机辅助设计－Pro/ENGINEER Wildfire 实用教程 [M]. 北京：中国水利出版社，2005.
[28] 恒盛杰资讯. Pro/ENGINEER 中文野火版钣金件设计专家实例精讲 [M]. 北京：中国青年出版社，2007.
[29] 孙江宏. 精通 Pro/ENGINEER Windfire 3.0—典型实例、专业精讲 [M]. 北京：电子工业出版社，2006.
[30] 詹友刚. Pro/ENGINEER 中文野火版 3.0 快速入门教程 [M]. 北京：机械工业出版

社，2006.

[31] 金鑫，贾长治，陈雪梅. Pro/ENGINEER Wildfire 3.0 中文版机械设计专家指导教程 [M]. 北京：机械工业出版社，2006.

[32] 武书彦，李欣. Pro/ENGINEER 零件设计技术与实践(3.0 野火版) [M]. 北京：电子工业出版社，2007.

[33] 余强，周京平. Pro/E 机械设计与工程应用精选 50 例 [M]. 北京：清华大学出版社，2007.

[34] 何满才. 工程图设计－Pro/ENGINEER Wildfire 中文版实例详解 [M]. 北京：人民邮电出版社，2005.